Stephen Knight

Jack lo Squartatore

La soluzione finale

OMNIA VERITAS

Stephen Knight

Jack the Ripper: the final solution

Pubblicato per la prima volta in Gran Bretagna
da George G. Harrap & Co. LTD,
182-184 High Holborn,
Londra - 1976

Jack lo Squartatore
La soluzione finale

Tradotto e pubblicato da
OMNIA VERITAS LTD

www.omnia-veritas.com

© Omnia Veritas Limited - 2023

Tutti i diritti riservati. Nessuna parte di questa pubblicazione può essere riprodotta con qualsiasi mezzo senza la previa autorizzazione dell'editore. Il Codice della proprietà intellettuale vieta le copie o le riproduzioni per uso collettivo. Qualsiasi rappresentazione o riproduzione, totale o parziale, con qualsiasi mezzo, senza il consenso dell'editore, dell'autore o dei loro aventi diritto, è illegale e costituisce una violazione punita dagli articoli del Codice della Proprietà Intellettuale.

PREFAZIONE	11
INTRODUZIONE	13
CAPITOLO PRIMO	17
Nuova luce su un vecchio mistero	17
CAPITOLO II	35
La storia di Sickert	35
CAPITOLO III	45
Tutta la verità e nient'altro che la verità?	45
CAPITOLO IV	52
Gli omicidi	52
CAPITOLO V	77
L'infernale macellaio pazzo	77
CAPITOLO VI	85
Il cellulare	85
CAPITOLO VII	98
Via Cleveland	98
CAPITOLO VIII	111
Insabbiamento del caso	111
CAPITOLO IX	148
Tutte le strade portano a Dorset Street	148
CAPITOLO X	156
Gli assassini massoni	156
CAPITOLO XI	186
Sir William Gull	186
CAPITOLO XII	218
L'abominevole cocchiere	218
CAPITOLO XIII	225
Sinceramente, Jack lo Squartatore	225
CAPITOLO XIV	231
Pazzo e misogino	231

CAPITOLO XV **242**
    I SEGRETI DEGLI ARCHIVI 242

CAPITOLO XVI **254**
    IL TERZO UOMO 254

EPILOGO DI JOSEPH SICKERT **276**

POSCRITTO **281**

BIBLIOGRAFIA **283**
    Libri *283*
    Elenchi e directory *285*
    Giornali *285*
    Opuscoli *286*
    Documenti *286*

GIÀ PUBBLICATO **289**

Per Margot, la mia bella Marguerite

"Ecco che arriva il mio nobile creatore di doppioni".
William SHAKESPEARE, *La notte dei re*

PREFAZIONE

Jack lo Squartatore... Un nome da antologia che brilla nel pantheon nero dei criminali leggendari - probabilmente l'assassino anonimo più conosciuto del pianeta. La sua fama duratura si basa sul suo anonimato ben custodito. Su di lui è stato versato più inchiostro di quanto ne abbia versato lui in tutti i suoi omicidi; milioni e milioni di parole che, se messe insieme, non ci porterebbero... da nessuna parte. Sì, *da nessuna parte*, perché quando tutto è stato detto, gli indizi accumulati e verificati, le teorie contate e soppesate, le argomentazioni a favore di questo o quel sospetto messe alla prova, si arriva sempre al punto esatto da cui si è partiti: la fitta nebbia dell'incertezza.

Sempre... fino ad ora.

Ora Stephen Knight ci dà la soluzione più completa, plausibile e persino brillante in questo libro profondo e importante. Parlo con emozione, perché io stesso ho inseguito ardentemente quest'ombra rossastra attraverso vicoli tortuosi e cupi cul-de-sac per 35 anni. A quel punto avevo letto tutta la documentazione disponibile e studiato incessantemente il caso. Ho avuto la fortuna di poter esaminare di persona le scene del delitto quando erano ancora in gran parte immutate e ho avuto l'opportunità di parlare con molte persone anziane che avevano vissuto nell'East End durante gli anni Ottanta del XIX secolo e che potevano fornirmi semplici ricordi contemporanei degli eventi di quel terrore autunnale. I risultati di questa interminabile ricerca sono stati integrati nella mia analisi critica dell'insieme dei fatti e delle ipotesi conosciute fino a quel momento: *Un manuale su Jack lo Squartatore*. Mi spinsi fino a quelli che consideravo i limiti estremi delle congetture. Non potevo, a mio avviso, fare di più. Inoltre, sembrava che il mistero fosse destinato a rimanere come l'avevo trovato: irrisolvibile.

Ma è davvero così? Stephen Knight non la pensa così. È sicuro di aver trovato la soluzione. E sta conducendo una ricerca di grande successo per scoprire la sua empia trinità, perché, a suo avviso, Jack lo Squartatore non era un assassino solitario che colpiva a caso con i suoi impulsi sanguinari e incontrollabili, ma una cospirazione di tre individui che lo facevano, non in modo sconsiderato, ma secondo un piano meticoloso e per ragioni molto specifiche.

La sua ricerca è stata approfondita e meticolosa e ha composto un libro che - anche per me, che sono immerso nelle minuzie e disilluso dalla lettura e rilettura della tediosa letteratura disponibile sull'argomento - non manca mai di interessare, non annoia mai e riesce costantemente a suscitare nuove sorprese.

Questo successo non sarebbe stato possibile senza l'ingegno e la perseveranza dell'autore nel raccogliere e analizzare molti fatti inediti e nel dare interpretazioni originali e fruttuose a dati più vecchi. Nel corso delle sue ricerche, ha avuto il privilegio di sbirciare negli archivi segreti di Scotland Yard, ufficialmente chiusi fino al 1992, e, grazie al duro lavoro di ricerca di fonti fino ad allora insospettabili, ha potuto attingere a molti nuovi elementi.

Il suo rifiuto di tutti i sospetti canonici mi sembra assolutamente inconfutabile - ma d'altronde non sono mai stato un *pedachenkista*, un *druittista*, un *calenritista* o uno *stephenista*... Dopo aver seguito l'argomentata requisitoria di Knight nei confronti di coloro che mette sul banco degli imputati, è difficile resistere alla tentazione di diventare un *gollista* convinto.

Gran parte del fascino del caso di Jack lo Squartatore ha sempre risieduto nel suo perdurante mistero; è nato un gioco di enigmi con la seducente possibilità - e impossibilità - di congetture infinite, che promettono terribili mal di testa. La regola del gioco, dopo tanto tempo, è forse questa, almeno inconsciamente: *non voglio che si trovi la soluzione*. Perché cosa c'è di più morto di un indovinello risolto, di un cruciverba completato? Se è così, sono - lo ammetto - tutt'altro che imparziale. Ma almeno sono abbastanza flessibile nei miei pregiudizi, abbastanza saggio, da ammettere che avete tra le mani un libro della massima importanza, che chiunque abbia anche solo un briciolo di curiosità sugli omicidi di Jack lo Squartatore non dovrebbe trascurare di leggere e di considerare con attenzione incondizionata.

Promette di essere una lettura appassionante. E offre una *soluzione finale* allarmante e convincente.

Richard WHITTINGTON-EGAN

INTRODUZIONE

La ricerca di questo libro è stato uno dei compiti più difficili della mia carriera, ma allo stesso tempo uno dei più gratificanti. Questo progetto mi ha portato a conoscere persone che probabilmente non avrei incontrato altrimenti, persone che hanno iniziato come semplici conoscenti e che ora ho l'onore di annoverare tra gli amici. Il tradizionale tributo a coloro "senza i quali questo libro non sarebbe mai esistito" si applica in questo caso a così tante persone che mi è difficile sapere da dove iniziare i miei ringraziamenti.

Paul Bonner e Ian Sharp sono in cima alla lista delle persone a cui sono profondamente debitore. Senza le loro prime ricerche e quelle di Karen de Groot e Wendy Sturgess, avrei iniziato la mia indagine su Jack lo Squartatore con un pesante handicap. Sono grato a loro per avermi messo a disposizione la loro preziosa documentazione e per avermi dedicato così generosamente il loro tempo e i loro consigli nonostante le esigenze della loro vita quotidiana e dei loro doveri.

Vorrei ringraziare Joe Glaute, non solo per il suo incoraggiamento e i suoi consigli esperti, ma anche per la sua disponibilità ad ascoltare un neofita che pensa di avere qualcosa di importante da condividere. Vorrei ringraziare Ken Thomson in molti modi, non ultimo per la sua disponibilità, i suoi preziosi consigli e i suoi numerosi suggerimenti, sempre pertinenti, sul testo e sulle illustrazioni. È merito di Ken se il titolo adottato è più appropriato e più facile da ricordare del mio originale *The Real Jack the Ripper...*

Per aver letto e fatto commenti essenziali sul mio manoscritto e sulla sua presentazione, devo ringraziare Robin Odell, il cui *Jack the Ripper In Fact and Fiction* è uno dei pochi libri veramente validi su Jack the Ripper.

Richard Whittington-Egan, il più audace e implacabile dei detective letterari contemporanei, ha contribuito alla prefazione di quest'opera. Per il fascino e l'amicizia di Richard, per il suo intuito alla Sherlock Holmes e per il suo illuminante spirito critico - sempre offerto con il desiderio di aiutare - posso solo dire, sinceramente: grazie!

Per quasi tutti gli autori arriva un momento in cui si chiedono se il libro a cui hanno lavorato duramente verrà pubblicato o meno, perché molti ostacoli sembrano insormontabili. Sono grato a Donald

Rumbelow per le sue gentili parole di incoraggiamento quando ho attraversato questo periodo di incertezza, che per fortuna è stato piuttosto breve nel mio caso. Molte idee di Donald, la sua considerazione e il suo costante interesse hanno contribuito in misura non trascurabile alla forma attuale del libro.

Il mio grande amico Bernard Taylor va ringraziato per aver individuato gli errori grammaticali, sottili e non, che nessun altro aveva notato.

Altre persone che hanno letto parti del mio lavoro incompiuto, o si sono offerte di leggerlo per me, e le cui impressioni sono state preziose, sono state Harry Jackson, i miei fratelli Leonard, Richard e Adrian, Dr Anthony Storr, John Wilding, le mie nuore Natasha e Nicole e mia madre. Di particolare importanza è stata l'ispirazione fornita dalla mia amica Joan Moisey. Senza di lei, è improbabile che questo libro sarebbe stato scritto.

Le seguenti persone hanno contribuito con il loro tempo a interviste talvolta lunghe: Karen de Groot, Wendy Sturgess, Michael Parkin, Alan Neate, Robert Mackworth-Young, Harry Jonas, Elwyn Jones, William Ifland, Anthony Storr, Terese Stevens, Emily Porter e, naturalmente, Joseph Sickert. Ho trascorso ore e ore con Marjorie Lilly e i suoi ricordi hanno fornito un importante materiale di base. È importante notare, tuttavia, che tutte le conclusioni a cui sono giunto in questo saggio sono frutto della mia volontà.

Molte persone mi hanno aiutato prendendosi la briga di scrivermi lettere, a volte estremamente lunghe e ricche di informazioni, altre volte piuttosto brevi, ma sempre cortesi. Posso citare Michael Harrison, Timothy d'Arch Smith, H. Montgomery Hyde, Frederick Bratton, Alan Neate, il Marchese di Salisbury, Donald McCormick, Wendy Baron, Sir John Gielgud, Mrs Peggy Ashcroft, Donald Rumbelow, Dr J. Mason, G. Lüdemann, Nigel Morland, Michael Thomas, Algernon Greaves, T. Tindal-Robertson, John Symonds, Dr Alan Barham Carter, Martin Cresswell, Lady Muriel Dowding, Thomas Orde, Sir Philip Magnus-Allcroft, Mavis Pindard, la Law Society, l'Honourable Society of the Inner Temple, il Director of Public Prosecutions, H. G. Pearson dell'Home Office, Nellie J. Kerling e Constance-Anne Parker.

Sono grato alla dottoressa Edwina Browning e ai numerosi collaboratori dell'Archivio di Scotland Yard per la loro gentile ospitalità e al signor T. H. East dell'Home Office per la sua assistenza. I miei ringraziamenti vanno anche a Eric Harvey, capo degli archivi di New

Scotland Yard, per il permesso di studiare i fascicoli del Ministero degli Interni su questo caso, e a Sua Maestà la Regina per il permesso di consultare parte della corrispondenza privata inedita della Regina Vittoria.

Sono molto grato al Royal College of Physicians per il permesso di riprodurre estratti di una lettera di Sir William Gull; alla Michael Joseph Ltd. per il permesso di citare *Jack lo Squartatore* di Daniel Farson; a Joseph Sickert per il permesso di includere diverse fotografie di famiglia nel mio libro; e alla Faber and Faber per il permesso di riprodurre il ritratto di Walter Sickert da giovane da *The Life and Opinions of Walter Richard Sickert* di Robert Emmons. Le fotografie e le copie di documenti del Public Record Office, i cui diritti appartengono alla Corona, sono pubblicate con il permesso del capo dell'Her Majesty's Stationery Office.

Desidero esprimere i miei più sinceri ringraziamenti all'amico Harry Jackson per l'aiuto che mi ha dato ogni volta che è stato necessario. Due delle sue straordinarie fotografie sono incluse in questo libro. Non ho conosciuto nessuno che abbia mostrato più entusiasmo di Harry per il mio argomento e mi sono divertito molto a parlare dello Squartatore con lui e Belinda, la sua adorabile moglie.

Sono grato ai miei amici in generale per aver accettato il mio atteggiamento sociopatico durante la composizione di questo libro... Ho trascurato la maggior parte di loro per quasi diciotto mesi. In particolare, devo ringraziare Terry e Janice Sweeney che, come sempre, sono stati presenti in caso di necessità, soprattutto quando la carta è finita. Diverse persone mi hanno prestato libri che si sono rivelati molto utili. Penso a Dave Bootle, Brenda Lyons, Richard e Leonard Knight, Harry Jackson e Joe Gaute.

Due massoni anziani hanno contribuito con informazioni e commenti. Sono loro grato e rispetto il loro desiderio di rimanere anonimi.

Al libro hanno contribuito anche Ron Rothery, Rod Southwood, Margaret Adey, Jack Hammond, Pauline Silver, Christopher Falkus, David Newnham e l'efficiente team delle sale di lettura del British Museum e delle biblioteche di Tower Hamlets, in particolare la Local History Library e la Whitechapel Music and Art Library.

Il signor R. F. Armitage e Joyce Hatwell sono stati più utili di quanto non sappiano. Roy Minton ha fornito molte raccomandazioni, sia pratiche che speculative. Sono in debito con la sua competenza.

Le due vite dell'autore, con il suo lavoro a tempo pieno, non sono sempre compatibili. Devo ringraziare Chris Coates per l'aiuto e la comprensione che mi ha dato nel concedermi il tempo di svolgere le mie ricerche. Non avrei potuto chiedere un editore migliore!

Infine, non posso che esprimere profonda gratitudine a mia moglie Margot e alle nostre figlie Natasha e Nicole. Hanno ascoltato con pazienza e incoraggiamento i lunghi e talvolta complicati monologhi sugli omicidi di Whitechapel. Sono in debito con il loro affetto per aver accettato Jack lo Squartatore come ospite per quasi due anni. Soprattutto, sono grato a Margot per la sua fiducia in me, inflessibile anche nei momenti in cui non credevo più nel mio progetto. Senza di lei, questo libro non sarebbe mai stato preso in considerazione.

Stephen KNIGHT, 31 agosto 1975

CAPITOLO PRIMO

Nuova luce su un vecchio mistero

Jack lo Squartatore è un nome improprio. Il suo nome evoca immagini di un assassino solitario che perseguita le sue vittime sotto le nebbiose luci a gas di Whitechapel. È stato proprio questo equivoco, ispirato quasi interamente dal terrificante soprannome, a rendere impossibile la soluzione dell'omicidio di cinque prostitute dell'East End nel 1888. Perché Jack lo Squartatore non è un uomo solo, ma *tre*: due assassini e un complice. I fatti delle loro imprese non sono mai stati isolati dall'intricata rete di verità, mezze verità e bugie che è stata tessuta intorno al caso. Falsità deliberate e accidentali hanno completamente oscurato la verità. La tesi di un assassino solitario è stata riprodotta da un autore dopo l'altro, ognuno dei quali ha cercato di dimostrare che *il suo* sospettato era senza dubbio il più famoso criminale della storia. Questo spiega l'abisso di incoerenza in cui ogni dimostrazione "logica" di questi teorici ha finito per cadere. Questa è la radice di tutti i disaccordi sull'argomento, compreso un punto fondamentale come il numero di omicidi commessi. Alcuni sostengono che siano stati solo quattro, altri che siano stati più di venti. Tuttavia, la maggior parte degli esperti concorda con Sir Melville Macnaghten, che entrò a Scotland Yard come vice commissario capo del Dipartimento di Investigazione Criminale nel 1889, l'anno successivo agli omicidi. In note riservate scrisse:

> L'assassino di Whitechapel ha ucciso 5 persone e solo 5 persone.

Le note ufficiali di Macnaghten elencano le cinque vittime:

> I. 31 agosto 1888. Mary Ann Nichols - a Bucks Row - che fu trovata con la gola tagliata e con una (lieve) mutilazione addominale.

> II. 8 settembre 1888. Annie Chapman, Hanbury Street: gola tagliata - stomaco e genitali gravemente mutilati e parte degli intestini messi intorno al collo.

III. 30 settembre 1888. Elizabeth Stride, Berner Street: taglio alla gola, ma nessuna mutilazione; e, nella stessa *data,* Catherine Eddowes, Mitre Square: taglio alla gola e una mutilazione molto violenta, sia del viso che dell'addome.

IV. 9 novembre. Mary Jane Kelly, Miller's Court: sgozzata e tutto il corpo mutilato nel modo più orribile.

Macnaghten aveva ragione nell'identificare queste cinque donne come vittime di Jack lo Squartatore, ma non per le ragioni che gli scrittori precedenti hanno sostenuto. Elizabeth Stride, ad esempio, è stata considerata una vittima dello Squartatore sulla base di prove molto inconsistenti: è stata uccisa la stessa notte di una vittima reale e le è stata tagliata la gola. In questo ragionamento superficiale, non c'è nulla che colleghi Stride a questa serie di omicidi: non è stata mutilata nel modo usuale dello Squartatore e - come molti autori hanno affermato - la sua gola non è stata tagliata da sinistra a destra come nelle altre vittime, ma in direzione opposta. Il fatto che l'omicidio di Stride sia stato effettivamente commesso da Jack lo Squartatore è evidenziato da prove inedite trovate negli archivi segreti del governo e della polizia e in un resoconto *post-mortem* che fu soppresso, anche durante l'inchiesta. Quest'ultimo mostra che la gola di Long Liz Stride fu tagliata esattamente con lo stesso movimento da sinistra a destra delle altre vittime.

C'è un'altra prova inedita e più concreta che coinvolge Stride nel caso e ribalta i luoghi comuni su questi crimini: quattro delle cinque vittime si conoscevano tra loro. Non si trattava di omicidi casuali da parte di un maniaco sessuale, ma dell'eliminazione sistematica di obiettivi predefiniti. Ciò che Mary Kelly aveva in comune con le altre quattro donne era che non era una prostituta sfortunata che si era semplicemente imbattuta in Jack lo Squartatore. Era *destinata a essere l'*ultima vittima. Ed è nella sua storia, finora oscura, che si trova la nostra soluzione.

Tra i molti dettagli apparentemente inspiegabili che circondano l'omicidio di Stride c'è l'uccisione di Catherine Eddowes poco dopo. Tra tutte le teorie proposte con leggerezza, nessuna ha finora spiegato come Eddowes possa essere trovata a non meno di ottocento metri da Stride meno di tre quarti d'ora dopo, eppure sia stata uccisa e sapientemente mutilata dalla stessa mano. La risposta è stata finalmente trovata.

È risaputo che in qualche angolo di Scotland Yard esiste un fascicolo segreto sugli omicidi di Whitechapel. I pettegoli hanno ripetuto che la soluzione dell'enigma, fino al nome dell'assassino, si trova lì. Ho avuto accesso ai documenti di Scotland Yard, che avrebbero dovuto rimanere riservati fino al 1992, e agli archivi segreti del Ministero degli Interni sul caso, che saranno aperti al pubblico solo nel 1993. Non ci sono documenti che identificano Jack lo Squartatore, ma queste due raccolte forniscono prove essenziali a sostegno della nostra indagine. Le affascinanti informazioni contenute in questi documenti segreti sono pubblicate qui in esclusiva.

La verità su Jack lo Squartatore è spaventosa. Molti preferirebbero non conoscerla, altri la diffamano.

Ma è la verità.

Lo scenario che si cela dietro questo libro non è frutto dell'immaginazione fantasiosa di uno sconosciuto alla disperata ricerca di notorietà, poiché la fonte del materiale presentato non è altro che New Scotland Yard. Non è stato condiviso sotto forma di dichiarazione ufficiale, ma tramite fughe di notizie furtive e intelligenti da parte di coloro che per anni hanno ripetuto di non avere nulla da riferire. Le informazioni inedite raccolte dalla polizia conducono infine a un artista poco conosciuto che vive in un felice anonimato con la sua famiglia e i suoi animali domestici in una grande ma insignificante casa nel nord di Londra. Egli racconta una storia incredibile e sgradevole che gli è stata raccontata dal padre, un famoso pittore e narratore. L'artista non ha alcuna prova che la storia sia vera, ma solo l'incrollabile convinzione che suo padre non stesse mentendo.

I primi passi di questa indagine furono compiuti all'inizio del gennaio 1973. La rinascita dell'interesse per Jack lo Squartatore, iniziata più di due anni prima e che non accennava a diminuire, spinse la BBC a prendere in considerazione una serie di programmi sugli omicidi. Fin dall'inizio, Jack ha tormentato la fervida immaginazione del pubblico come nessun altro assassino. È stato protagonista di oltre cento libri, di numerosi film e opere teatrali e di innumerevoli riviste e articoli di giornale. Nel novembre 1970, proprio quando sembrava che non ci fosse più nulla da dire, l'interesse per la questione fu riacceso dalla pubblicazione di un articolo sensazionale e privo di fondamento che denunciava il nipote della Regina Vittoria, il Principe Alberto Vittorio, Duca di Clarence. Questa nota fu ristampata e discussa da tremila giornali in tutto il mondo e, tra la fine del 1970 e il momento in cui la BBC rivolse la sua attenzione agli omicidi di Whitechapel, ci furono nuove pubblicazioni nelle gazzette e nei periodici britannici quasi ogni settimana. Due importanti teorie, una delle quali completamente nuova, furono pubblicate in forma di libro.

Dopo molte discussioni, la BBC ha deciso non tanto di seguire l'esempio, quanto di interrogarsi sulle ragioni della continua rinascita della *mania* per Jack lo Squartatore, cercando quindi di produrre una trattazione completa del caso. I produttori avranno probabilmente pensato, nei momenti più eccitanti, di poter risolvere l'enigma. Doveva essere una grande commemorazione per l'85 anniversario degli omicidi.

Per la prima volta nella sua storia, la BBC decise di unire in questa impresa i suoi dipartimenti di lungometraggi e serie. Questi ultimi dovevano essere completamente autentici, ma il materiale presentato e discusso da personaggi di fantasia - i detective Barlow e Watt - per offrire un documentario serio con il fascino e il pubblico di un thriller.

Per quanto riguarda il lungometraggio, Paul Bonner - che aveva supervisionato diversi progetti importanti, tra cui una controversa indagine sulla tragedia del *Lusitania* - fu incaricato di dirigere la serie. Il suo compito era quello di raccogliere tutti i fatti per la serie e di guidare un team di ricercatori che condividevano il suo entusiasmo per l'argomento. Le consuete fonti di informazione, come giornali, biblioteche, archivi pubblici, British Museum, articoli e scritti contemporanei, dovevano essere esaminate a fondo. Ma questa doveva essere la parola definitiva sulla storia di Jack lo Squartatore, non un amalgama di studi precedenti abilmente mascherati.

85 anni prima, il centro delle operazioni era Scotland Yard, sede della Metropolitan Police. Sembrava il luogo più ovvio per avviare nuove indagini. Scotland Yard, dopo essersi trasferita dalla sua sede vittoriana (Whitehall) in un nuovo imponente edificio (Victoria Street, Westminster), per anni ha taciuto sul caso, salvo fare qualche osservazione agli investigatori professionisti ai quali veniva immancabilmente detto: "Il caso è chiuso. Non sappiamo nulla che non sia già stato pubblicato". Ma Bonner dedusse che questa strategia di elusione nascondeva qualcosa. Dovevano sapere qualcosa, anche solo i dettagli di un'indagine non andata a buon fine. Bonner si recò a New Scotland Yard - insieme a Elwyn Jones, creatore di Barlow e scrittore delle sequenze - per vedere se la polizia era disposta ad aiutarlo in qualche modo.

Pranzarono con un membro anziano di Scotland Yard, che Jones già conosceva. Anche se il suo nome non poteva essere rivelato, era considerato una fonte affidabile. Hanno rapidamente illustrato i loro piani. Seguì un'ora di tensione, durante la quale furono interrogati a lungo sulle intenzioni del documentario in programma. Il loro interlocutore ha tenuto a precisare che la trattazione dell'argomento doveva essere estremamente approfondita e che speravano sinceramente di produrre un resoconto completo degli omicidi dello Squartatore. Quando fu convinto di ciò - ma non fu facile convincerlo - estrasse dalla tasca un foglio di carta. Questo era coperto da alcune note scritte a mano. Non specificò la fonte delle informazioni che stava per fornire, ma si limitò ad attribuirle a "uno di noi". Chiese inoltre che ciò che avrebbe detto loro sarebbe stato solo in via confidenziale.

Chiese loro se avessero contatti con "un uomo chiamato Sickert, che è collegato all'artista". Disse che quest'uomo era a conoscenza di un matrimonio tra il Duca di Clarence, figlio di Edoardo VII ed erede apparente al trono prima della sua morte nel 1892, e Alice Mary Cook. La cerimonia si svolse in segreto a St Saviour's[1] e i due testimoni che vi parteciparono furono in seguito vittime di Jack lo Squartatore. Alice Mary morì nel 1920. Non sono state rilasciate altre prove. Ian Sharp, un assistente di ricerca che ha lavorato alla serie, racconta quanto segue:

> Pensando che questo potesse essere un banco di prova per verificare la serietà della nostra ricerca, eravamo decisi a scoprire, da quelle poche informazioni che avevamo, se esisteva un documento di matrimonio che potesse supportare questa storia. Il problema più grande è stato quello di trovare il luogo in cui il matrimonio avrebbe dovuto aver luogo. A quei tempi, anche gli ospedali e i dispensari avevano le loro cappelle! Ma poiché sia Elwyn che Paul non erano più sicuri se il loro informatore avesse parlato di un "dispensario" o di una "chiesa", sembrava valesse la pena di provare prima con la *chiesa*. Esisteva una parrocchia di St Saviour, all'epoca a sud del Tamigi. Mi recai quindi alla Cattedrale di Southwark, il cui nome precedente è St Saviour's, e incontrai il sacrestano Philip Chancellor. Mi ha gentilmente mostrato i registri degli anni dal 1880 al 1889, ma non c'era traccia di nessuno dei nomi citati.

La British Medical Association fu più efficiente: dopo qualche giorno risposero alla mia telefonata e mi segnalarono una clinica di St Saviour's in Osnaburgh Street, non lontano da Euston Road. Purtroppo non esisteva più e il suo sito era stato ricoperto da uffici e appartamenti. Il Marylebone Record Office non aveva alcuna traccia della cappella del

---

1 Chiesa di Santo Salvatore (N.D.T.).

dispensario, che si trovava nella loro area, e ci fu assicurato che doveva trovarsi da qualche parte.

Nel frattempo, io e altri due ricercatori abbiamo messo personalmente sottosopra la Somerset House per cercare di trovare qualcosa su questo matrimonio e sull'esistenza di una Alice Mary Cook. C'erano documenti dappertutto. Dopo quindici giorni ne uscimmo con la sola certezza dell'esistenza di un dispensario di St Saviour che, in ogni caso, era ben lontano da dove pensavamo si trovasse: nelle vicinanze di Whitechapel o, perlomeno, in un luogo dove tre prostitute dell'East End avrebbero potuto aggirarsi.

Fu quindi deciso che avremmo cercato di ottenere maggiori informazioni dal nostro informatore di Scotland Yard, compreso il luogo in cui si trovava Sickert, se era ancora vivo. Ricordo bene che Paul Bonner telefonò al nostro informatore e lo informò in modo cortese e diplomatico che non avevamo trovato nulla, ma senza dirlo. Poi chiese se Sickert fosse ancora vivo. Poi, con grande stupore di Paul, gli diede il numero di telefono di Sickert in pochi secondi! Poiché erano passate due settimane dal loro incontro e non c'era stato alcun contatto in tutto questo tempo, sembrava molto strano che potesse essere venuto in possesso di questo numero di telefono all'istante. Probabilmente lo aveva sul suo pezzo di carta, ma perché non glielo aveva dato subito? L'eccitazione era al massimo e la squadra si riposò in modo salutare.

Quella sera chiamai Sickert e gli raccontai ciò che avevo appreso, senza rivelare le mie fonti, se non che la BBC era interessata, in quanto stava realizzando una serie di documentari sull'argomento. Sembrò molto sorpreso e mi chiese di ripetere ciò che avevo detto a un altro uomo che parlava bene e sembrava molto più vecchio e un po' sordo. L'anziano ha poi riconsegnato il telefono a Sickert e abbiamo fissato un appuntamento per la mattina successiva.

L'indirizzo concordato era uno studio d'artista a Myddelton Square, Islington, di proprietà del vecchio Harry Jonas. Lo studio era ultraterreno: un luogo favoloso, antiquato e disordinato. C'erano tele, colori, pennelli, vasi, bottiglie vuote, cartoni del latte abbandonati, barattoli di vernice e simili; e al centro c'era una vecchia e straordinaria stufa con una canna fumaria che attraversava il soffitto. Non c'erano finestre e l'unica fonte di luce naturale era costituita da due grandi lucernari. Erano presenti Harry Jonas e Sickert.

Per tre ore fui sottoposto a un serrato interrogatorio per sapere come avevo ottenuto le informazioni, cosa mi era stato detto esattamente e chi me lo aveva detto. Non mi rivelarono assolutamente nulla, ma capii perché le settimane precedenti erano state sprecate in ricerche infruttuose. I nomi, i luoghi e gli eventi descritti dal nostro informatore di Scotland Yard erano leggermente sbagliati. Jonas e Sickert passarono molto tempo a cercare di capire se Scotland Yard ci avesse deliberatamente fornito informazioni false, così pensammo che fosse meglio fare a meno della polizia e contattare direttamente Sickert. Mi hanno assicurato di non avere alcuna corrispondenza con Scotland Yard.

Si era creata una straordinaria atmosfera di cospirazione, e devo ammettere che sembravano preoccupati ed erano estremamente cauti. Sickert ha insistito sul fatto che si trattava di una storia personale e che il suo ruolo era solo "un breve capitolo di un libro molto grande". Hanno concordato che se la storia fosse stata raccontata a noi, la BBC non avrebbe potuto renderla pubblica.

Alla fine ci siamo lasciati con questo accordo: avrei fornito informazioni più dettagliate sulla nostra fonte di informazione. Non appena l'avessi fatto, li avrei contattati e ci saremmo rivisti. Me ne andai pensando che stavo lavorando a un vero e proprio rompicapo!

Qualche giorno dopo sono tornato nello stesso posto. Questa volta l'atmosfera era più rilassata. Andammo in un caffè locale e Sickert ordinò, nonostante avessi fatto segno al cameriere con il fazzoletto da taschino.

A poco a poco la storia prese forma: la saga dello Squartatore aveva messo radici in Cleveland Street, che all'epoca era il cuore artistico di Londra, dove il padre di Sickert, Walter Richard Sickert, aveva il suo studio. Al numero 22 c'era il negozio di tabacchi e dolciumi dove lavorava Annie Elizabeth Crook. La sua assistente, o la ragazza che lavorava nel negozio con lei, era Mary Kelly, la stessa che sarebbe stata l'ultima vittima di Jack. È qui che il principe Eddy, duca di Clarence, aveva incontrato Annie Elizabeth durante una delle sue visite segrete al quartiere.

C'era stato un matrimonio nella St Saviour's Chapel, ma c'era solo una testimone ufficiale: Mary Kelly. Nel 1888 ci fu un'irruzione della polizia in Cleveland Street e furono catturate due persone, il Duca di Clarence e Annie Elizabeth, quest'ultima impazzita e rinchiusa in vari istituti fino alla sua morte nel 1920. Mary Kelly aveva visto cosa era successo e si era anche presa cura di una bambina: Alice Margaret. Fuggì nell'East End dove si nascose in un convento. Se ne hanno notizie il 9 novembre.

> Tutti questi dati non sono arrivati in un ordine chiaro, preciso o cronologico, ma ho dovuto ricavarli da divagazioni e discorsi a volte confusi in cui nomi e luoghi arrivavano a decine. Arrivavano da tutte le direzioni e, francamente, ero disorientato. Ma con tutto questo, la storia cominciava a prendere forma. L'episodio dello Squartatore in sé è stato appena accennato e non sono stati rivelati nomi sulla sua o sulla loro identità, ma ho avuto l'impressione che più di una persona fosse coinvolta nel caso.

E così via. Sharp, Bonner e compagnia continuarono pazientemente la loro ricerca e visitarono più volte Sickert e Jonas con l'intenzione di ottenere maggiori informazioni dalle loro timide confidenze. Jonas non disse nulla senza il permesso di Sickert e, nonostante la sua iniziale fiducia negli uomini della BBC, Sickert sembrava ora incline a rimanere in silenzio. Ma il team sembrava così professionale nell'approccio al caso che, dopo una discussione più lunga del solito, la pazienza ebbe la sua ricompensa. Sickert, un uomo riservato e ansioso, alla fine si rese conto di potersi fidare completamente dei suoi nuovi amici e sentì di poter fare, in confidenza, alcuni nomi. Ma anche in questo caso la storia non fu raccontata per intero, anche se solo in forma sommaria. Continuarono le stesse conversazioni sconclusionate, senza alcun desiderio di *convincere*, ma semplicemente di *parlare*. Alla fine, sembrava trovare un po' di sollievo nel raccontare la sua storia. E, finalmente, l'incredibile trama che suo padre gli aveva trasmesso cominciò ad avere un senso.

Principe Eddy

Ma Sickert era irremovibile sul fatto che la sua storia non dovesse essere resa pubblica. Non vedeva alcun vantaggio, ma solo svantaggi, nel rivelare la verità così a lungo dopo il fatto. Tanto valeva lasciare che i curiosi bisticciassero e litigassero su di loro. Perché? Disse che cominciava a pensare che era stato un errore parlare. Se avesse taciuto, la sua storia sarebbe morta con lui e "i peccati dei genitori sarebbero stati nascosti ai loro figli", per usare la sua frase enigmatica. L'équipe della BBC e gli amici intimi di Sickert, Jonas in particolare, hanno lottato per dimostrare che se conosceva la verità, era suo dovere parlarne. La sua chiesa, la Chiesa cattolica romana, era rigorosamente contraria a nascondere qualsiasi illecito. Dalla proclamazione della verità non poteva derivare nient'altro che un bene. Dopo molte settimane di tentativi, di coccole, di ragionamenti e di persuasione, giunse a malincuore alla conclusione che sarebbe stato meglio se la sua storia, a lungo tenuta nascosta, fosse stata rivelata. Così, venerdì 17 agosto 1973, Joseph Sickert fu testimone a sorpresa nell'episodio finale della serie Jack lo Squartatore.

Incontrai Sickert il mese successivo, quando mi recai a casa sua a Kentish Town per intervistarlo per conto dell'*East London Advertiser*. Era stato cauto al telefono, ma accettò di vedermi dopo che gli feci notare che l'*Advertiser* era uno degli ultimi giornali sopravvissuti che coprivano l'area in cui erano avvenuti gli omicidi di Whitechapel, e che quindi aveva un interesse speciale per questi. Ha convenuto che, dopo la sua apparizione in televisione, non aveva nulla da perdere nel presentare la sua storia più a lungo alla gente dell'East End. Lo trovai basso e teso, affascinante ma introverso. I suoi capelli raccolti all'indietro e la sua barba elegante erano di colore grigio argento, e il suo viso era severo e aristocratico. Sembrava - pensai - un delizioso corsaro. La sua voce era di per sé una contraddizione, al tempo stesso distinta e roca. Pronunciava male alcune parole, ma le usava con eleganza. Diceva "*arsh*" invece di "*harsh*[2]": era troppo disinvolto o poco educato per segnare l'*h*, ma fingeva che "*arsh*" fosse la pronuncia corretta. Usava queste scorciatoie con un'elocuzione impeccabile. I suoi amici lo chiamavano affettuosamente "Hobo[3]". Non sembrava voler diventare più famoso.

---

2 Questo aggettivo può essere tradotto come "rigoroso", "duro", "severo" o un equivalente. Ricordiamo che l'*h* iniziale in inglese è aspirata (N.D.T.).

3 In alcuni Paesi di lingua inglese, questa parola viene utilizzata per indicare un senzatetto, un lavoratore vagabondo o una persona senza fissa dimora.

Dopo diversi caffè e un lungo dibattito sulla saggezza di rivelare la verità a tutti i costi, sembrò scaldarsi con me e disse: "Forse sono stato in silenzio per troppo tempo - non lo so. Ma più passa il tempo, più mi convinco che queste rivelazioni non porteranno nulla di buono. Confesso che non mi sento sollevato ora che ho condiviso ciò che so."

Poi mi raccontò tutta la storia. Sua madre era una donna ansiosa, le cui paure e tristezze erano nate nella temuta separazione causata da un'infanzia trascorsa in un ospizio. Sorda congenita, aveva iniziato la sua vita con una grave disabilità. Gli abusi a cui era stata sottoposta per gran parte dei suoi anni più teneri si erano combinati con il suo handicap fisico per renderla anormalmente riservata nei confronti degli estranei. Era iperprotettiva nei confronti di Joseph e fin dai primi giorni di vita il ragazzo sentì che ricordi terribili infestavano la vita di sua madre. Strane parole pronunciate, frammenti di conversazioni ascoltate per caso, la visibile tensione della madre quando era in vista di un poliziotto: tutto questo convinse il perspicace giovane Joseph che c'era qualcosa nel suo passato che gettava un'ombra oscura sul presente.

Anni dopo, quando aveva circa 14 anni, suo padre - il famoso pittore impressionista Walter Sickert - lo prese in disparte un giorno e, con tono confidenziale, gli raccontò una storia che il ragazzo trovò inizialmente impossibile da credere. La sua storia iniziò, disse mentre scivolava sulla sedia, alla corte della regina Vittoria all'inizio degli anni Ottanta del XIX secolo.

Il nipote della Regina, il Principe Eddy, presto Duca di Clarence e Avondale, era un ragazzo complicato. Nel 1884, quando aveva 20 anni, sua madre - la Principessa Alexandra - si mostrò preoccupata per il suo sviluppo. Suo padre, il Principe Edoardo, che sarebbe diventato Re Edoardo VII, lo respinse. Non gli piaceva e non si curava di nasconderlo. Pensava che suo figlio fosse uno sciocco e che chiunque dei suoi compagni di scuola sarebbe stato un monarca migliore. Per una madre devota, i circoli ristretti della corte sembravano un ambiente troppo soffocante in cui vedere crescere suo figlio. Se Eddy doveva diventare re, doveva imparare la realtà dei sudditi che un giorno avrebbe governato. Poiché era più artistico che intellettuale, Alexandra guardò al mondo dell'arte come a un modo per salvare Eddy. Lì avrebbe potuto essere se stesso; la sua personalità sarebbe stata forgiata; avrebbe potuto far emergere qualcosa del nobile carisma sassone-coburghese che lei aveva tanto amato nel marito, ma che in lui era stato sopraffatto dall'immoralità, mentre in Eddy non si era mai manifestato. Soprattutto, Eddy poteva sfuggire alla ristretta cerchia della corte e all'antipatia distruttiva del padre.

Passando al mondo dell'arte, lo sguardo di Alexandra non poteva non cadere sull'elegante giovane pittore Walter Sickert. Quattro anni più grande di Eddy, era un pittore di terza generazione: suo padre e suo nonno erano stati artisti alla Corte Reale Danese, da dove Alexandra stessa era venuta 20 anni prima. Alexandra scrisse a Sickert e gli chiese di prendere Eddy sotto la sua ala. La principessa era abituata a fare ciò che voleva, e il pittore era sempre desideroso di promuovere i propri interessi guadagnando influenza. Egli accettò di buon grado la richiesta che le prove di Eddy nel mondo reale non fossero rese note al padre e alla nonna.

"La mamma sarebbe una rottura", confidò l'indisciplinata Alexandra a Sickert, che sapeva che i capricci di Victoria non erano da prendere alla leggera.

All'epoca, agli inizi della sua carriera dopo la laurea alla Slade School of Art e l'apprendistato presso il grande pittore americano Whistler, Sickert prese in affitto uno spazio in un'imponente casa di mattoni rossi al numero 15 di Cleveland Street, nel cuore di quella che era diventata la Montmartre di Londra. Cleveland Street correva parallela a Tottenham Court Road. I suoi percorsi tortuosi formavano un piccolo villaggio per la vita bohémien, una società chiusa di artisti, scrittori e negozianti rannicchiati nell'oblio tra due delle arterie più trafficate della metropoli. Il quartiere attirava i giovani, i creativi e i rivoluzionari. Il mix delle loro personalità, il cui unico denominatore comune era il rifiuto delle convenzioni, aveva creato una colonia di beatniks dell'alta società, tra cui William Morris e il giovane Bernard Shaw.

Durante la sua lunga vacanza da Cambridge e durante le sue assenze illecite nel corso dell'anno accademico, si dice che il giovane principe facesse segretamente visita a Sickert. Lasciato il palazzo in una carrozza con le armi reali, avrebbe cambiato veicolo in un punto prestabilito e avrebbe proseguito il viaggio verso la casa di Sickert in una carrozza normale, anticipando così di 50 anni lo schema che Edoardo VIII utilizzò per eludere i cani della sua guardia di palazzo e corteggiare Simpson. Il cocchiere di Eddy per la seconda parte del viaggio era un giovane donnaiolo amichevole ma spietato di nome John Netley, un individuo desideroso di trovare una buona posizione al servizio dei potenti.

Eddy prospera nell'atmosfera rilassata della comunità e spinge Sickert a presentargli molte delle personalità che il pittore conosce. L'innato talento di Sickert nel percepire la qualità dei suoi interlocutori trascendeva i confini della classe sociale. Era il benvenuto ovunque andasse, nell'alta società come in quella più mediocre. Era a suo agio con un pescatore come con un monarca. Eddy arrivò ad amarlo come un maestro e un amico, ed era ansioso di identificarsi con lo pseudonimo che usava nelle sue visite. Facendosi chiamare "Albert" e facendosi passare per il fratellino di Sickert, aveva più libertà di quanta ne avesse mai avuta, e apprezzava la sfumatura romantica con cui veniva chiamato "piccolo signor S." dai suoi nuovi parenti.

Nella torrida estate del 1884, Sickert presentò a Eddy una giovane commessa che spesso posava per lui. Si chiamava Annie Elizabeth Crook, nota anche come "Cook". Lavorava in una tabaccheria al 22 di Cleveland Street, ben visibile dalle vetrine. Sebbene analfabeta, la giovane donna aveva un grande fascino. Era di origine scozzese ed era arrivata a Londra dal suo villaggio rurale nelle Midlands, con la sua fervida immaginazione che traboccava dal sogno di fare fortuna nella grande città. All'inizio la miseria della capitale l'aveva delusa, ma era abbastanza intelligente da riprendersi. Era tutt'altro che bella, ma Eddy ne fu subito attratto per la somiglianza con la sua amata madre. Dire che Eddy soffriva di un complesso di Edipo sarebbe un'esagerazione, ma il suo rapporto con Alexandra era sempre stato molto intimo. La naturale vicinanza di ogni madre al proprio figlio era accentuata sia dall'isolamento di cui soffriva a causa del padre, sia dalla mancanza di contatti con il mondo esterno, inevitabile per ogni membro di una casa reale. La sua malsana dipendenza dalla madre era esacerbata dal suo affetto possessivo.

Annie era lusingata dalle attenzioni ricevute dal fratello del suo amico pittore. La sua aria malinconica, che Annie - secondo Sickert - doveva trovare romantica, e la sua evidente attrazione per il suo fascino suscitarono una risposta immediata. Eddy confidò in seguito a Sickert che, quando si incontrarono per la prima volta, una parte di lui la desiderava, mentre l'altra, più riservata e cauta, lo tratteneva. Annie non poteva immaginare le fitte e i desideri che tormentavano costantemente Eddy durante le sue gioiose visite a Cleveland Street e che offuscavano la sua recente felicità con attacchi di depressione. Dietro tutte le aspirazioni di libertà dell'adolescente, egli vedeva l'ombra del trono che lo avrebbe perseguito inesorabilmente fino alla tomba. La corona doveva essere la sua unica preoccupazione. Tutte le altre ambizioni dovevano essere subordinate al compimento del suo destino regale.

Ma con Annie poteva ingannare se stesso e, tra le sue braccia, farsi convincere dal motto confortante della priora di Chaucer: "*Amor vincit omnia*". Ben presto si abbandonò completamente alle sue passioni giovanili e considerò solo a metà i suoi doveri, per essere consumato dal sorgere di un amore totalizzante. I loro sentimenti si riversarono e ognuno cercò di convincere l'altro che erano profondamente innamorati. E senza dubbio lo erano.

Annie rimase incinta quasi subito e in aprile diede alla luce una figlia, Alice Margaret, presso il Marylebone Hospice. La bambina fu battezzata due volte, prima con rito anglicano e poi con rito cattolico. La relazione era ancora un segreto gelosamente custodito da entrambi e da Sickert. Annie continuò a vivere in un seminterrato al numero 6 di Cleveland Street e a fornire servizi al negozio. Una giovane ragazza che aveva lavorato con lei, una cattolica irlandese di nome Mary Kelly, fu pagata da Sickert per lasciare il suo lavoro e trasferirsi da Annie per fare da tata al neonato. Kelly era propensa ad accettare, poiché era stato Sickert a trovarle il primo impiego. Il proprietario del negozio aveva bisogno di aiuto e Sickert aveva contattato uno dei suoi tanti amici, un avvocato che gestiva un centro di accoglienza per donne lavoratrici povere nell'East End. Nel giro di pochi giorni, l'avvocato aveva portato Kelly a Cleveland Street e lei aveva iniziato a lavorare nel negozio.

La necessità di mantenere segreta la relazione tra Eddy e Annie fu imposta a tutti da Sickert, che fu avvertito da Alexandra di non permettere che il figlio fosse "messo in difficoltà". I due si unirono nel sacramento cattolico del matrimonio in una cappella privata, quella di St Saviour. Sickert e Kelly furono i loro testimoni. Sickert aveva sposato Ellen Cobden nel 1885 e da allora visitò regolarmente Dieppe, il porto normanno dove realizzò molti dei suoi migliori dipinti. Quando Eddy era via, cosa che accadeva spesso, Sickert vagava tra la Francia e l'Inghilterra con Annie e il suo bambino. Kelly li raggiunse almeno due volte nell'estate del 1886. Durante il suo soggiorno si appassionò ai suoni eminentemente romantici della lingua francese e anche in seguito insistette ridendo nel farsi chiamare "Marie Jeanette".

L'unione tra Annie ed Eddy era condannata fin dall'inizio. Troppe persone erano venute a conoscenza della vera identità di Eddy e anche le lingue più intime cominciarono ad agitarsi. Quando le voci insidiose e i suoni distorti del telefono arabo raggiunsero finalmente le autorità superiori di Whitehall, la reazione fu prima di incredulità, poi di stupore e, infine, di orrore. Il Marchese di Salisbury, allora Primo Ministro, ricevette la rapida nota che lo incaricava di occuparsi della questione scritta dalla Regina non appena appresa la notizia, in preda all'ira. Ma gli interessi di Salisbury erano diversi da quelli della Regina, che voleva semplicemente che il caso fosse chiuso e che il ruolo di Eddy in esso fosse soppresso.

Per Salisbury, le notizie provenienti da Cleveland Street erano molto più di uno scandalo familiare. Vittoria era furiosa, non perché si aspettasse che il comportamento di Eddy scatenasse coorti infernali sul trono, ma perché un membro della sua casa si era abbassato a sentimenti privati e all'indipendenza, e che erano accadute cose gravi senza il permesso di Sua Maestà Imperiale. Dopo il primo scatto d'ira, considerò l'episodio come poco più che i peccatucci di un figliol prodigo, degno di essere rimproverato, ma niente di più. Tuttavia, l'accorto Salisbury riuscì a capire che Eddy non aveva seminato solo la pula, ma anche i semi della rivoluzione.

Molti critici pensavano già che la monarchia sarebbe morta con Vittoria. Il socialismo stava raccogliendo nuovi adepti a un ritmo allarmante e, nella mentalità intensamente patriottica, gli inglesi avevano sempre nutrito una velata diffidenza nei confronti della dinastia reale germanica. Questo risentimento sopito fu sfacciatamente alimentato dai repubblicani e, mentre gli anni Settanta dell'Ottocento lasciavano il posto agli anni Ottanta del Novecento, sembrava chiaro che l'Inghilterra stava vivendo i suoi ultimi anni come nazione monarchica. La miseria e le malattie si abbattevano sulle classi lavoratrici, non più che in passato, ma ora, sotto il governo repubblicano, i poveri avevano qualcuno da incolpare: i ricchi pigri. Nei cuori dei miserabili c'era poco spazio per l'amore verso la Regina; gli irlandesi parlavano di lei con disprezzo come della "Regina della carestia". Infine, ci furono attentati alla sua vita. Il coinvolgimento del figlio Edoardo nell'adulterio e il suo insaziabile appetito sessuale resero la situazione infinitamente più pericolosa.

Eddy sembrava essere l'unica speranza rimasta alla gente comune di conservare un po' di affetto per la famiglia reale. Giovane e bello, era comunemente considerato un futuro re che avrebbe potuto rendere il trono nuovamente sicuro. Se anche lui fosse scivolato lungo la china dell'immoralità e della dissipazione, Salisbury temeva che la fine della regalità fosse vicina.

Con le sue avventure in Cleveland Street, Eddy aveva creato un pericolo ancora maggiore che se avesse seguito le sinistre orme del padre, perché aveva corteggiato e sposato una donna cattolica, dalla quale aveva anche avuto un figlio. Questo secolo era avvelenato da un sentimento anticattolico così intenso che, anche senza l'assillante minaccia del socialismo, il solo matrimonio di Eddy avrebbe potuto scatenare una rivoluzione. Il primo governo Salisbury, costellato di disordini, si era formato nel 1885. Poco dopo, ci furono violenze a Londra e a Trafalgar Square i rivoltosi si scontrarono violentemente con la polizia e l'esercito durante il Bloody Sunday[4]. L'Irlanda era esplosa con maggiore fervore. Salisbury si trovò nella situazione più disperata che avesse mai affrontato da quando era salito al potere. Ma la questione del regime gli interessava poco: era superflua in un momento in cui la monarchia e l'edificio stesso della politica britannica sembravano sull'orlo del collasso. Qualsiasi pettegolezzo o rumore veniva utilizzato da socialisti e repubblicani per mettere in imbarazzo e infangare la Corona o per screditare il governo. Salisbury poteva facilmente capire che il comportamento di Eddy era sufficiente a infiammare la rivoluzione in questo momento storico così incerto.

Per porre rapidamente fine alla vicenda, nel 1888 organizzò un raid in Cleveland Street. Sickert descrisse in seguito l'incursione a suo figlio. Era tardo pomeriggio. Mentre camminava lungo la strada da Maple Street, vide un gruppo di furfanti vicino a Howland Street. Erano tutti stranieri, il loro aspetto era stridente in un quartiere britannico. Dalla loro presenza capì che c'era qualcosa che non andava, ma era troppo preso dai suoi pensieri per dare corpo ai suoi sospetti. Più tardi, ma *troppo* tardi, si rese conto dei fatti. Probabilmente erano stati vestiti da furfanti, ma in realtà erano una squadra di professionisti *che imitavano dei* disgraziati.

---

4 La "domenica di sangue" del 1887 (N.D.T.).

Rivolte della "domenica di sangue" a Trafalgar Square, novembre 1887

All'improvviso si udì un grido e iniziò una rissa in strada. Subito, in fondo alla strada, c'era un'accozzaglia di uomini che lottavano. Gridavano e imprecavano. Questo spettacolo pietoso attirò la gente fuori dalle case e dai negozi. Sickert non riusciva ancora a dare un nome alle sue paure, ma provò un vago senso di sventura imminente quando alzò lo sguardo e vide che la fine della strada di fronte al suo negozio era finalmente deserta. Si diresse a passo spedito verso l'officina per assicurarsi che tutto andasse bene con Eddy, che in quel momento si trovava lì. Prima che arrivasse a metà strada, due auto si immisero nella via da Tottenham Street. Una si fermò davanti all'officina, l'altra andò dritta verso il seminterrato di Annie, al numero 6. Due uomini in abito di tweed marrone entrarono nell'officina, mentre un uomo grasso e una donna entrarono nel seminterrato. Sickert si rese conto del significato della commedia che si stava svolgendo davanti a lui e capì che era troppo tardi per fare qualcosa senza finire in guai seri. I due uomini uscirono dall'officina, accompagnando Eddy.

"Sapeva di cosa si trattava", racconta Sickert, "potevo leggere la paura sul suo volto. Sono rimasto nell'ombra vicino al negozio e l'ho guardato con la piena consapevolezza dell'inevitabilità di questa assurda tragedia, identica nella vita reale a quella che si svolge sul palcoscenico. Niente può impedire ciò che è inevitabile.

L'uomo e la donna uscirono quasi subito dal seminterrato. Condussero Annie, che si dibatteva, sul marciapiede. Gli amanti si scambiarono un ultimo sguardo di sconforto e i loro rapitori li fecero salire ciascuno su una carrozza. Eddy si rese conto dell'abisso che si era aperto tra loro e gridò. Annie rimase in silenzio, ma i prolungati singhiozzi di Eddy, presto attutiti dalle carrozze, esprimevano il terribile dolore che li affliggeva entrambi. Poi le carrozze si allontanarono in direzione di Oxford Street, una girando a sinistra e l'altra a destra. Sickert non vide mai più Eddy, ma una volta - forse due - Annie. Ma non vide più la spensierata Annie di Cleveland Street: una vecchia megera l'aveva sostituita. L'operazione era stata completata in un minuto. Quando l'ultima auto aveva svoltato, la rissa si era conclusa alle sue spalle con la stessa rapidità con cui era iniziata. I ciarlatani si dispersero. Lui si allontanò e andò a bere qualcosa per affogare i suoi dispiaceri.

Eddy fu rinviato in tribunale e posto sotto stretta sorveglianza. Annie fu rinchiusa per 156 giorni al Guy's Hospital e poi in diversi ospizi e ospedali. Morì 32 anni dopo, pazza come un cappellaio. Ma Mary Kelly era scappata, anche se Sickert non sapeva come, ed era tornata nell'East End, portando con sé il bambino. In qualche modo, con mezzi subdoli, il bambino fu restituito a Sickert che lo affidò a parenti meno fortunati. Non passò molto tempo, tuttavia, prima che la sfortuna portasse la bambina in un ospizio. Seguì un lungo viaggio attraverso vari istituti. Più tardi, intorno al 1895, Sickert la portò a Dieppe, dove trascorse il resto della sua infanzia. Questa era la fine della storia di Sickert, secondo il suo sobrio commento, ma aveva sentito i dettagli del resto dell'avventura di Kelly.

In realtà, l'aver fatto sparire solo Annie aggravò il dilemma di Salisbury, perché Mary Kelly incontrò un gruppo di prostitute dell'East

End dedite al gin e raccontò loro ciò che non avrebbe dovuto sapere. Sickert continuava a ribadire di non aver mai conosciuto i dettagli della vicenda, ma sembrava che con l'appoggio del suo entourage Kelly avesse architettato un ambizioso piano di ricatto che aveva portato alla sua eliminazione. Salisbury si trovava ora di fronte non solo all'urgente necessità di coprire il comportamento scorretto di Eddy, ma, cosa ben più grave, di nascondere le spiacevoli conseguenze che il suo matrimonio aveva provocato. Le poche piccole palle di neve lanciate da Eddy avevano dato il via a una valanga. Salisbury ne era certo, secondo Sickert. Kelly e i suoi complici dovevano essere messi a tacere.

Questa missione fu affidata a Sir William Gull, medico della Regina Vittoria, un servitore nobile e leale che in diverse occasioni aveva praticato aborti clandestini nelle sontuose camere da letto di Windsor. Più di una volta persone fastidiose erano state disarmate grazie al fatto che Gull le aveva dichiarate pazze. Aveva appena firmato un certificato falso per Annie. Aveva uno strano senso dell'umorismo e il desiderio di essere lodato. Era anche un massone, e di alto rango. Sickert fece la sorprendente dichiarazione che né la Famiglia Reale né il Governo erano dietro il piano per mettere a tacere Kelly: l'operazione fu condotta su istigazione di Salisbury - uno dei massoni più influenti del Paese - da e per conto di quella società segreta. La Massoneria, infatti, era il vero potere dietro il trono e il governo. Se il trono fosse stato rovesciato e la Gran Bretagna fosse diventata una repubblica, anche i massoni sarebbero stati rovesciati. Kelly e i suoi compari dovevano essere neutralizzati se le redini del potere dovevano rimanere saldamente nelle mani della Massoneria, ma il vecchio Sickert trovava improbabile che Lord Salisbury avesse mai voluto assassinare qualcuno o immaginare per un momento che Sir William Gull avrebbe inventato Jack lo Squartatore. Era più plausibile che parlasse con la stessa imprudenza di Enrico II a proposito di Becket, e che si lasciasse sfuggire parole rabbiose come: "Non ci sarà nessuno che mi libererà di queste insolenti sgualdrine?

Sembrava tutto molto improbabile.

CAPITOLO II

La storia di Sickert

Mi sedetti e guardai Joseph Sickert in silenzio. La mia mente era intasata da una moltitudine di domande così fitte che enunciarne una avrebbe inevitabilmente oscurato le altre. Aveva parlato in modo confuso e senza ordine, come al solito, per quasi quattro ore. Ero saturo di nomi e date e avevo difficoltà a capire dove finivano i fatti e dove iniziavano le congetture. Avevo bisogno di tempo per assorbire questi elementi e capire il vero significato della sua storia. Ma nonostante la mia confusione e la crescente convinzione che la sua storia non fosse - e non potesse essere - vera, ne ero sufficientemente affascinato da volere un'ulteriore intervista. Ero certo di una cosa: Joseph Sickert poteva essersi sbagliato grossolanamente, ma credeva sinceramente a ogni dettaglio del suo racconto. Se questa era davvero la soluzione definitiva del caso, gli dissi, non sarebbero stati programmi televisivi o articoli di giornale come quello che mi proponevo di scrivere a rendere giustizia alla storia. Ci voleva un libro. L'espressione animata che i suoi lineamenti ruvidi avevano assunto man mano che veniva coinvolto nel racconto della sua storia sembrò svanire dietro una maschera di ferro. Mi ricordò che aveva accettato di incontrarmi solo nell'ambito dei miei doveri di giornalista dell'*East London Advertiser*. Non cercava la notorietà e aveva già rifiutato le offerte di pubblicazione della sua storia da parte di grandi autori.

Tuttavia, accettò di rivedermi per chiarire tutti i punti che non avevo capito bene. Conosceva questa storia da così tanto tempo che non poteva immaginare che mi mancassero più di uno o due dettagli poco importanti. Per quanto mi riguarda, se la sua storia era una specie di puzzle, mi mancava la maggior parte dei pezzi, mentre gli altri erano difficilmente componibili. La mia mente era letteralmente strapazzata.

Lo rividi la domenica successiva e andammo a Cleveland Street. Dopo aver attraversato l'area in cui si suppone abbia avuto luogo la maggior parte della saga di Jack lo Squartatore, mi ha fornito ulteriori dettagli. Poi, tra una doccia e l'altra, andammo nell'East End e percorremmo i vicoli sporchi e le strade secondarie per avvicinarci ai luoghi degli omicidi. Mentre camminavamo, ascoltavo i suoi ricordi e lui sembrava abbastanza a suo agio in mia compagnia, tanto che ora mi parlava abbastanza liberamente. Mentre ci facevamo strada tra le strade umide, affollate da tutti gli abitanti dell'East End che camminavano faticosamente da e verso il mercato di Petticoat Lane, e poi in un piccolo caffè di Commercial Street con la tazza di tè più forte che avessi mai bevuto, gradualmente mi apparve la luce.

Dopo il rapimento di Annie Elizabeth e l'ammorbidimento dell'ingenuo Eddy grazie a una lezione severa ma paterna di Lord Salisbury, la situazione si era in qualche modo calmata. Per la regina il problema era risolto. Non le restava che parlare a suo figlio, il Principe di Galles, nel modo più energico possibile. Le diatribe di Vittoria raramente mancavano di produrre l'effetto desiderato su un Bertie bluffante ma poco resistente. Riluttanza, ma obbedienza totale: questa era la tradizione di famiglia. Così era stato per il battesimo del primogenito di Bertie e Alexandra: era stata Vittoria a scegliere Albert, Victor, Christian, Edward per il nome del neonato. L'ira che aveva rivolto al figlio per l'affare di Cleveland Street aveva fatto sì che alla recalcitrante Eddy venisse imposta la più rigida disciplina, almeno per alcuni mesi.

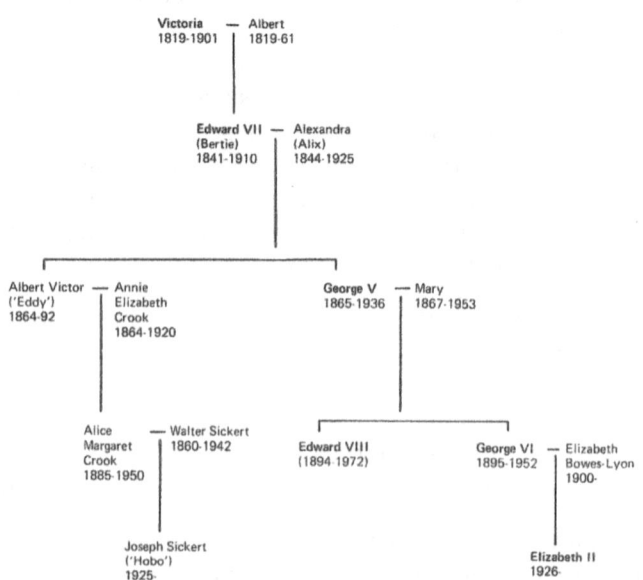

L'albero genealogico di Joseph Sickert come descritto dal padre

Ma Salisbury era ben consapevole della minaccia rappresentata dalla tata, Mary Kelly. In un clima politico normale, l'imbarazzo che avrebbe potuto causare sarebbe stato trascurabile. Nel 1888, tuttavia, le sue rivelazioni sugli eventi di Cleveland Street potevano essere facilmente sfruttate dai mercanti di pettegolezzi dei movimenti socialisti e repubblicani. Il travagliato contesto politico reclutava formidabili nemici del governo e della corona. Se i termini dello scandalo fossero diventati noti a questi oppositori grazie a Kelly, le sue tracce sarebbero state ricondotte ad Annie Elizabeth. Il suo trattamento crudele, unito all'infelice comportamento di Eddy, aveva il potenziale per dare impulso alla causa rivoluzionaria. L'ombra ripugnante di una società senza classi si stava lentamente profilando all'orizzonte...

L'idea era estrema e aveva preso forma nella mente di un uomo che credeva che la sua amata madrepatria fosse con le spalle al muro. In tempi più tranquilli Salisbury era il più umanista possibile, ma questi erano giorni difficili e la tensione dei tempi si rifletteva nella sua politica. Il tipo di democrazia favorito dai liberali sotto Gladstone e dai conservatori sotto di lui era l'unica base, secondo lui, per una società sana. Non era il suo posto di Primo Ministro, e nemmeno il ruolo predominante dei conservatori, che Salisbury sentiva il dovere di proteggere. Chi guidasse il governo o chi fosse all'opposizione in un dato momento era di scarsa importanza quando l'intero sistema politico britannico sembrava minacciato. Ciò che doveva essere protetto era il sacrosanto duo liberale-conservatore: l'*Establishment*. La monarchia era la base dell'*Establishment* che, secondo Sickert, doveva essere sempre al primo posto nella lista delle priorità di Salisbury, prima di qualsiasi considerazione sulle persone. Da qui il rapimento di Annie Elizabeth e le imminenti misure contro Mary Kelly.

Per diversi mesi Kelly non ebbe notizie e Walter Sickert pensò che fosse tornata a Limerick, dove era nata. Aveva lasciato l'Irlanda da ragazzina quando suo padre, John Kelly, di fronte alla disperata disoccupazione oltre il Mare d'Irlanda, impacchettò la sua famiglia di sei ragazzi e due ragazze e salpò per il Galles del Nord. Lì trovò lavoro nell'industria metallurgica e alla fine divenne caposquadra. Mary sposò un minatore, Davies, all'età di 16 anni, ma la felicità che trovò nella dura vita della moglie di un minatore, perseguitata dalla morte, fu di breve durata: tre anni dopo il marito morì in un'esplosione. Trascorse otto o nove mesi in una clinica di Cardiff per curarsi da una malattia non identificata e poi si trasferì con un cugino del posto. La sua vita era sempre stata semplice e spesso povera, ma la povertà e lo squallore di quei primi giorni di vedovanza erano infinitamente peggiori di qualsiasi cosa avesse conosciuto prima. Come tanti giovani diseredati avevano fatto per due secoli e mezzo, visto che la favola di *Dick Whittington e del suo gatto* aveva un tempo ingannato i poveri, diresse il suo sguardo, ancora innocente nello spirito, verso Londra, quel felice incontro di individui alla fine dell'arcobaleno... Vi arrivò nel 1884 e non se ne andò più. Nel giro di pochi mesi si trovò a strusciarsi con la feccia dell'umanità nell'East End, anche se era ancora molto al di sopra della degradazione che sarebbe stata causata dal gin, dalla paura e dall'anonimato vitale. Poco dopo il suo arrivo a Londra, trovò un convento nell'East End che le diede vitto e alloggio per i pochi soldi che guadagnava con i lavoretti in casa. Nel 1885 trovò un posto fisso in una tabaccheria di Cleveland Street. Lasciò l'East End, decisa a non tornare mai più. Solo tre anni dopo, in seguito all'irruzione della polizia di cui *sopra*, le circostanze le impongono di tornare a Whitechapel, dove si nasconde.

Le indagini di Salisbury stabilirono che non era tornata in Irlanda, dove si supponeva che uno dei suoi fratelli prestasse servizio in un battaglione delle *Guardie Scozzesi*. Furono fatte indagini discrete lì, in Galles e in tutti i luoghi del suo soggiorno londinese in cui si pensava potesse essere passata. Ma nessuno conosceva veramente la sua storia, tranne Sickert, le cui dimostrazioni di ignoranza rendevano la ricerca sempre più inutile. In assenza di nuove informazioni, sembrava che non ci fosse speranza. Il pesciolino era sfuggito tra i denti dello squalo e non sarebbe stato catturato facilmente. Nel modo particolare e paradossale dei politici, Salisbury considerò questo fallimento un successo. Kelly, infatti, era riuscita a eludere le sue reti con tale successo che aveva taciuto. Non appena avesse rotto il silenzio, a prescindere dalle conseguenze, la sua posizione sarebbe stata facilmente scoperta e avrebbe potuto essere neutralizzata. E se non si fosse più sentita, sarebbe stato solo perché aveva tenuto la lingua a freno. Se avesse scelto questa strada, sarebbe rimasta innocua. E fuori pericolo.

Alla fine di luglio o all'inizio di agosto sono arrivati i segnali, ineluttabili e attesi da tempo. Era iniziato un meschino e ingenuo tentativo di ricatto. L'anziano pittore non rivelò mai chi fosse l'obiettivo della richiesta, ma la posta in gioco era solo una misera somma: in altre circostanze si sarebbe potuto ridere. Il ricatto proveniva dall'East End. Sembrava essere praticato solo per pagare la protezione di un gruppo di ricattatori meglio organizzato. Sickert sapeva poco dei dettagli, ma si scoprì che Kelly si era associata a tre prostitute, nel cui mondo era caduta per fame, e che era arrivata al ricatto su loro istigazione. Era un atto disperato. Aveva visto abbastanza della retata di Cleveland Street da poter prevedere il suo destino se fosse stata scoperta. Ma la paura è relativa. Era facile correre il rischio di un pericolo lontano se la scommessa poteva liberarla da un altro pericolo più vicino. I pericoli da scacciare erano la fame e le sinistre minacce della cricca mafiosa che l'aveva messa all'angolo. Probabilmente si trattava della *banda di Old Nichol*, che esigeva denaro e prometteva violenza e persino la morte a chiunque non avesse pagato. La vita non era mai stata così a buon mercato come a Whitechapel negli anni Ottanta del XIX secolo. Tre donne - Nichols, Chapman e Stride - furono ritenute parte della patetica cerchia di Kelly e dovettero essere rese innocue. L'operazione iniziò il 31 agosto.

Il compito fu affidato a Sir William Gull. Candidato improbabile sotto molti aspetti, egli era - secondo Salisbury - il più qualificato a svolgere il compito per diverse ragioni. Soprattutto, era uno dei principali massoni del Paese e aveva svolto un ruolo di primo piano nelle riunioni massoniche di alto livello convocate da Salisbury per discutere il modo migliore di gestire l'affare di Cleveland Street. Come Sickert aveva ricordato al figlio, la Massoneria era il vero potere dietro il governo, ed era l'influenza occulta dei massoni più importanti - e non certo la facciata amichevole del dibattito parlamentare - a dettare i principali indirizzi politici. Poiché Gull aveva già preso un impegno fermo, non c'era bisogno di cercare qualcun altro. Un fedele servitore della Massoneria, in grado di comprendere l'importanza della corona per quella società segreta, era adatto al compito. Gull riassumeva in sé queste qualità. Grazie alla sua ascesa ai più alti livelli della Massoneria, nel 1871 era stato presentato alla Principessa Alessandra quando il marito, il Principe di Galles, era stato colpito dalla febbre tifoidea. Questo avveniva solo dieci anni dopo la morte del padre del Principe, il Principe Alberto, a causa della stessa malattia. All'epoca fu quindi sorprendente, e da allora non è mai stato spiegato in modo soddisfacente, che questo sconosciuto Gull, figlio di un proprietario di una chiatta di campagna, potesse essere chiamato ad assistere il Principe, e che il medico reale - Sir William Jenner - fosse stato chiamato solo per dare un *secondo* parere. La superiorità di Gull tra i massoni spiega la sua improvvisa promozione a spese del miglior medico d'Inghilterra. Con l'aiuto di Jenner, riuscì a far guarire Bertie, ma solo lui ottenne gli onori, diventando baronetto l'anno successivo. Nel 1888 gli fu ripetutamente ricordato il debito che aveva nei confronti della Massoneria e della sua sottile manipolazione dei potenti. Aveva già portato Annie Elizabeth Crook in manicomio con un falso certificato di pazzia e non c'è dubbio che Salisbury si aspettasse davvero che facesse lo stesso con Kelly e i suoi soci.

Ciò che non era stato preso in considerazione era il forte gusto di Sir William per il misterioso e la sua incrollabile determinazione a procedere con un piano d'azione del tutto personale. Era sempre stato convinto che la sua somiglianza con Napoleone andasse oltre l'aspetto fisico. Dopo un piccolo ictus nel 1887, la sua fermezza nell'attenersi a qualsiasi decisione presa, per quanto assurda, era quasi ossessiva. Decise che arrestare le prostitute e incarcerarle come Annie Elizabeth poteva essere quasi altrettanto imprudente che lasciarle libere. Una povera donna che gridava per quello che sapeva e implorava detective, medici e visitatori di credere che fosse la moglie di un principe poteva essere facilmente fatta passare per pazza. Ma quattro cosiddetti pazzi che raccontano la stessa storia, anche se si tratta di vagabondi dell'East End, disegnerebbero una tela che più di uno potrebbe facilmente dipanare e interpretare. Se rinchiuderli in un manicomio o imprigionarli era fuori discussione, e lasciarli in libertà ovviamente impensabile, sopprimerli rimaneva l'unica opzione per l'anima spietata di Gull.

Secondo quanto raccontato da Sickert, eliminò queste donne in stretta osservanza di un rituale massonico e, sebbene Salisbury fosse turbato dall'imbarazzo che gli omicidi causavano al suo governo, era allo stesso tempo compiaciuto per la chiassosa dimostrazione di supremazia massonica che essi rappresentavano. Gull rispettava una tradizione massonica ormai superata e non si poteva fare nulla per distoglierlo dal suo percorso.

Si recò nell'East End per diversi viaggi di ricognizione con la carrozza di John Netley, scelto anche perché già profondamente coinvolto nel caso, avendo accompagnato Eddy da e verso Cleveland Street. Le ulteriori indagini di Netley portarono all'individuazione delle vittime e la stessa Kelly fu localizzata grazie a un ritratto. Il terzo membro della squadra - e questo sembra essere l'aspetto più sorprendente dell'incredibile storia di Sickert - non era altro che l'assistente commissario del Criminal Investigation Bureau e un altro massone di alto rango della stessa loggia di Gull e Salisbury: Sir Robert Anderson. Gull aveva previsto un mese intero per il completamento dell'operazione. Nel frattempo, intendeva uccidere le quattro donne che erano d'intralcio: Nichols, Chapman, Stride e Kelly. Nello spirito di qualche strano principio massonico, aveva trovato il modo di diffondere il panico e il terrore che avrebbero raggiunto un culmine spaventoso con l'omicidio finale. Ma qualcosa non andava, e a questo proposito Sickert non seppe mai come Catherine Eddowes fosse stata scambiata per Kelly e fosse morta al suo posto.

A causa del panico deliberatamente indotto che attanagliava l'East End dopo l'omicidio di Eddowes, non era possibile seguire subito le tracce di Kelly. Così Jack lo Squartatore rimase nell'ombra per 39 giorni e molti pensarono che i suoi crimini fossero finiti. Ma il 9 novembre, la mattina *del Lord Mayor's Show*[5], quando la maggior parte delle forze di polizia era assorbita dalle conseguenze di questo evento straordinario, Mary Kelly fu messa a tacere a sua volta. E Jack lo Squartatore svanì nel nulla da cui era emerso con tanta violenza solo dieci settimane prima.

Durante la pausa dopo l'ultimo omicidio, Annie Elizabeth fu rapita dal Guy's Hospital, continuò Sickert. Anche in questo caso, ciò che sapeva non era chiaro, ma era certo che fosse per qualche operazione nefasta - sospettava anche Gull. Poteva solo supporre che fosse stato un tentativo di cancellare dalla sua mente ricordi pericolosi; ma, in ogni caso, quando riuscì a vederla una o due volte da allora, la sua personalità era cambiata. Sembrava essere cosciente solo a metà e non lo riconosceva più. Inspiegabilmente, era anche diventata soggetta a violenti attacchi epilettici. Trascorse la maggior parte della sua vita rinchiusa in manicomi, prigioni e ospedali. Qualunque sia stata l'esperienza che le è stata fatta, non ha dimenticato del tutto il suo passato. In un'occasione, infatti, riuscì in qualche modo a fuggire da un istituto e, grazie alla sua determinazione, trovò gli amici di Sickert che si occupavano di Alice Margaret vicino a Cleveland Street. Fu presto arrestata e riportata in manicomio.

"*Audaces fortuna juvat* - la fortuna favorisce gli audaci", disse Walter Sickert, cedendo alla sua abitudine di parlare in altre lingue. "I crimini dello Squartatore hanno avuto un successo spaventoso grazie all'audacia con cui sono stati commessi.

Ha detto che gli assassini hanno individuato le loro vittime e, nel caso di Nichols, Chapman, Stride e Eddowes, hanno offerto loro un passaggio. Tutti, tranne Stride, sono stati uccisi all'interno del veicolo, mentre Netley scuoteva la sua banda per le strade trafficate. Gli assassini lasciarono poi che Netley scaricasse i corpi dove furono trovati. Stride era troppo ubriaca per ragionare e barcollava sul marciapiede quando la carrozza si fermò accanto a lei. Netley nascose l'auto in un vicolo buio a sud di Commercial Road e Gull rimase all'interno. Anderson e Netley

---

5 Ogni anno, il secondo sabato di novembre, il Lord Mayor di Londra entra in scena con grande clamore (N.d.T.).

seguirono Stride fino a Berner Street e lì fu avvicinata da Netley mentre Anderson faceva la guardia - come descritto da Sickert. Il cocchiere la sopraffece, la gettò a terra e le tagliò la gola. Tornarono rapidamente sui loro passi fino all'auto, dove Gull li aspettava, e galopparono verso Aldgate per uccidere la prostituta indifesa che credevano fosse Kelly. Uno dei due uomini - Sickert non ha detto se fosse Netley o Anderson - aveva saputo che Kelly era detenuta alla stazione di polizia di Bishopsgate per ubriachezza molesta. Sapevano che poteva essere rilasciata in qualsiasi momento dopo la mezzanotte, secondo la politica realistica e umana della polizia cittadina, le cui celle non erano abbastanza grandi per contenere tutti gli ubriachi arrestati in una sola notte. Tuttavia, Kelly era ancora latitante, poiché la vittima di Aldgate si sarebbe rivelata essere Eddowes. Quando fu trovata, Kelly - l'unica delle vittime ad avere un appartamento di proprietà - fu uccisa nella sua casa.

"Solo il fatto, elementare ma mai considerato, che gli omicidi di Nichols, Chapman e Eddowes non sono stati eseguiti nel luogo in cui sono stati trovati i corpi, spiega l'incredibile velocità con cui queste crudeli uccisioni sono state meticolosamente eseguite, e la strana mancanza di sangue vicino ai corpi", ha spiegato Sickert.

Il pittore fu costretto a tacere sull'intera vicenda, come ammise francamente al figlio, per paura della propria incolumità. Sapeva più cose su Jack lo Squartatore di chiunque altro, a parte i partecipanti alla cospirazione. Fu sollevato di poter rimanere in Inghilterra, anche se trascorse il più possibile il suo tempo sul continente per essere lontano dal tumulto. Si comprò persino una casa a Dieppe, eccitato dall'idea di lasciare definitivamente la Gran Bretagna. Non gli furono rivolte minacce reali, ma ricevette strani e confusi avvertimenti, che non descrisse mai veramente.

Il suo silenzio è stato ancora più assicurato un giorno in cui stava lavorando nel suo studio di Dieppe. Stava ritoccando una veduta fluviale dipinta troppo in fretta: un peschereccio che galleggiava su un mare tranquillo. All'improvviso, senza alcun preambolo, la porta si aprì ed entrò Lord Salisbury. Senza esaminare il quadro sul cavalletto e senza nemmeno dare un'occhiata agli altri dipinti sparsi per la stanza, offrì immediatamente a Sickert 500 sterline per un quadro. Questo episodio sorprese Sickert, ma non gli ci volle molto per capirne il motivo. Non era stato fatto alcun riferimento a Cleveland Street o agli omicidi di Whitechapel, ma sarebbe stato sciocco se non avesse capito che questa esorbitante mancia aveva lo scopo di comprare il suo silenzio. In un'epoca in cui doveva resistere a un dannoso compiacimento se riceveva tre sterline per un quadro, l'avvertimento era quasi gradito. Per quanto avrebbe voluto rifiutare, accettò la bustarella e rimase in silenzio finché non si sentì costretto a dire a Joseph tutto ciò che sapeva.

Ci furono estensioni brutali e inaspettate con il detestabile Netley, che credeva erroneamente di trovare il favore dei potenti continuando l'operazione con una caccia solitaria ad Alice Margaret. Se l'avesse uccisa, pensava, avrebbe tolto l'ultima macchia sul futuro dei suoi padroni. Alice Margaret era stata prima sottratta a Sickert e relegata a Windsor, dove doveva aver trovato un posto dove vivere ed essere accudita come una figlia reale, anche se indesiderata. A lungo andare, l'imbarazzo della sua presenza divenne troppo grande e, soprattutto a causa dei piani dei mandanti degli omicidi dello Squartatore, fu rimandata a Sickert. Questi la affidò a conoscenti meno fortunati e in seguito la tenne a Dieppe. Netley tentò due volte di uccidere la bambina lanciandole contro la sua auto: una volta nel 1888, all'apice del regno del terrore dello Squartatore, e un'altra nel febbraio 1892. Nella prima occasione, incontrò Alice Margaret mentre attraversava Fleet Street o lo Strand con un parente anziano. Quando la carrozza la investì, passò sopra il suo corpo. Il conducente fu descritto a Sickert dal parente che aveva assistito all'incidente e lui capì che non poteva che essere Netley. Sickert ha raccontato che nella confusione prodotta dal secondo "incidente", a Drury Lane, Netley si fece largo tra la folla e fuggì verso il ponte di Westminster, inseguito da alcuni spettatori della scena. Si gettò nel Tamigi e annegò. Quando Alice Margaret crebbe, sposò un uomo, Gorman, che si rivelò impotente. La relazione della ragazza con Sickert era sempre stata intima e la disperata solitudine che la affliggeva a causa dell'aggravarsi della sordità e di un matrimonio privo di amore fisico fu sufficiente a spingere la pupilla di Sickert a diventare la sua amante con la massima naturalezza. Fu la sua amante per oltre 12 anni, gli diede un figlio, Joseph, e morì nel 1950. Sickert morì nel 1942.

Mentre gli anni passavano e gli eventi del 1888 non riuscivano - come gli altri ricordi di Sickert - a fondersi in un vuoto di vaghezza sfumato solo da una valanga di dettagli distintamente ricordati, accaddero cose strane. Sickert si ritrovò, per metà spontaneamente e per metà inconsciamente, a dipingere sulle sue tele accenni subliminali della realtà che si celava dietro gli omicidi di Jack lo Squartatore. Per anni, ha detto, questo è stato il suo modo di convivere con questa spaventosa conoscenza e, in modo indiretto, di cercare di mettere le cose in chiaro.

Walter Sickert nel 1884

Joseph Sickert nel 1973

CAPITOLO III

Tutta la verità e nient'altro che la verità?

In un articolo su Jack lo Squartatore apparso sulla *Pall Mall Gazette* nel dicembre 1888, il conte di Crawford e Blacarres disse:
> Nel tentativo di setacciare un mistero come questo, non ci si può permettere di tralasciare alcuna teoria, anche stravagante, senza un esame, perché la verità potrebbe, dopo tutto, risiedere nella più implausibile di tutte.

Per quanto inverosimile fosse la storia di Sickert, sarebbe stato sciocco scartarla solo perché sembrava assurda: esigeva di essere indagata. A dire il vero, però, *assurda* è solo un eufemismo. Sembrava essere la più grande, anche se divertente, frottola mai inventata su Jack lo Squartatore, a parte forse l'ipotesi che l'assassino fosse un gorilla...

Se i dettagli della pista da seguire non erano chiari, le sue tendenze generali erano molto chiare: ogni punto della storia di Walter Sickert doveva essere controllato per vedere se tutto o parte di esso era autentico. Poteva benissimo essere un grande romanzo. Sembrava significativo che Walter non avesse fornito alcuna prova a sostegno delle sue affermazioni. Aveva implorato ansiosamente Joseph di non ripetere una sola parola, quindi non si aspettava che la sua storia raggiungesse il grande pubblico. Forse era questo il motivo per cui non aveva fornito alcuna prova. O forse l'intera storia era un mucchio di bugie e non c'*erano* prove.

Certamente, diversi fatti furono immediatamente evidenti e contribuirono a stabilire la credibilità di Sickert. Una sordità ereditaria colpiva i Sickert e la famiglia reale. La principessa Alexandra trasmise la sua disabilità al figlio Eddy. Se Eddy avesse avuto una figlia, come sosteneva Sickert, è quasi certo che avrebbe ereditato la disabilità. Alice Margaret Crook, la figlia che secondo Sickert avrebbe avuto Eddy, era sorda. I registri del St Pancras Board of Guardians, sotto la cui supervisione fu posta nel 1902, riportano la seguente osservazione: "sorda come un palo". Che si trattasse di un'invalidità permanente è confermato da un resoconto fatto dall'Acting Officer del Westminster Union Hospice l'11 ottobre 1905, quando Alice Margaret chiese di essere ammessa in quell'istituto perché una ferita al piede le impediva di guadagnarsi da vivere. Alla voce "Causa di disagio, temporaneo o permanente", viene nuovamente annotata la sua sordità. Il figlio Joseph è quasi completamente sordo da un orecchio e la figlia più giovane non ci sente affatto. Non ci sono prove che la madre di Alice Margaret, Annie, soffrisse di una qualche forma di sordità: questa disabilità deve essere stata quasi certamente ereditata dal padre. Le fotografie delle tre figlie di Joseph Sickert da bambine mostrano anche una somiglianza fisica con il ritratto delle tre sorelle Eddy dipinto nel 1883 da S. P. Hall e ora esposto alla National Gallery. Joseph è l'immagine sputata di Walter Sickert e non sembra avere alcuna somiglianza fisica con nessun membro della famiglia reale. Una fotografia di Alice Margaret, tuttavia, mostra una notevole somiglianza tra i suoi lineamenti e quelli della Principessa Alexandra. Si notano soprattutto gli occhi molto distanziati, la bocca piccola e il mento forte e arrotondato. Il riferimento al timore di Walter Sickert per la propria incolumità negli anni successivi agli omicidi dà senso a una fase sconcertante della sua vita, che anche i suoi amici faticavano a comprendere, con improvvise e frequenti visite sul continente. Una delle sue più care amiche, Marjorie Lilly, ha parlato del suo insolito nervosismo, delle sue imprevedibili partenze per Dieppe e dei suoi altrettanto inaspettati ritorni. Queste sparizioni erano difficili da spiegare perché danneggiavano la sua influenza nella formazione di nuove tendenze pittoriche. Egli avrebbe potuto e dovuto apportare notevoli cambiamenti nelle scelte artistiche dell'Inghilterra. Invece, dopo lunghe assenze, tornò in un'Inghilterra in cui fu evitato e considerato "antiquato".

La somiglianza tra la principessa Alexandra (a sinistra) e Alice Margaret Crook (a destra) è di tipo familiare?

Questi fatti sparsi che emergevano dalla complicata saga di Sickert non erano tuttavia delle prove. La prima cosa da fare era indagare su Walter Sickert stesso e scoprire se, ad esempio, fosse possibile che fosse stato scelto da Alexandra per dare al figlio la sua amicizia. Questo sembrava inconcepibile.

Ma Sickert non era - come ho sempre creduto - un artista di secondo piano, le cui penetranti rappresentazioni della vita della gente più umile riflettevano il suo stesso sostentamento. Aveva legami con la corona. Nacque a Monaco il 31 maggio 1860. Era il figlio maggiore di Oswald Adalbert Sickert. La pittura scorreva nelle sue vene. Un notevole talento artistico era nato in questa famiglia con Johann Jürgen Sickert, il nonno danese di Walter, nato nel 1803 a Flensburg, nello Schleswig-Holstein. Walter ha scritto di lui:

> Fu sia pittore che capo di una compagnia di decoratori che il re Cristiano VIII di Danimarca impiegava nei suoi palazzi. Visse e lavorò ad Altona.

Johann Jürgen fu uno dei primi litografi e mandò suo figlio Oswald - il padre di Walter - a studiare a Parigi. Oswald, che nacque ad Altona nel 1828, venne notato dal re Cristiano VIII grazie al padre, che lo portò a stretto contatto con la famiglia reale durante il suo lavoro a palazzo. Cristiano fu talmente colpito dal talento del giovane Oswald - un talento che si manifestò per la prima volta (secondo Walter) in "un autoritratto all'età di 16 anni che è semplicemente sbalorditivo" - che gli concesse una pensione per andare a Copenaghen, dove si suppone sia diventato un pittore reale. Probabilmente fu lì che conobbe la famiglia reale a livello personale, legami che si sarebbero interrotti nel 1848 con la morte di Cristiano e l'ascesa dell'instabile Federico VII. Durante le sue visite a palazzo, Sickert deve aver conosciuto tutti i rami della dinastia e probabilmente ha trascorso del tempo al Palazzo Giallo, una residenza estiva nelle foreste di faggi di Bernstorff, dimora dell'erede al trono, il principe Cristiano di Schleswig-Holstein-Sonderburg-Glücksburg, che divenne re Cristiano IX, e di sua moglie Luisa d'Assia. La loro figlia Alexandra, soprannominata "Alix", nacque nel 1844.

Alexandra arrivò in Inghilterra per sposare Edoardo, principe del Galles - "Bertie" - nel 1863, quando aveva 19 anni. Cinque anni dopo, Oswald Sickert arrivò a Londra con la sua famiglia e si stabilì definitivamente in Gran Bretagna, esponendo spesso le sue opere alla Royal Academy. Continuò a dipingere fino alla sua morte, avvenuta nel 1885, e non c'è motivo di credere che il rapporto di amicizia che poteva esistere in Danimarca tra l'artista e Alexandra potesse essere in qualche modo dimenticato quando quest'ultima divenne principessa del Galles, a un passo dal trono. Al contrario, Alexandra, pur essendo molto popolare tra i suoi sudditi, rimase sempre un'estranea all'interno della famiglia reale britannica, poiché non superò mai del tutto la profonda nostalgia per la sua amata madrepatria. Fece di tutto per essere accettata come membro della formidabile dinastia Victoria, ma allo stesso tempo si tenne stretta i pochi vecchi amici che poteva ancora frequentare. È probabile che Oswald Sickert e Walter, il suo talentuoso figlio, facessero parte di questo gruppo privilegiato.

In effetti, sulla base dei pettegolezzi di corte dell'epoca, c'è motivo di sospettare che tra Walter e la bella Alexandra esistesse uno stretto legame. Uno scrittore descrive la sua simpatia per una giovane pittrice che portava profumo e capelli all'inglese. Anche se non venivano fatti nomi, chiunque conoscesse Sickert avrebbe capito che l'oggetto del suo affetto non poteva che essere Walter. Alla fine degli anni Settanta del XIX secolo trascorse quattro anni di formazione teatrale e alla fine si unì alla compagnia di Henry Irving al Lyceum. Era così abile nell'arte del trucco che sfidò la propria madre a riconoscerlo tra una folla di attori sul palcoscenico. Il suo falso aspetto di vecchio rugoso e sdentato la ingannò facilmente. L'attrazione per la recitazione non abbandonò mai Sickert e, anche dopo aver smesso di recitare, visse una vita da uomo di spettacolo piuttosto che da pittore. Cambiava aspetto quasi con la stessa frequenza con cui i suoi buoni amici lo vedevano sul palcoscenico del Lyceum ogni sera in un ruolo diverso. Un giorno i suoi capelli castani gli ricadevano sulle spalle in una cascata di riccioli e andava in giro con abiti casual e stravaganti. Il giorno dopo aveva tagliato e pettinato i capelli a spazzola e per diverse settimane si era presentato con abiti neri o grigi più che convenzionali.

Negli ultimi anni, Sickert era così ben introdotto negli ambienti reali che la sua seconda moglie, Christine Drummond-Angus, ebbe il privilegio di ricamare un abito da cerimonia disegnato da Sickert per essere indossato nelle occasioni ufficiali. L'abito, noto come "tunica blu", è conservato nell'Abbazia di Westminster ed è stato utilizzato per tutte le incoronazioni reali, i funerali e i matrimoni da quando è stato donato nel 1920.

Inoltre, uno dei dipinti di Sickert, che contiene un velato riferimento alla verità sui crimini dello Squartatore (che è ciò che disse a suo figlio), era un tempo in possesso della Regina Madre Elisabetta.

Sickert è stato accusato di aver diffuso diverse versioni contrastanti sull'identità dell'assassino di Whitechapel e, sebbene questa accusa sia falsa, è facile capire come abbia preso forma. Con la sua storia su Eddy e Annie Elizabeth, che non condivise con nessuno tranne che con suo figlio, Sickert raccontò una sola storia sullo Squartatore. Ma fu ripetuta così tante volte e a così tante persone che, dopo due o tre intermediari, subì inevitabili distorsioni. Sickert divenne così la fonte di un groviglio di tesi incompatibili, nonostante ne sostenesse solo una.

Marjorie Lilly, morta nel 1976, ricordava Sickert come "un uomo misterioso, imperioso e complicato".

Ha raccontato: "Era un gran chiacchierone e si metteva naturalmente al centro di ogni gruppo, senza nemmeno rendersene conto. Il suo fascino per il caso di Jack lo Squartatore era forte e io ero dell'idea che potesse conoscere la verità".

La storia che lui le ha raccontato ripetutamente durante i loro 25 anni di amicizia era sempre la stessa. E lei sosteneva che lui aveva sempre dato la stessa versione a chiunque altro. Lo stesso Sickert aveva detto al figlio che aveva deliberatamente inventato la storia. Ciò che sapeva dello Squartatore bruciava in lui come una torcia e non riusciva a evitare che la sua conversazione andasse alla deriva sulla questione degli omicidi. Sentiva che rivelare la verità lo avrebbe messo in pericolo. La sua "soluzione" inventata serviva a due scopi: soddisfaceva il suo inestricabile bisogno di parlare dello Squartatore e, nel corso degli anni, gli procurava un divertente racconto dopo cena che lo rendeva automaticamente la persona più attraente di qualsiasi gruppo, una posizione che occupava con piacere.

Fortunatamente, Osbert Sitwell fu abbastanza colpito dall'evidente ossessione di Sickert per lo Squartatore da prendere nota della falsa versione. La ricordò nella sua introduzione a *Una casa libera!* Sitwell scrive:

> Alcuni anni dopo gli omicidi aveva preso una stanza in un sobborgo di Londra. Una coppia di anziani si occupava della casa e quando lui si era sistemato per alcuni mesi, la donna, con cui parlava spesso, un giorno gli chiese, mentre spolverava l'appartamento, se sapeva chi l'aveva occupato prima di lui. Quando lui rispose "no", lei aspettò un attimo e poi rispose: "Jack lo Squartatore"...

Il suo racconto dice che il suo predecessore era uno studente di veterinaria. Dopo un mese o due dal suo trasferimento a Londra, questo giovane apparentemente delicato - era affetto da fistite - prese la mano a rimanere sveglio tutta la notte di tanto in tanto. I suoi proprietari lo sentivano rientrare verso le 6 del mattino, poi camminare nella stanza per un'ora o due, finché non uscivano in edicola i primi giornali del giorno, e allora si precipitava giù per le scale e ne comprava uno per strada. Poi tornava tranquillo e andava a letto. Ma un'ora dopo, quando il vecchio lo svegliò, si accorse, dai segni nel camino, che il suo inquilino aveva bruciato i vestiti che aveva indossato il giorno prima. Per il resto della giornata, milioni di londinesi avrebbero discusso del nuovo terribile omicidio, evidentemente parte di una serie, commesso nelle prime ore del mattino. Solo questo studente sembrava non parlarne mai: non conosceva nessuno e non parlava con nessuno, anche se non sembrava particolarmente solitario [...] la coppia di anziani non sapeva che farsene della storia: ogni giorno la sua salute peggiorava sempre di più, e sembrava improbabile che questo giovane taciturno, malato e gentile potesse essere responsabile di tali crimini. Non potevano dare credito ai loro sospetti e, prima che potessero valutare se avvisare o meno la polizia, il loro inquilino si aggravò improvvisamente e la sua devota madre vedova venne a prenderlo per riportarlo a Bournemouth, dove viveva. [Da quel momento in poi gli omicidi cessarono. Morì tre mesi dopo.

La storia ebbe un effetto notevole: innanzitutto, ispirò Marie Belloc Lowndes a scrivere il suo bestseller *Uno strano inquilino*. Attraverso Mrs Lowndes, Sickert ha ispirato due opere teatrali, almeno cinque film - tra cui *The Strange Mr. Slade* e *Murders* - e un'opera in due atti di Phyllis Tate intitolata *The Lodger*.

È stato suggerito che anche un'altra seria teoria sull'identità dello Squartatore, ritenuta da molti plausibilmente la più vicina alla verità, possa essere attribuita a Sickert. Questa affermazione, che purtroppo non è supportata da alcuna prova documentale, è fatta da Donald McCormick nel suo libro *The Identity of Jack the Ripper*. Si tratta della tesi relativa a Montague John Druitt, che è diventato il principale sospettato del caso dopo la pubblicazione nel 1965 di *Autumn of Terror* di Tom Cullen e di *Jack the Ripper* di Daniel Farson nel 1972. Il punto di partenza delle loro indagini fu un passaggio degli appunti privati di Sir Melville Macnaghten, una bozza veloce dei suoi verbali ufficiali conservati negli archivi di Scotland Yard. Questo materiale inedito fu messo a disposizione dei due autori da Lady Christabel Aberconway, figlia di Sir Melville, morta nell'agosto del 1974.

Le ricerche congiunte di Cullen e Farson hanno prodotto quelli che sembrano validi argomenti contro Druitt, un avvocato fallito che si è riqualificato come insegnante. In realtà, le accuse contro Druitt sono inesistenti, come vedremo nel capitolo VIII.

McCormick affermò di aver trovato un medico londinese che conosceva Sickert e il cui padre aveva studiato a Oxford con Druitt.

Questo medico sosteneva che una volta Sickert aveva ripetuto la sua storia di "inquilino" a Sir Melville Macnaghten al Garrick Club. Sir Melville ascoltò la storia perché, come lo studente di veterinaria, anche Druitt aveva una madre vedova che viveva a Bournemouth. Si sostiene che l'aggiunta del nome di Druitt alla lista dei sospettati di Macnaghten sia stata una conseguenza diretta della storia di Sickert e dell'identificazione di questo studente, ovviamente leggendario, con l'individuo il cui corpo fu recuperato dal Tamigi il 31 dicembre 1888.

Tuttavia, finché McCormick non sarà in grado di fare il nome del medico londinese, la sua ipotesi rimarrà solo una possibilità.

Non sapremo mai se Sickert sia stato o meno responsabile dell'aggiunta di Druitt alla lista dei sospettati, ma Druitt ha avuto un ruolo nel romanzo sconclusionato che il pittore ha lasciato al figlio. Sickert disse che Druitt era stato un capro espiatorio fin dall'inizio, anche se non aveva idea di come fosse stato scelto o di come fossero stati presi accordi dubbi.

La risposta a questa domanda avrebbe lasciato perplesso anche lo stesso Sickert.

CAPITOLO IV

Gli omicidi

Una storia di omicidio raramente perde qualcosa quando viene raccontata. Quando la storia è così raccapricciante come possono essere gli omicidi di Whitechapel, non può non essere ricamata e modificata oltre misura. Jack lo Squartatore è stato rapidamente assimilato nel folklore dell'East London e nessuno potrebbe biasimare la tradizione vivente che ha preso il sopravvento per aver aggiunto un po' di pepe a una vecchia storia. Il nonno dell'East End, seduto davanti al camino con i nipoti che pendono dalle sue labbra, può essere perdonato per aver aggiunto un tocco di romanticismo, o qualcosa di sua invenzione, alla storia vera. La stessa inclinazione dei suoi antenati aveva fatto di Robin Hood il più grande degli eroi popolari inglesi, quando era solo un criminale.

Uno dei compiti dello storico è quello di rifiutare le interpolazioni aggiunte nel corso degli anni, di separare i fatti dalla leggenda - senza denigrare quest'ultima, perché entrambe hanno il loro valore se considerate nel loro contesto. È triste che, nel caso di Jack lo Squartatore, molti cosiddetti storici seri abbiano tradito il loro dovere abbassandosi a pubblicare dettagli inventati e congetture non comprovate come se fossero fatti veri. Le loro falsificazioni, perpetuate dalla stampa, non hanno nulla a che vedere con l'effimera storia serale della gente comune, la favola raccontata di notte con toni sommessi accanto al fuoco e poi dimenticata per sempre. La loro disonestà ha ostacolato la ricerca della verità più delle centinaia di favole che si sono diffuse in quasi tutti i bar e i locali sociali dell'East End. Persino gli ufficiali di polizia dell'epoca, Sir Robert Anderson in particolare, inventarono fatti sullo Squartatore per dare un po' di vita, in modo non veritiero, ai loro ricordi. Molti autori, nei giornali e nei libri formali, hanno seguito il loro esempio, rivestendo di logica argomenti spesso completamente falsi. Sembra che il più dannoso di questi disturbatori sia un fabulatore di nome Leonard Matters. Il suo libro *Il mistero di Jack lo Squartatore*, pubblicato nel 1929, non si basa su altro che su affermazioni prive di fondamento e palesemente false: consiste in divagazioni sconclusionate sotto forma di speculazioni selvagge mascherate da fatti. Il minimo atto disonesto da parte di un autore è riprovevole, perché mentre sembra voler fare luce oscura le once di verità ricevute fino a quel momento.

È possibile, inoltre, dopo quasi 90 anni di supposizioni e inganni, risalire alle fonti? Gli unici documenti che possono essere privi di esagerazioni o fantasie sembrano essere le osservazioni degli agenti di polizia direttamente coinvolti nelle indagini del caso all'epoca. Nel suo *Jack the Ripper in Fact and Fiction*, pubblicato nel 1965, Robin Odell lamentava che:

> È un peccato [...] che l'ispettore Abberline, incaricato di trovare l'assassino, non abbia mai preso in mano la penna. Di tutte le persone coinvolte nella ricerca dell'assassino, nessuna era più attivamente in contatto con i fatti di questo ispettore.

Anche se non scrisse mai un libro, l'ispettore Frederick George Abberline prese in mano la penna. Gli appunti di Abberline su Jack lo Squartatore, e quelli dei suoi colleghi nell'indagine, non erano sproloqui sensazionalistici per riempire autobiografie altrimenti noiose, ma meticolosi rapporti scritti a mano sul campo al momento degli omicidi. Non contengono dettagli superflui e vogliono essere inequivocabili: vanno dritti ai fatti, anche quando ci mettono del tempo. Sono la testimonianza scritta più accurata e preziosa degli omicidi di Whitechapel e non sono mai stati pubblicati prima d'ora perché conservati negli archivi segreti di Scotland Yard e del Ministero degli Interni.

Sebbene questi documenti riservati di Scotland Yard non avrebbero dovuto essere resi pubblici fino al 1992, ho ottenuto il permesso di consultarli e nel luglio 1974 ho trascorso quattro giorni a copiarne il contenuto parola per parola. Sono conservati in una polverosa scatola di cartone e consistono in tre faldoni di carta spessa e spiegazzata, ciascuno dei quali reca un numero e la dicitura "Riservato fino al 1992". Per comodità, chiamiamo questi faldoni "Vittime", "Sospetti" e "Lettere", quest'ultimo contenente centinaia di missive inviate da eccentrici di tutto il mondo, la maggior parte delle quali scritte con inchiostro rosso (alcune con il sangue), la maggior parte con la firma "Jack lo Squartatore".

Tra il 1888 e il 1891 tutti i documenti e i rapporti sugli omicidi avvenuti nell'area di Whitechapel furono registrati nell'archivio "Vittime". Nel 1892 il fascicolo fu chiuso e due anni dopo Sir Melville

Macnaghten inserì le proprie note nella vana speranza di rendere tutto più chiaro. Il fascicolo "Vittime", accuratamente registrato con nastro adesivo rosa, contiene singole sottocartelle intitolate come segue:

> EMMA ELIZABETH SMITH, 45 anni, uccisa il 3 aprile 1888.
>
> MARTHA TABRAM alias TURNER, tra i 35 e i 40 anni, uccisa il 7 agosto 1888.
>
> **MARY ANN NICHOLLS [sic] uccisa il 31 agosto 1888.**
>
> **ANNIE SIFFEY alias CHAPMAN, uccisa l'8 settembre 1888.**
>
> **ELIZABETH STRIDE, uccisa il 29 settembre 1888.**
>
> **CATHERINE BEDDOWES [sic], uccisa il 29 settembre 1888.**
>
> **MARIE JEANETTE KELLY, uccisa il 9 novembre 1888.**
>
> ROSE MYLETT alias LIZZIE DAVIS, uccisa il 26 dicembre 1888.
>
> ALICE McKENZIE, uccisa il 17 luglio 1889.
>
> TORSE DI DONNA, trovato il 10 settembre 1889.
>
> FRANCES COLES, uccisa il 13 febbraio 1891.

Solo quelle che ho evidenziato erano vittime di Jack lo Squartatore, come dimostreremo presto. I rapporti contenuti nei singoli fascicoli raccontano gran parte della storia. Mary Ann Nichols, la prima vittima, fu trovata in Bucks Row - ora Durward Street - una strada buia parallela e vicina alla Whitechapel Road dei nostri giorni, dove non mancano le emozioni di giorno e di notte. L'ispettore J. Spratling della Divisione J descrive i fatti nel suo rapporto speciale scritto poche ore dopo l'omicidio:

> L'agente 97J Neil afferma che alle 3.45 del 31 [agosto] trovò il corpo senza vita di una donna distesa sulla schiena, con i vestiti leggermente sopra le ginocchia e la gola tagliata da un orecchio all'altro in un cortile di Bucks Row, Whitechapel. Il poliziotto è stato aiutato da Mizen (55H) e Thain (96J). Quest'ultimo ha chiamato Dr Llewellyn al 152 di Whitechapel Road. Quest'ultimo arrivò rapidamente e trovò il defunto, che apparentemente era morto pochi minuti prima. Ha ordinato il

trasferimento del corpo all'obitorio, affermando che avrebbe effettuato un ulteriore esame, che è stato fatto con l'aiuto di un'ambulanza.

Al mio arrivo, dopo averla descritta, mi sono accertato che era stata sventrata e ho subito informato il medico. Egli arrivò prontamente e, dopo un ulteriore esame, specificò che la gola era stata tagliata da sinistra a destra, con due tagli distinti sul lato sinistro. La trachea, l'esofago e il midollo spinale erano stati recisi e un livido, probabilmente impresso da un pollice, era visibile nella mascella inferiore a destra, così come un altro sulla guancia sinistra. L'addome era lacerato dal centro delle costole inferiori sul fianco destro, sotto il bacino a sinistra dello stomaco; in questo punto la ferita era irregolare. Anche l'omento o il rivestimento dello stomaco erano tagliati in diversi punti e due piccole ferite da taglio sembravano essere state inferte con un grosso coltello, che si supponeva fosse stato usato da un mancino; la morte è stata quasi istantanea.

Descrizione... Età: circa 45 anni; altezza: circa 1 metro e 80; carnagione scura; capelli castani ingrigiti; occhi castani; contusione sulla mascella inferiore destra e sulla guancia sinistra, leggera lacerazione della lingua; mancanza di un dente sulla parte anteriore superiore, due sulla mascella inferiore sinistra.

Abbigliamento: cappotto marrone, 7 grandi bottoni di metallo (raffigurante una donna a cavallo con un uomo accanto), abito marrone, sottoveste di lana grigia, calzoni di flanella, bustier di flanella bianca, corsetto marrone, calze nere di lana traforate, stivali da uomo con punta e tacco danneggiati, cappello di paglia nero con bordo di velluto nero.

Ho condotto degli interrogatori e ho appreso dal signor Emma Green, una vedova e vicina di casa che vive a New Cottage, e dal signor Walter Purkis, di Eagle Wharf, di fronte, e anche da William Louis, guardiano notturno di *Messrs Brown & Eagle* su una banchina vicina, che nessuno di loro aveva sentito urla durante la notte, o qualsiasi cosa che li portasse a credere che l'omicidio fosse stato commesso lì.

L'East London e le stazioni ferroviarie e i luoghi pubblici locali, così come i docks e i parchi vicini, sono stati perquisiti, ma non sono state trovate armi.

L'agente afferma di aver attraversato Bucks Row alle 3.15 e l'agente Kirley quasi alla stessa ora, ma la donna non era lì in quel momento e non è nota ai due.

Un resoconto più completo, scritto dalla penna precisa e scherzosa dello stesso Abberline una volta avviata l'indagine, afferma:

> Il 31 agosto, alle 3.40 circa, Charles Cross, un parcheggiatore di Doveton Street 22, Cambridge Road, Bethnal Green, stava passando davanti a Bucks Row a Whitechapel per recarsi al lavoro quando ha notato una donna sdraiata supina sul marciapiede (davanti a un cancello di una stalla). Si è fermato per controllare la donna quando è apparso un altro parcheggiatore (anch'egli diretto al lavoro) di nome Robert Paul del 30 di Forsters Street, Bethnal Green: Cross richiamò la sua attenzione sulla donna ma, essendo buio, non videro sangue e proseguirono il loro cammino con l'intenzione di informare il primo agente di polizia che incontrarono. Giunti all'angolo di Hanbury Street con Old Montague Street, incontrarono l'agente 55H Mizen e lo informarono di ciò che avevano visto; il poliziotto si recò immediatamente nel luogo indicato dove scoprì che l'agente 97J Neil (che era di turno) aveva trovato la donna e stava chiedendo aiuto.
>
> Neil aveva acceso la sua torcia e aveva scoperto che la donna aveva la gola gravemente tagliata. È stato chiamato anche l'agente 96J Thain, che è stato immediatamente inviato al Dr Llewellyn al 152 di Whitechapel Road. Arrivò rapidamente sulla scena, dichiarò la donna morta e ordinò che il corpo fosse trasferito all'obitorio. Nel frattempo, Mizen era stato inviato alla stazione di Bethnal Green per ricevere un'ambulanza e i soccorsi, e il corpo era stato inviato all'obitorio quando arrivarono l'ispettore Spratling e altri agenti. All'arrivo, l'ispettore ha effettuato un secondo esame e ha scoperto che anche l'addome era stato gravemente danneggiato in diversi punti, scoprendo l'intestino. L'ispettore ha informato Dr Llewellyn che ha poi effettuato un esame più approfondito e ha stabilito che le ferite all'addome erano di per sé sufficienti a provocare la morte istantanea e ha espresso il parere che fossero state inferte prima del taglio della gola.
>
> Il corpo non era ancora stato identificato. Da un'accurata ricerca sugli abiti della vittima, l'ispettore Helson ha trovato diversi capi di biancheria intima con il marchio del Lambeth Hospice, che hanno permesso di attribuire il corpo a un'ex residente di nome Mary Ann Nichols, grazie alla quale siamo riusciti a rintracciare i suoi parenti e a confermare la sua identità. È stato accertato che era la moglie di William Nichols, 37 Coburg Street, Old Kent Road, un impiegato della tipografia di *Messrs Perkins, Bacon and Co.* in Whitefriars Street nella City, da cui si era separata quasi nove anni prima a causa della sua dipendenza dall'alcol, e che per diversi anni era stata una residente occasionale di vari ospizi. Nel maggio di quest'anno aveva lasciato la casa di lavoro di Lambeth ed era entrata al servizio del signor Cowdry, un inglese, di Rose Hill Road, Wandsworth. È rimasta lì fino al 12 luglio, quando è

scappata dopo aver rubato diversi capi di abbigliamento. Un giorno o due dopo ha trovato un alloggio al 18 di Thrawl Street, Spitalfields, in una normale pensione, e poi in un altro edificio simile al 56 di Flower & Dean Street fino alla notte dell'omicidio.

Quella mattina, intorno all'1.40, è stata vista nella cucina del 18 di Thrawl Street dove ha informato il custode della pensione di non avere i soldi per pagare la sua stanza. Ha chiesto che le venisse tenuto il letto e se n'è andata dicendo che presto avrebbe avuto i soldi. In quel momento era ubriaca. Poi è stata vista alle 2.30 del mattino all'incrocio tra Osborn Street e Whitechapel Road da Ellen Holland, una pensionante della stessa casa, che, vedendo che era completamente ubriaca, l'ha pregata di tornare con lei alla pensione. Ma lei rifiutò, facendo presente che sarebbe tornata presto, e si avviò lungo Whitechapel Road verso il luogo del ritrovamento del corpo. Non ci sono dubbi sull'ora, perché l'orologio della chiesa di Whitechapel segnava le 2.30 e Holland ha richiamato l'attenzione della defunta sull'ora.

Non siamo riusciti a trovare nessuno che l'abbia vista viva dopo aver lasciato l'Olanda. Da Osborn Street a Bucks Row è quasi mezzo miglio. Sono state avviate indagini in tutti i luoghi che sembravano rilevanti, al fine di rintracciare l'assassino, ma finora non è stato trovato alcun indizio.

METROPOLITAN POLICE.

CRIMINAL INVESTIGATION DEPARTMENT,
SCOTLAND YARD,
19th day of Sept. 1888

CENTRAL OFFICER'S SPECIAL REPORT

SUBJECT: The Murders in Whitechapel

REFERENCE TO PAPERS
52,983

With reference to the subject named in margin. I beg to report that about 3.40. am 31st Ult. as Charles Cross, "Carman" of 22 Doveton Street, Cambridge Road, Bethnal Green was passing through Bucks Row Whitechapel (on his way to work) he noticed a woman lying on her back on the footway (against some gates leading into a stable yard) he stopped to look at the woman when another Carman (also on his way to work) named Robert Paul of 30 Foster St. Bethnal Green came up, and Cross called his attention to the woman, but being dark they did not notice any blood, and passed on with the intention of informing the first constable they met, and on arriving at the corner of Hanbury St. and Old Montague St. they met P.C. 55.H Mizen and acquainted

La prima pagina del rapporto dell'ispettore Abberline

Otto giorni dopo, l'assassino colpì di nuovo. Non era ancora stato nominato dal pazzo anonimo che, verso la fine di settembre, avrebbe inviato una lettera al Central News Office firmata "Jack lo Squartatore". A quel tempo era ancora conosciuto solo come "l'assassino di Whitechapel"; senza volto, inafferrabile e, anche dopo *solo* due omicidi, già più spaventoso di qualsiasi furfante mai emerso dal sulfureo East End.

L'8 settembre, alle 6.10 del mattino, l'ispettore Joseph Chandler era in servizio alla stazione di polizia di Commercial Street, a Spitalfields, quando seppe che un'altra donna era stata uccisa. Il crimine era avvenuto in Hanbury Street, una strada lunga e stretta a est di Commercial Street. Il nome della strada deriva da una fabbrica di birra, la *Truman, Hanbury & Buxton*, e oggi gli edifici in cemento della Truman Brewery occupano gran parte della strada, comprendendo il luogo del secondo omicidio dello Squartatore.

Nel 1888, questa strada non aveva alcun tratto distintivo rispetto alle altre strade degradate, fiancheggiate da case di mattoni a quattro piani, fatiscenti e piene di topi, che marchiavano il paesaggio in tutte le direzioni. Questi edifici - che nemmeno la più fervida immaginazione potrebbe considerare "abitazioni" - non erano altro che una crosta che nascondeva una piaga incancrenita: la feccia dell'umanità. La maggior parte delle case di Hanbury Street risale al secondo movimento di pianificazione del quartiere, nel XVIII SECOLO quando gli abitanti di Spitalfields erano ricchi ugonotti che vivevano di seta e quando, in primavera, innumerevoli aperture creavano una splendida esplosione di rosso e giallo in ogni strada. Mai la prosperità era caduta in una tale confusione di disgrazie con risultati così terribili. John Stow, nella sua *Descrizione di Londra* pubblicata nel 1598, descrive il quartiere com'era prima che l'inarrestabile espansione del capitale lo inghiottisse:

> I giardini e i frutteti degli abitanti, ornati da grandi e bellissimi alberi, sono situati in tutte le parti del sobborgo libere da edifici. Sul lato nord si trovano i comuni pascoli e prati, con ruscelli che scorrono e che fanno girare i mulini ad acqua con un suono piacevole. Non lontano si trova una grande foresta, una caccia ben alberata, ricca di cervi, caprioli, cerve, cinghiali e altra selvaggina. I campi di grano non sono cattivi e sabbiosi, ma sono come i fertili campi dell'Asia, danno ottimi raccolti e riempiono i granai di grano.

Ma l'urbanizzazione stessa non aveva attirato la povertà. Alla fine del XVII SECOLO, quando l'area subì il primo grande sviluppo, era ancora solo molto elegante. I miserabili affamati che infestavano

Hanbury Street negli anni Ottanta del XIX secolo difficilmente avrebbero potuto immaginare che gli squallidi tuguri proprio di fronte al luogo del nuovo omicidio erano stati un tempo un bellissimo giardino di frutta, o che per la Pasqua del 1559 non fu una condiscendenza da parte della regina Elisabetta I, ma un onore, partecipare con più di mille seguaci a una bellissima funzione nel St Mary's Hospital, con danzatori e un grandioso accompagnamento di trombe, flauti e tamburi. Ma da quel tempo, quando Piccadilly era solo un terreno coltivabile che si affacciava su una vasta distesa di prati e tetti in piena vista delle chiatte del Tamigi, ogni trasformazione è diventata possibile. Nel 1649, anno dell'assassinio di re Carlo I, la tenuta all'estremità occidentale di Hanbury Street comprendeva tre case, un cortile, due stalle, una rimessa e un giardino, oltre al frutteto già citato.

L'epoca d'oro degli Ugonotti si interruppe bruscamente con le prime sirene della rivoluzione industriale. La potenza del vapore diede presto vita a telai azionati a vapore. I tessitori di seta che lavoravano a casa con i loro telai a mano furono trasferiti nelle fabbriche. Il fattore umano scomparve e quella che era stata un'arte propriamente strutturata fu sostituita dal sudore e dalla fatica della produzione di massa. La ricchezza del quartiere e dei suoi abitanti scomparve. E fu in questa baracca decadente, sporca e piena di malattie che l'ispettore Chandler mosse i suoi passi una fredda mattina di settembre...

> Mi recai immediatamente al 29 di Hanbury Street e nel cortile posteriore trovai una donna che giaceva morta sulla schiena, con il braccio sinistro appoggiato sul seno sinistro e le gambe piegate, sventrata, con l'intestino tenue e la pelle dell'addome che giacevano sul lato destro sopra la spalla destra, allentati al resto degli intestini rimasti nel corpo; due membrane di pelle della parte inferiore dell'addome giacevano in una grande quantità di sangue sopra la spalla sinistra; la gola tagliata a grande profondità da sinistra e fino in fondo, irregolarmente tutto intorno alla gola.
>
> Mandai immediatamente a chiamare Dr Phillips, il chirurgo divisionale, e a chiamare un'ambulanza e i soccorsi alla stazione più vicina. Il medico ha dichiarato che la donna era morta da almeno due ore. Il corpo è stato poi portato con l'ambulanza della polizia all'obitorio di Whitechapel.
>
> Perlustrando il cortile ho notato sul muro posteriore della casa (sopra il cadavere), e a circa 50 centimetri dal suolo, circa sei macchie di sangue di varie dimensioni che andavano da una moneta da sei pence a un singolo punto, e, su una palizzata di legno, a sinistra del corpo vicino alla testa, macchie e striature di sangue a circa 35 centimetri dal suolo.

La donna è stata identificata da Timothy Donovan, proprietario della Crossinghams Boarding House al 35 di Dorset Street, che ha riferito di conoscerla da quasi 16 mesi come prostituta e di averla ospitata nella suddetta struttura negli ultimi quattro mesi. L'8 settembre, all'1.45, la donna era in cucina a bere alcolici e a mangiare patate. Lui (Donovan) le ha chiesto i soldi per l'alloggio, lei ha risposto che non ne aveva e gli ha chiesto di fidarsi di lei, cosa che lui ha rifiutato. Lei se ne andò, dicendo che non sarebbe uscita a lungo. Lui non ha visto nessun uomo con lei.

Descrizione: Annie Siffey, 45 anni; 1,65; carnagione chiara; capelli ricci castani; occhi azzurri; due denti mancanti dalla mascella inferiore; naso grande.

Abbigliamento: lungo cappotto nero, camicetta marrone, gonna nera, stivali stringati, tutto vecchio e sporco.

Una descrizione della donna è stata inviata per telegramma a tutte le stazioni di polizia ed è stata richiesta un'indagine speciale negli alberghi arredati, ecc. per stabilire se qualche uomo con una personalità perversa o con i vestiti sporchi di sangue si fosse presentato dopo le 2 del mattino dell'8 di questo mese.

In un'accurata relazione di 15 pagine sui primi due omicidi, Abberline ha rilevato che "non c'è dubbio che entrambi i crimini siano stati commessi dallo stesso individuo". Ha proseguito:

> Nel suo caso, anche la sua identificazione è stata chiaramente stabilita. Era la vedova di un cocchiere di nome Chapman, morto a Windsor circa 18 mesi fa, dal quale si era separata già da diversi anni a causa della sua dipendenza dall'alcol. Fino alla sua morte le pagava una pensione settimanale di 10 scellini. Per diversi anni ha frequentato pensioni popolari nella zona di Spitalfields e qualche tempo prima della sua morte ha risieduto al 35 di Dorset Street, dove è stata vista viva per l'ultima volta alle 2 del mattino dell'omicidio. [Da quel momento fino al ritrovamento del suo corpo non è stato possibile ottenere alcuna informazione seria su dove si trovasse.

L'assassino si ritirò nell'ombra e lasciò che le forze di polizia disorganizzate, una stampa sbalordita e un'opinione pubblica impazzita si confondessero in una frenetica caccia a ogni possibile vicolo cieco, dal più realistico al più folle. Per tre settimane non accadde nulla. Ma questa era solo la calma prima della tempesta. Il 29 settembre, il criminale tornò alla ribalta per una vera e propria orgia di violenza, firmando il suo famoso "doppio omicidio" in una sola notte. La prima vittima fu la quarantacinquenne Elizabeth Stride, un'agile donna svedese nota come "Long Liz". La seconda fu Catherine Eddowes, di due anni più giovane, una piccola donna patetica che, a causa dell'alcol e degli anni passati per strada, sembrava avere circa sessant'anni, come dimostrano le fotografie *post-mortem*. Eppure, dalle descrizioni fornite durante l'inchiesta, sembra che riuscisse a mantenere una certa civetteria.

È sorprendente che, accanto all'abbondanza di note manoscritte su Nichols e Chapman negli archivi di Scotland Yard, non ve ne siano quasi per le altre vittime dello Squartatore. Nel caso di Eddowes, ciò è comprensibile. Essendo stata uccisa all'interno della giurisdizione della City Police, Scotland Yard non era responsabile delle indagini successive alla sua morte. Ma la scarsità di materiale nel fascicolo di Stride è più difficile da capire. Non ci sono resoconti grezzi dell'omicidio o delle indagini della polizia. E il fascicolo di Kelly, nel quale qualsiasi ricercatore onesto si aspetterebbe di trovare un mucchio di rapporti, dichiarazioni, mappe e molto altro, è il meno ricco di tutti... Le 14 pagine di appunti su Stride offrono tuttavia diverse nuove testimonianze essenziali, che esamineremo in dettaglio in un altro capitolo. Ma per le informazioni sull'omicidio in sé, possiamo fare affidamento solo sul primo documento del fascicolo: un ritaglio del *Daily News* del 6 ottobre. Anche questo non riguarda tanto l'omicidio quanto l'indagine. Negli archivi del Ministero dell'Interno, tuttavia, si trova un rapporto sull'andamento dell'omicidio redatto dall'ispettore capo Donald Swanson. Prima di esaminare il rapporto di Swanson, un altro importante documento su Jack lo Squartatore, mai sfruttato prima, tratto dal *Times di* lunedì 1 ottobre, fa da cornice:

> La scena del primo crimine è uno stretto cortile in Berners [*sic*] Street, una strada tranquilla che va da Commercial Road ai binari della London, Tilbury and Southend Railway Company. All'ingresso del cortile ci sono due grandi porte di legno. Su una di esse c'è un piccolo cancello utilizzato quando entrambe le porte sono chiuse. Al momento in cui l'assassino ha messo in atto il suo sinistro piano, queste porte erano aperte; infatti, secondo la testimonianza di persone che vivono nelle vicinanze, l'ingresso al cortile è raramente chiuso. A una distanza di cinque o sei metri dalla strada, su entrambi i lati del cortile si ergono muri ciechi, il cui effetto è quello di seppellire questo piccolo spazio nella più completa oscurità dopo il tramonto. Più avanti, un po' di luce può raggiungere il cortile dalle finestre di un circolo di lavoratori che occupa l'intera lunghezza del cortile sulla destra, e dalle aperture di una serie di piccole case occupate principalmente da sarti e arrotolatori di sigarette sulla sinistra. Al momento in cui è stato consumato l'omicidio, tuttavia, le luci di tutte queste case erano spente, mentre il bagliore

emanato dal club, proveniente dal piano superiore, raggiungeva le abitazioni di fronte e non poteva che rafforzare l'oscurità del resto del cortile.

Nel rapporto di Swanson al Ministero dell'Interno, datato 19 ottobre, si legge:

> Di seguito sono riportati i dettagli dell'omicidio di Elizabeth Stride avvenuto la mattina del 30 settembre 1888.
>
> 30 settembre, all'una di notte. Il corpo di una donna fu scoperto con la gola tagliata, ma senza altre mutilazioni, da Louis Diemshutz (segretario del Socialist Club) nel cortile di Dutfield in Berner Street, vicino a Commercial Road, che informò la polizia. L'agente 252 Lamb si recò con lui sul posto e mandò a chiamare i medici Blackwell e Phillips.
>
> 1 h 10. Dopo aver esaminato il corpo, i medici ne hanno dichiarato la morte. Il cadavere era come segue: sdraiato sul fianco sinistro, il braccio sinistro lungo il corpo fino al gomito con un pacchetto di cachous in mano, il braccio destro sullo stomaco, il dorso della mano e la parte inferiore del polso punteggiati di sangue, le gambe piegate, le ginocchia unite, i piedi vicini al muro, il corpo ancora caldo, una sciarpa di seta intorno al collo, leggermente lacerata lungo il lato destro della mascella, la gola profondamente tagliata e, sotto l'estremità destra delle mascelle, un evidente sfregamento della pelle di circa tre centimetri di diametro.
>
> È stata effettuata una ricerca nel cortile, ma non sono stati trovati oggetti.

Il nucleo di questo rapporto contiene una prova finora sconosciuta che diventa decisiva se esaminata alla luce del racconto di Sickert sugli omicidi. Esamineremo questa prova nella sua interezza più avanti. L'ultima parte del rapporto spiega:

> Il corpo è stato identificato come quello di Elizabeth Stride, una prostituta, e si può subito dire che l'indagine che ha ricostruito la sua storia non ha rivelato nemmeno il minimo pretesto per la sua morte, secondo le dichiarazioni dei suoi amici, compagni e di chiunque l'avesse conosciuta. L'azione della polizia, oltre a estendersi nelle direzioni indicate dal rapporto sull'omicidio di Annie Chapman, è stata la seguente.
>
> A. Subito dopo l'arrivo della polizia sul posto, tutti i membri che si trovavano nel club socialista sono stati perquisiti, i loro vestiti ispezionati e le loro dichiarazioni registrate.

B. Sono state fatte indagini approfondite in Berner Street per verificare se qualcuno fosse stato visto in compagnia del defunto.

C. Nel Distretto H sono stati stampati e distribuiti degli opuscoli in cui si chiede ai proprietari di casa di informare la polizia di qualsiasi persona sospetta che soggiorni nel loro stesso edificio.

D. Le numerose dichiarazioni rese alla polizia sono state registrate e alle persone denunciate (che erano molte) è stato chiesto di fornire un alibi per l'ora degli omicidi - è stata prestata ogni attenzione possibile per verificare le loro dichiarazioni.

Contemporaneamente all'indagine descritta al punto A, è stato perlustrato il cortile dove giaceva il corpo, ma non sono stati trovati oggetti. [...]

Per il punto C sono stati prodotti 80.000 opuscoli per gli abitanti. Un'indagine porta a porta non solo ha raccolto i risultati delle richieste dei residenti, ma ha anche fornito l'occasione per una ricerca di polizia su larga scala che, con alcune eccezioni - ma non così tante da destare sospetti - ha coperto l'area di competenza della polizia cittadina da un lato, Lamb Street, Commercial Street, Great Eastern Railway e Buxton Street, e dall'altro, Albert Street, Dunk Street, Chicksand Street e Great Garden Street, fino a Whitechapel Road e poi ai confini della città. Nel corso dell'indagine sono state visitate anche le pensioni ammobiliate e intervistati oltre 2.000 inquilini.

La polizia del Tamigi ha condotto un'indagine anche tra i marittimi a bordo delle navi in banchina o in mare aperto, e un'indagine estesa agli asiatici che vivono a Londra. Quasi 80 persone sono state prese in custodia in diverse stazioni di polizia della città e le loro dichiarazioni sono state registrate e controllate dalla polizia. È stata condotta un'indagine sui movimenti - che si stima siano oltre 300 - i cui membri sono stati segnalati alla polizia, e le indagini proseguono.

76 macellai e lavoratori dei macelli sono stati contattati ed è stata esaminata la personalità dei dipendenti. Questa procedura comprende tutti gli apprendisti e i lavoratori assunti negli ultimi sei mesi.

Sono state condotte ricerche anche sulla presunta presenza di zingari greci a Londra, ma è stato stabilito che non si trovavano praticamente a Londra all'epoca dei vari omicidi.

Tre delle persone che si definiscono "cowboy" e che partecipano all'Esposizione Universale Americana sono state individuate e giustificate in modo soddisfacente.

Sebbene il numero di lettere ricevute diminuisca considerevolmente su base giornaliera, le altre fasi relative ai cosiddetti individui sospetti continuano.

Come abbiamo già accennato, il secondo omicidio della notte fu quello di Catherine Eddowes in Mitre Square, Aldgate. Le incursioni nemiche durante la Seconda guerra mondiale danneggiarono a tal punto i locali della City Police - sotto la cui giurisdizione ricadeva questo omicidio - che pochi documenti superstiti risalgono al 1940. I documenti relativi all'omicidio di Catherine Eddowes sono tra quelli distrutti dalla guerra. Poiché il fascicolo di Scotland Yard su Eddowes contiene solo alcune raccapriccianti fotografie del suo cadavere all'obitorio e un estratto poco significativo del *Philadelphia Times* di lunedì 3 dicembre 1888, sembrava che non esistesse alcun resoconto contemporaneo dell'omicidio da parte di un uomo direttamente coinvolto nel caso. Ma nel febbraio 1975, quando mi è stato concesso l'accesso agli archivi del Ministero degli Interni, ho trovato un'infinità di appunti, molti dei quali scritti da un poliziotto della città che lavorava al caso. Ma il rapporto di otto pagine firmato dall'ispettore James McWilliam, un detective della polizia di Londra, lascia molte domande senza risposta. Henry Matthews, il Ministro degli Interni, ha scritto su un pezzo di carta allegato al rapporto di McWilliam: "Il verbale dattiloscritto dell'indagine contiene molte più informazioni di queste. È evidente che non vogliono dirci nulla.

Un rapporto molto più completo sull'omicidio, anch'esso in archivio, è stato redatto, ironia della sorte, dalla Polizia Metropolitana. Ecco cosa scrisse Swanson il 6 novembre:

> I fatti relativi all'omicidio di Mitre Square, noti alla Polizia Metropolitana, sono i seguenti.
>
> 1.45 del 30 settembre. L'agente Watkins, della City Police, ha scoperto in Mitre Square il corpo di una donna, con il volto così mutilato da essere quasi irriconoscibile, la punta del naso tagliata, il lobo dell'orecchio destro quasi reciso, il volto lacerato, la gola tagliata e sventrata. L'agente ha chiesto l'assistenza di un certo Morris, guardiano notturno e agente della Polizia Metropolitana in pensione; è stato effettuato un primo esame della scena del crimine ed è stata richiesta

l'assistenza medica e chirurgica, i cui dettagli saranno descritti diffusamente più avanti in questo rapporto.

La polizia cittadina è stata messa al corrente dei fatti dall'agente Watkins. Ecco il risultato delle loro indagini, come noto alla Polizia Metropolitana:

All'1.30 l'agente è passato dal luogo in cui è stato trovato il corpo all'1.45 e a quell'ora non c'era nulla di particolare.

1:35: Tre ebrei, uno dei quali si chiama Mr. Lewin[6], hanno visto un uomo parlare con una donna in Church Passage (che porta direttamente a Mitre Square). Gli altri due non prestarono molta attenzione e dissero di non essere in grado di identificare l'uomo o la donna, e anche il signor Lawende disse di non essere in grado di riconoscere l'uomo. Lawende ha detto di non essere in grado di riconoscere l'individuo; ma, dato che la donna gli dava le spalle e la sua mano era sul petto dell'uomo, non ha potuto riconoscere il corpo mutilato come quello della donna che aveva visto da dietro, ma, per quanto ha potuto ricordare, i vestiti del defunto - che erano neri - erano simili a quelli indossati dalla donna che aveva visto - questo è l'unico punto della sua testimonianza.

2.20: l'agente 245A Long (incaricato dalla Divisione "A" di assistere temporaneamente la Divisione "H") ha dichiarato di aver ispezionato, all'ora menzionata, gli edifici di Goldstone [Goulston] Street e che in quel momento non c'era nulla. Tuttavia, a :

Alle 2.55 scoprì in fondo a un normale passaggio che portava dal 108 al 119 di Goldstone Street un pezzo di stoffa insanguinato, e sopra di esso le parole scritte con il gesso: "Gli ebrei sono uomini che non saranno accusati per niente", riferì, e la polizia cittadina fu immediatamente informata, quando fu stabilito senza ombra di dubbio che il pezzo di stoffa trovato corrispondeva esattamente a quello mancante dai resti.

Il medico, Dr Brown, chiamato dalla City Police, e Dr Phillips, che era stato convocato dalla Metropolitan Police all'epoca dei crimini di Hanbury Street e Berner Street, fecero un esame *post mortem del* corpo. Essi riferirono che mancavano il rene sinistro e l'utero, e che la mutilazione non rivelava al momento molte conoscenze anatomiche, nel senso che avrebbe tradito la mano di un abile chirurgo, per cui la polizia

---

6 Il nome dell'uomo era in realtà Joseph Lawende. Curiosamente, Swanson scrive correttamente il suo nome solo poche righe dopo.

poteva limitare le ricerche a determinate categorie di persone. Inoltre, come nei casi indagati dalla Polizia Metropolitana, le prove mediche dimostravano che l'omicidio poteva essere stato commesso da un cacciatore, da un macellaio, da un lavoratore del macello, così come da uno studente di medicina o da un medico moderatamente qualificato.

I risultati delle indagini della polizia cittadina sono stati i seguenti: accanto al corpo sono stati trovati diversi biglietti di pegno in una cassetta di ferro, e rintracciando questa traccia si è accertato che si riferivano a titoli lasciati dalla defunta, che era separata dal marito e viveva in adulterio con un uomo di nome John Kelly, sul quale è stata condotta un'indagine congiunta da parte dei dipartimenti di polizia cittadina e metropolitana, il cui risultato ha dimostrato chiaramente che non era lui l'assassino. Inoltre, è emerso che il nome della defunta era Catherine Eddowes, o Conway, che era stata arrestata alla stazione di polizia di Bishopsgate Street per ubriachezza in pubblico alle 20.45 del 29 settembre e, dopo aver smaltito la sbornia, era stata rilasciata all'1 del mattino del 30. La City e la Metropolitan Police avviarono un'indagine sul suo passato e scoprirono che tra i suoi conoscenti e amici non c'era alcun movente per l'omicidio.

Nei condomini di Goldston Street, dove è stato trovato un pezzo di stoffa insanguinato, la polizia cittadina ha indagato, ma senza successo. Le sue successive indagini su persone divenute sospette dopo segnalazioni scritte o orali alle stazioni di polizia, finora infruttuose, sono state portate all'attenzione della Metropolitan Police, che a sua volta informava quotidianamente la City Police della natura e dell'esito delle proprie indagini.

Per quanto riguarda la scoperta di un graffito a gesso scritto debolmente su un muro, con un errore di ortografia sulla seconda parola, nel mezzo di un'area abitata principalmente da ebrei, di tutte le nazionalità e anche inglesi, sul muro di un passaggio ordinario che porta a molte abitazioni occupate quasi esclusivamente da ebrei, il tenore della frase era quello di addossare la colpa agli ebrei, il commissario ritenne opportuno cancellarla. Oltre a queste ragioni, c'era il fatto che durante le indagini della polizia sugli omicidi di Bucks Row e Hanbury Street, una certa parte della stampa aveva gettato molti sospetti su un ebreo chiamato John Pizer, alias "*Leather* Apron", come assassino, i cui movimenti nelle date e negli orari degli omicidi sono stati verificati in modo soddisfacente dalla Metropolitan Police, scagionandolo dai sospetti. C'era anche il fatto che la stessa notte era stato commesso un altro omicidio nelle immediate vicinanze di un club socialista in Berner Street frequentato da ebrei - considerazioni che, se soppesate con l'evidenza dei graffiti a gesso sul muro progettati per spostare la colpa su alcuni individui, sono state considerate più decisive delle prime. Secondo gli agenti di polizia che hanno visto i graffiti con il gesso, non assomigliavano alle ormai famose lettere scritte a mano riprodotte da un certo giornale.

Furono promesse ricompense dalla polizia cittadina e da Mr. Montagu [membro del Parlamento per Whitechapel] e fu formato un comitato di vigilanza, presieduto da Mr. Lusk di Alderney Road (Mile End), ed è un peccato che il risultato sia stato l'incapacità di scoprire informazioni che potessero portare all'assassino. Il 18 ottobre, il signor Lusk portò alla stazione di polizia di Leman Street un pacco a lui indirizzato. Il pacco conteneva quello che sembrava essere un pezzo di rene. Il signor Lusk lo aveva ricevuto il 15 ottobre e lo aveva sottoposto all'esame del dottor Openshaw, curatore del London Hospital Museum, che lo aveva riconosciuto come rene umano. Il rene è stato immediatamente consegnato alla polizia municipale e la conclusione di una doppia analisi medica è stata che si trattava del rene di un essere umano adulto, fermo, come potrebbe essere il caso di un corpo donato a un ospedale per la dissezione, ma anche come potrebbe essere il caso di un prelievo da un corpo non destinato alla scienza. In altre parole, un rene di questo tipo potrebbe trovarsi su qualsiasi persona deceduta su cui sia stata eseguita una procedura *post-mortem*, per qualsiasi motivo, ad esempio da studenti o assistenti nella sala di dissezione. Il rene, o meglio il pezzo di rene, era accompagnato da una lettera che recitava:

Dall'inferno
Signor Lusk

Signore,

Ti manderò metà della mentina che ho preso a una delle donne che sono venute da me per te, l'altra metà l'ho fritta e mangiata, era famosa. Se aspetti ancora un po', potrei mandarti anche il taglio sanguinolento che l'ha staccata.

Firmato: M'attrape
che può
Signor Lusk

I timbri postali sul pacco sono così vaghi che è impossibile stabilire se il pacco sia stato spedito nella zona E. o E.C., la lettera non era contenuta in una busta e la polizia municipale non è quindi in grado di svolgere alcuna indagine al riguardo.

Le altre indagini della polizia municipale sono congiunte con quelle della polizia metropolitana; ogni servizio comunica quotidianamente all'altro la natura e i risultati delle indagini svolte.

Di seguito, quindi, i fatti di cui è a conoscenza la Polizia Metropolitana, relativamente all'omicidio di Mitre Square.

L'assassinio di Catherine Eddowes è stato di un'astuzia squisita, che ha superato persino il successo diabolico degli omicidi precedenti. Non ci sono stati rumori di lotta o urla; se l'omicidio è stato realmente commesso in Mitre Square, è avvenuto meno di 15 minuti prima del ritrovamento del corpo, e il tempismo dell'assassino è stato incredibilmente preciso, dato che l'agente Watkins era stato sulla scena del crimine solo 15 minuti prima e non si era accorto di nulla. In quel breve lasso di tempo, a quanto pare, l'assassino non ha solo eseguito l'elaborata macelleria descritta nel rapporto di Swanson: ha anche eseguito il delicato intervento di rimozione di un rene. Il rene è uno degli organi più difficili da localizzare, poiché è nascosto in profondità nel corpo e celato da una massa di tessuto adiposo. Ma i resti di Eddowes sono stati trovati nell'angolo più buio di Mitre Square. Nessun teorico è ancora riuscito a spiegare come Jack lo Squartatore abbia potuto colpire con tale velocità e abilità, in silenzio, senza che la sua destrezza fosse compromessa dal buio assoluto...

La folle sicurezza dello Squartatore sembrava aver raggiunto nuove vette, mostrando tutta la sua compostezza. Nelle sue prime apparizioni sanguinose non aveva lasciato indizi. Ora sembrava averne lasciati di proposito. Un irrazionale senso di impunità è stato spesso la rovina di fieri assassini. Ma non era questo il caso di Jack lo Squartatore. Quello che sembrava un banale atto di sfida - i graffiti sul muro - non faceva che aumentare la confusione dei suoi inseguitori.

Dopo il duplice omicidio, i giornali riferirono che una lettera scritta con inchiostro rosso e firmata "Jack lo Squartatore" era stata ricevuta dal Central News Office. Era stata spedita dalla zona E.C. di Londra due giorni prima dell'evento. Un giorno dopo l'omicidio c'era una cartolina, con la stessa firma. Il nome aveva bisogno di una sola pubblicazione: nel giro di poche ore dalle prime edizioni dei giornali che riportavano il testo dei due messaggi, il nome Jack lo Squartatore era entrato indelebilmente nelle menti dell'East End.

Il panico si diffuse nel quartiere. William Ifland è un centenario ed è una delle poche persone ancora in vita che sa esattamente com'era la vita a Whitechapel durante quell'autunno particolarmente raccapricciante del 1888. Era nato in Russia nel 1873. All'età di 13 anni lasciò le persecuzioni e la povertà del suo Paese e, giunto in mezza Europa con l'anziana zia e la sorellina neonata, trovò una nave che doveva salpare per l'Inghilterra - una terra dove, per quanto ne sapeva, un ebreo poteva vivere senza temere i pogrom. La nave attraccò a Tilbury nel 1886 e in pochi giorni i tre immigrati squattrinati, che non conoscevano una parola di inglese, furono caritatevolmente integrati nel quartiere russo dell'East End. Alla fine trovarono delle stanze arredate in modo piuttosto squallido in Gun Street (Whitechapel). Alla fine del 1888, poco dopo che lo Squartatore aveva commesso la sua ultima atrocità, William, ormai prossimo al suo 16° compleanno, partì da solo per il Canada.

All'età di 101 anni, nel settembre 1974, ha rivisto per la prima volta l'Inghilterra dopo 86 anni di assenza. Dopo una vita passata dall'altra parte dell'Atlantico, voleva vedere l'Europa ancora una volta prima di morire.

Incontrai Ifland, piccolo di statura, nella sua stanza al Kensington Hilton l'ultimo giorno del suo soggiorno londinese. Quella mattina avrebbe dovuto prendere un volo per Roma, dove avrebbe iniziato un tour completo delle capitali europee. La settimana precedente aveva visto sua sorella Lena, che aveva appena iniziato a camminare quando l'aveva vista l'ultima volta, nella sua casa di Sidney Street a Whitechapel.

"Sono una delle poche persone che si ricordano com'era la vita nel cuore del quartiere di Jack lo Squartatore", dice con un accento ancora liberamente influenzato da influenze russe.

"Alcune persone ancora in vita erano già nate allora, ma poche erano abbastanza grandi per capire cosa stava succedendo. Ma io avevo 15 anni. Ho capito molto bene".

Ha ricordato il nervosismo e la tensione mostrati da quasi tutti i suoi conoscenti e, anche se questi fatti erano accaduti 90 anni prima e i dettagli specifici erano svaniti dalla sua mente o erano stati sepolti da una serie di esperienze successive, ha detto di poter descrivere distintamente quel "terribile silenzio".

"Non fu un panico clamoroso ad attanagliare noi abitanti dell'East End, ma un lungo silenzio. Tutti erano tesi e taciturni, e ricordo sussurri preoccupati di 'Jack lo Squartatore ha colpito ancora', 'Lo Squartatore è al lavoro'".

Un articolo pubblicato sul *Times* il 12 novembre 1888 fornisce un buon esempio del sospetto reciproco e dell'alto grado di nervosismo che Ifland ricorda:

Poco dopo le 10 del giorno precedente, una donna di nome Humphreys stava attraversando George Yard, a Whitechapel, quando si imbatté in un uomo di grossa taglia con occhiali spessi nella semioscurità, quasi nello stesso punto in cui era stata uccisa Martha Tabram. Tremando per la paura, chiese: "Cosa vuoi? L'uomo non rispose, ma rise e si allontanò rapidamente. La donna gridò più volte "Assassino!" e presto allertò il vicinato. Detective e agenti di polizia in uniforme arrivarono da tutto il cortile. Entrarono nella casa dove l'individuo si era ritirato e fu arrestato. Una piccola folla si è formata subito, mostrando una propensione quasi unanime al linciaggio di questo misterioso personaggio, ma la polizia è riuscita fortunatamente a proteggerlo. Preso in custodia alla stazione di polizia di Leman Street, ha giustificato la sua presenza nel cortile dicendo che stava facendo visita a un amico che viveva lì. Ha riferito alla polizia di un onorevole signore dell'ospedale di Londra e alla fine è stato rilasciato.

Poi fu il turno di Kelly. "Un altro orrore a Whitechapel. Una mutilazione più ripugnante che mai", recitava il titolo dell'*Illustrated Police News*, che dedicava l'intera prima pagina alle impressioni di un artista sui fatti relativi all'ultimo omicidio.

Non c'è alcun rapporto sulla morte di Kelly nel fascicolo di Scotland Yard o negli archivi del Ministero dell'Interno. Tutto ciò che i documenti dell'Home Office ci consegnano è una nota scarabocchiata dal sovrintendente Charles Warren, che si limita a ricordare che era stato denunciato un altro omicidio a Whitechapel e che era stato deferito al vice sovrintendente. In quel periodo l'East End era scosso dalla paura e dalla rabbia, e questa isteria si rifletteva sulla stampa. Per avere una visione equilibrata della situazione in questa fase, i giornali devono essere usati con parsimonia: è difficile prestarvi attenzione. Nonostante l'aridità delle tre principali fonti di informazione, esiste un resoconto ufficiale degli eventi legati all'omicidio di Kelly. Il Middlesex County Record Office conserva una serie di documenti inediti: le dichiarazioni originali dei testimoni rese alla polizia la mattina dell'omicidio. Sono tutte (tranne una) scritte a mano dallo stesso Abberline:

Dichiarazione di Thomas Bowyer, 37 Dorset Street, Spitalfields, impiegato da John McCarthy, proprietario di una pensione in Dorset Street.

Ha raccontato che alle 10.45 del 9 novembre è stato mandato dal suo datore di lavoro nella stanza n.° 13, Millers [*sic*] Court, Dorset Street, per riscuotere l'affitto. Bussò alla porta, ma non ricevendo risposta, alzò le tende e guardò attraverso la finestra, che era rotta, e vide il corpo della defunta, che sapeva essere Mary Jane. Vedendo che c'era molto sangue su di lei e che apparentemente era stata uccisa, andò immediatamente a informare il suo capo, il signor McCarthy, che guardò anche lui nella stanza e mandò subito Bowyer alla stazione di polizia di Commercial Street, informando l'ispettore di turno (l'ispettore Beck) che tornò con lui e il suo datore di lavoro che lo aveva accompagnato alla stazione. Conosceva il defunto e anche un uomo, Joe, che aveva occupato la stanza per diversi mesi.

Dichiarazione di John McCarthy, direttore della Pension House, 27 Dorset Street, Spitalfields.

Mandai il mio impiegato, Thomas Bowyer, nella stanza n.° 13, Millers Court, Dorset Street, di mia proprietà, per riscuotere l'affitto. Bowyer tornò e mi chiamò, dicendomi cosa aveva visto. Tornai con lui, guardai attraverso la finestra rotta e vidi il corpo mutilato della defunta, che sapevo essere Mary Jane Kelly. Mi affrettai quindi a portare Bowyer alla stazione di polizia di Commercial Street (seguendolo anche lui) per informare la polizia. L'ispettore di turno tornò con noi sulla scena del crimine a Millers Court. Avevo affittato la stanza circa 10 mesi fa alla defunta e a un uomo di nome Joe, che pensavo fosse suo marito. Era una stanza ammobiliata a quattro scellini a settimana. Volevo reclamare l'affitto perché da un po' di tempo lei non pagava regolarmente. Da allora ho saputo che questo Joe non era suo marito e che l'aveva lasciata di recente.

Dichiarazione di Joseph Barnett, ora residente al 24-25 di New Street, Bishopsgate (una pensione ordinaria).

Faccio il facchino al Billingsgate Market, ma sono disoccupato da tre o quattro mesi. Ho vissuto con Marie Jeanette Kelly che occupava la stanza numero° 13 a Millers Court. Ho vissuto con lei stabilmente per quasi 18 mesi, gli ultimi otto dei quali a Millers Court, fino a martedì scorso (30 ottobre) quando, non guadagnando abbastanza soldi per dargliene e a causa del suo ricorso alla prostituzione, ho deciso di lasciarla, ma ero in buoni rapporti con lei e mi sono fermato a vederla tra le 19 e le 20 di giovedì (8), dicendole che mi dispiaceva molto, che non avevo lavoro e che non potevo darle alcun denaro. L'ho lasciata verso le 20 e quella è stata l'ultima volta che l'ho vista viva.

Quando mi annunciai c'era una donna nel suo appartamento. La defunta mi aveva detto che suo padre, John Kelly, era un caporeparto nell'industria metallurgica e viveva a Carmarthen o Carnarvon; che aveva un fratello di nome Henry che prestava servizio nel 2 Battaglione delle Guardie Scozzesi, anche lui chiamato John dai suoi commilitoni, e credo che il suo reggimento si trovi attualmente in Irlanda. Mi disse anche che si era guadagnata da vivere come prostituta per molto tempo, prima che la togliessi dalla strada, e che se n'era andata di casa quattro anni fa, sposata con un minatore che era rimasto ucciso in un'esplosione. Credo che abbia detto che il nome del marito era Davis o Davies.

Dichiarazione di Mary Ann Cox, stanza n.° 5, Millers Court, Dorset Street, Spitalfields.

Sono una vedova e sfortunata[7]. Conoscevo la donna che occupava la stanza numero° 13 di Millers Court da circa otto mesi. La conoscevo con il nome di Mary Jane. Ieri sera, verso mezzanotte e un quarto, entrando in Dorset Street da Commercial Street, ho visto Mary Jane con un uomo che camminava davanti a me. Hanno girato nel cortile e, mentre io entravo nel cortile, sono entrati in casa sua. Mentre entravano nella sua stanza, ho detto "buonanotte" a Mary Jane. Era molto ubriaca e non riusciva a rispondermi, ma mi disse "buonanotte". L'uomo aveva in mano una pinta di birra. Poco dopo sentii il mio compagno cantare. Uscii poco dopo mezzanotte e tornai verso l'una di notte e lei stava ancora cantando nella sua stanza. Sono uscito di nuovo poco dopo l'una di notte e sono tornato alle 3. A quell'ora non c'era luce. A quell'ora non c'erano luci accese nel suo appartamento, tutto era silenzioso e non ho sentito alcun rumore per tutta la notte.

L'uomo che ho visto doveva avere circa 36 anni, alto circa un metro e mezzo, di carnagione fresca e credo avesse le lentiggini sul viso, basette chiare e baffi folti, indossava abiti scuri e logori, un soprabito nero e un cappello di feltro nero[8].

Mary Jane era vestita, credo, l'ultima sera che l'ho vista, con un cappotto spesso, con il rosso intorno alle spalle, e senza cappello o cuffietta.

La seguente deposizione è l'unica del fascicolo a non essere scritta di pugno da Abberline:

Elizabeth Prater, moglie di William Prater della stanza n.° 20, 27 Dorset Street, dichiara quanto segue.

---

7 È un eufemismo vittoriano per "prostituta".

8 L'uomo baffuto è stato scagionato perché Kelly è stato visto con un altro individuo poco dopo.

Sono uscito verso le 21.00 dell'8 novembre e sono tornato il 9 verso l'1.00, rimanendo in fondo a Millers Court fino all'1.30 circa. Ho parlato brevemente con il signor McCarthy, che ha un negozio all'angolo del cortile. Poi sono andato a letto. Verso le 3.30 o le 4 sono stato svegliato da un piccolo gatto che mi girava intorno al collo e subito dopo ho sentito una voce di donna che gridava due o tre volte di essere uccisa. Non ho prestato molta attenzione alle urla, perché le sento spesso dal retro dell'edificio, dove la finestra dà su Millers Court. Dall'1 all'1.30 nessuno passò per il cortile: se l'avessero fatto, me ne sarei accorto. Alle 5.30 ero di nuovo su e giù nel cortile, ma non vidi nessuno, a parte due o tre valletti che bardavano i loro cavalli in Dorset Street. Andai al *Ten Bells* all'incrocio con Church Street e bevvi un po' di rum. Poi tornai a casa e mi misi di nuovo a letto, senza spogliarmi, e dormii fino alle 11.

Dichiarazione di Caroline Maxwell, 14 Dorset Street, Spitalfields, moglie di Henry Maxwell, dipendente di una pensione.

Sono stato con la defunta negli ultimi quattro mesi. Si faceva chiamare Mary Jane e, da quando Joe Barnett l'aveva lasciata, si era guadagnata da vivere vendendo se stessa. Avevo una certa familiarità con lei, anche se non l'avevo vista per tre settimane, fino a venerdì mattina, 9 novembre, verso le 8.30. Era in piedi all'incrocio tra Millers Courts e Dorset Street. Le chiesi: "Cosa ti fa vomitare così presto al mattino? Mi ha risposto: "Quando bevo da giorni, dopo mi sento male". Le dissi: "Perché non va da Mr. Ringer (il pub all'angolo di Dorset Street chiamato *The Britannia*) e ordina una mezza pinta di birra? Lei rispose: "Ci sono stata e l'ho fatto, ma ho già restituito tutto". Allo stesso tempo indicò del vomito sul marciapiede. Poi sono andato a Bishopsgate per una commissione, prima di tornare a Dorset Street verso le 9 del mattino. Ho visto la defunta fuori dal Ringer's pub. Stava parlando con un uomo, credo di circa 30 anni, alto un metro e mezzo, corpulento, vestito come un facchino. Ero abbastanza lontano e dubito che l'avrei riconosciuto. La defunta indossava un abito nero, un corpetto di velluto nero e una giacca colorata sulle spalle.

Uno degli enigmi del caso è l'affermazione di Maxwell di aver visto Kelly alle 9 del mattino, quando i certificati medici dimostrano che la donna era morta da cinque o sei ore quando il suo corpo è stato trovato alle 10.45. Non è mai stato stabilito se Maxwell mentisse, si sbagliasse o fosse ubriaca. L'unica certezza è che si è sbagliata.

Dichiarazione di Sarah Lewis, n° 24 Great Pearl Street, Spitalfields, lavandaia.

Tra le 2 e le 3 di questa mattina mi sono fermata ai Keylers al n° 2 Millers Court, mentre scambiavo qualche parola con mio marito. Mentre risalivo il cortile, c'era un uomo in piedi dall'altra parte di Dorset Street, di fronte alla pensione, ma non so descriverlo. Poco prima delle quattro ho sentito un urlo che sembrava essere di una giovane donna e non da lontano. Gridava di omicidio. L'ho sentito solo una volta. Non ho guardato fuori dalla finestra. Non conoscevo il defunto.

Sarah Lewis ha inoltre dichiarato che mentre si trovava con un'altra donna a Bethnal Green lo scorso mercoledì sera, un uomo sospetto l'ha avvicinata. Aveva con sé una borsa nera.

Dichiarazione di Julia Venturney.

Occupo la stanza° 1 a Millers Court. Sono vedova, ma attualmente vivo con un uomo di nome Harry Owen. Sono stata sveglia tutta la notte e non riuscivo a dormire. Ho conosciuto la persona nella stanza° 13, di fronte alla mia, quattro mesi fa. Conoscevo l'uomo che ho visto in fondo alle scale (Joe Barnett): lo chiamano Joe, ha vissuto con lei fino a poco tempo fa. L'ho sentito dire che non gli piaceva che lei girasse per strada. Le dava spesso dei soldi. Era molto gentile con lei. Ha detto che non avrebbe vissuto con lei finché lei avesse continuato a vivere come faceva. Di tanto in tanto si ubriacava. Qualche settimana prima aveva rotto una tegola mentre era ubriaca. Mi disse che era attratta da un altro uomo di nome Joe, che l'aveva spesso maltrattata perché viveva con Joe (Barnett). L'ho vista l'ultima volta ieri, giovedì, verso le 10 del mattino.

Dichiarazione di Maria Harvey, 3 New Court, Dorset Street.

Ho dormito con Mary Jane Kelly per due notti, lunedì e martedì scorsi. Poi ho preso una stanza al piano superiore della pensione. L'ho vista per l'ultima volta alle 18.55 circa, nel suo appartamento, quando Barnett si è annunciato. Così me ne sono andato. Sembravano in ottimi rapporti. Ho lasciato nella stanza un soprabito, due camicie di cotone sporche, una camicia da uomo, una sottoveste bianca e un copricapo di crêpe nero. Il cappotto che la polizia mi ha mostrato era quello che avevo lasciato lì.

Le dichiarazioni sono accompagnate da questa nota:

L'ispettore Walter Beck, Divisione H, che è stato chiamato per primo, insieme agli agenti di polizia in servizio, sarà al servizio dell'indagine, così come il sottoscritto che, se necessario, parlerà delle condizioni della stanza, ecc.

[F. G. Abberline, Ispettore.

Marie Kelly fu così orribilmente mutilata da conservare a malapena un aspetto umano. Con la sua morte, Jack lo Squartatore scomparve dalla faccia della terra. Era come se l'assassino solitario, alienato e senza meta che tutti cercavano non fosse mai esistito. Sickert, naturalmente, continuò a sostenere che non era mai esistito.

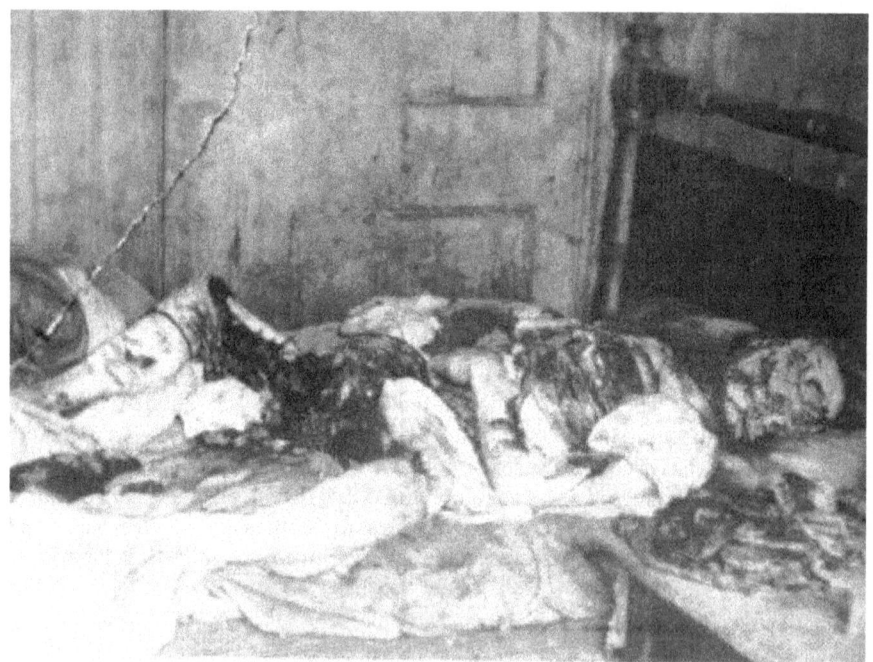

La fotografia di Scotland Yard del corpo mutilato di Marie Kelly a cui fanno riferimento gli appunti di Macnaghten

CAPITOLO V

L'infernale macellaio pazzo

Tra l'inizio di settembre e la settimana successiva alla morte di Kelly, più di 160 persone furono arrestate perché sospettate di essere coinvolte negli omicidi di Whitechapel. Da un'analisi della stampa dell'epoca, sia nazionale che locale, il numero di sospetti nella sola Londra si aggira tra i 130 e i 150. Sebbene le informazioni giornalistiche non facciano sempre il nome degli uomini arrestati, questa cifra è coerente con la moltitudine di verbali di arresto presenti negli archivi di Scotland Yard e può quindi essere considerata attendibile. Nel gennaio 1889, Scotland Yard diramò un'istruzione a tutte le stazioni di polizia dell'area metropolitana, richiedendo che tutti gli arresti relativi agli omicidi di Whitechapel fossero segnalati alla sede centrale. Il fascicolo "Sospetti" è pieno zeppo di suggerimenti particolari e sorprendenti sull'identità di Jack lo Squartatore.

Questi documenti danno davvero l'impressione che la polizia stesse giocando una sorta di gioco. Sicuramente avevano un'idea molto chiara della classe a cui apparteneva l'assassino, anche se non ne conoscevano l'identità. Un sospettato doveva solo dimostrare di non essere un vero e proprio mendicante per essere rilasciato. Tutto ciò che doveva fare per riacquistare la libertà era dimostrare, con soddisfazione degli agenti della stazione, di avere una casa. Non fu mai fornito alcun alibi per le notti degli omicidi e, stranamente, nessuno ne chiese uno. Una storia raccontata in una lettera al *Daily Express* e pubblicata il 16 marzo 1931 fornisce un tipico esempio della strana politica adottata dalla polizia. Sotto il titolo "Ho catturato Jack *lo Squartatore*", l'ex poliziotto di Woodford Green (Essex) Robert Spicer affermava di essere stato in servizio nell'East End circa due ore dopo il duplice omicidio della notte tra il 29 e il 30 settembre. Improvvisamente si imbatté in un uomo seduto con una prostituta su un bidone di mattoni. L'uomo, ben vestito e con una borsa nera, aveva i polsi sporchi di sangue. L'uomo ha eluso le domande di Spicer ed è stato prontamente arrestato. Fiducioso di aver catturato lo Squartatore, l'agente ventiduenne accompagnò il sospettato alla stazione di polizia di Commercial Street. Lì, sotto un sommario interrogatorio da parte di un agente, il sospetto affermò di essere un onorevole medico che viveva a Brixton. Subito dopo aver fornito questa informazione, mai verificata, è stato rilasciato senza che gli venisse chiesto di aprire la borsa. Al sospettato non è stato nemmeno chiesto di spiegare cosa ci facesse un rispettabile medico di Brixton a parlare con una prostituta in un vicolo dell'East End alle 3 del mattino.

Questa misteriosa preoccupazione per l'indirizzo dei sospetti è ben illustrata nei seguenti rapporti tratti dall'archivio "Sospetti". Il primo è stato scritto dall'ispettore D. Fairey della stazione di polizia di Rochester Row:

> Alle 12.40 circa del 21 [novembre], il signor Fanny Drake (Conservative Club), 15 Clerkenwell Green, si presentò alla stazione di Rochester Row e disse di aver messo la polizia sulle tracce dell'assassino di Whitechapel e ora chiedeva di conoscere il risultato. Stava camminando lungo il ponte di Westminster quando si è trovata davanti un uomo che corrispondeva alla descrizione dell'assassino e che, al suo passaggio, le ha sorriso in un modo che lei ricorderà per sempre. Tornò immediatamente sui suoi passi e lo seguì fino alla facciata dell'Abbazia di Westminster, dove, incrociando un ispettore a cavallo, gli indicò l'individuo e poi proseguì verso la stazione di polizia, mentre l'ispettore continuava a seguire e osservare l'uomo. Circa cinque minuti dopo, l'ispettore Walsh ha fatto irruzione dicendo di aver seguito il signore fino all'Army & Navy Stores di Victoria Street, a Westminster, e di essere tornato alla stazione di polizia per vedere la signora. L'uomo è stato interrogato in una stanza dedicata. Subito dopo ha esibito una serie di lettere e biglietti da visita che attestavano che era senza dubbio il signor Douglas Cow, della Cow & Co, India-Rubber Merchants, 70 Cheapside, e 8 Kempshott Road, Streatham Common. Ho immediatamente comunicato questa informazione al mio interlocutore, che si è subito scusato con il signor Cow per avergli causato questo problema, ed entrambi hanno lasciato la stazione.

Questo rapporto manifesta non solo la convinzione radicata che nessun individuo "rispettabile" potesse essere lo Squartatore, ma anche la paura che teneva Londra nelle sue grinfie - una tensione così grande che portò una donna a denunciare un uomo come assassino per aver trasalito sul suo cammino...

La "correttezza" del luogo di residenza di un uomo viene nuovamente considerata un riferimento inattaccabile in un altro rapporto del fascicolo. L'ispettore J. Bird della Divisione "A" ha scritto:

> Ho l'onore di riferire che alle 21.40 del 22 novembre 1888, James Connell - 408 New Cross Road, commerciante di novità e

abbigliamento, età 36 anni, altezza 1,70, carnagione fresca, baffi lunghi e scuri, abbigliamento: abito marrone da cocchiere, mantello con mantellina, calze rosse, scarpe Oxford, cappello di feltro morbido -, un irlandese, è stato portato in questa stazione (Hyde Park) dall'agente 271A Fountain nelle circostanze di seguito elencate. Martha Spencer, del 30 di Sherborne Street, Blandford Square, sposata, ha dichiarato che l'uomo le ha parlato vicino a Marble Arch, che hanno camminato insieme nel parco e che ha iniziato a parlare di "Jack lo Squartatore" e di manicomi dicendo che quando sarebbe stato arrestato si sarebbe senza dubbio dichiarato un pazzo. La donna, allarmata da questa conversazione, lo disse al poliziotto che li scortò alla stazione. Fu quindi inviato un telegramma alla stazione di polizia di Greenwich per informarsi sulla qualità del suo spazio vitale e sulla sua rispettabilità. Dopo aver ricevuto una risposta soddisfacente, gli è stato permesso di andarsene, poiché non era emerso nulla di più sospetto.

Tra tutti i sospetti arrestati, nessuno aveva più probabilità di essere lo Squartatore del macellaio pazzo arrestato a Holloway il 12 settembre, quattro giorni dopo il secondo omicidio. Se il vero Jack lo Squartatore fosse scomparso dopo aver ucciso Chapman, non c'è dubbio che Joseph Isenschmid sarebbe passato alla storia come l'assassino di Whitechapel. Poco noto è il fatto che le peggiori atrocità dello Squartatore furono commesse dopo che Isenschmid fu rinchiuso al sicuro.

Il destino di Isenschmid fu segnato fin dalle prime fasi dell'indagine, quando si diffuse la voce che l'assassino era un uomo soprannominato "Grembiule di pelle". L'ispettore Abberline scrisse nel suo lungo rapporto speciale sull'omicidio Nichols:

> Nel corso delle nostre indagini tra le molte donne della stessa classe della vittima, scoprimmo che c'era un sentimento di terrore nei confronti di un uomo soprannominato "Grembiule di pelle", che da tempo era noto per ricattarle e brutalizzarle se le sue richieste non venivano soddisfatte, anche se non c'erano prove che lo collegassero all'omicidio. Ritenemmo comunque auspicabile trovarlo e interrogarlo sui suoi movimenti notturni, e a tal fine furono effettuate ricerche in tutte le pensioni arredate in diverse zone della metropoli, ma l'individuo era stato messo al corrente dei suoi spostamenti dalla pubblicità fatta dallo *Star* e da altri giornali. È stato scoperto solo il 10 di questo mese [settembre], quando si è stabilito che era stato nascosto dai suoi parenti. Interrogato, è stato in grado di fornire un resoconto soddisfacente delle sue azioni, in modo da dimostrare definitivamente che i sospetti contro di lui erano infondati.

In un rapporto di accompagnamento, l'ispettore Helston riferì che Leather Apron era un uomo di nome John Pizer. Il panico per la voce del Grembiule di Cuoio aveva creato un clima di folle fervore da caccia alle streghe e quando il povero Pizer - un calzolaio la cui casa ospitava cinque coltelli affilati - fu finalmente arrestato e portato alla stazione di polizia di Leman Street per essere interrogato, l'opinione pubblica era così irritata che una grande folla si radunò nella strada poco più avanti, chiedendo la sua vita. Anche dopo averlo scagionato, la polizia non osò rilasciarlo e lo tenne in cella per 24 ore, altrimenti la folla vendicativa lo avrebbe linciato. Timido e nervoso, Pizer fu sufficientemente irritato dall'ingiustizia subita da fare causa a diversi giornali che avevano incautamente affermato che era lui l'assassino al momento dell'arresto. Vinse la causa e gli furono riconosciuti ingenti danni.

Anche quando si diffuse la notizia della sua innocenza, gli abitanti dell'East End indignati non poterono essere soddisfatti. Si erano immersi nel mulino delle voci e non erano disposti a lasciarlo andare. Se Pizer era innocente, non era il Grembiule di Cuoio: questa era la logica contorta della loro caccia. Da qui l'entrata in scena di Isenschmid. Una mondana ambiziosa e loquace, Mrs Fiddymont, proprietaria del pub *Prince Albert* in Brushfield Street, a meno di un quarto di miglio da Hanbury Street, approfittò delle molte voci succose che erano emerse rapidamente dopo l'omicidio di Annie Chapman. Il signor Fiddymont ha raccontato a diversi giornalisti di aver visto uno sconosciuto dall'aspetto orrendo nel suo pub alle 7 del mattino dell'omicidio. Secondo il signor Fiddymont, l'intruso indossava una bombetta marrone, una giacca scura e nessun gilet. Aveva sangue sulla mano destra e sul viso e la camicia era strappata. I suoi occhi, ha sottolineato, erano feroci come quelli di un animale.

Come spesso accadeva, la polizia riuscì a interrogare il signor Fiddymont solo dopo i giornalisti. Ciononostante, la sua testimonianza fu raccolta e, nell'atmosfera tesa della caccia all'assassino, le fu prestata più attenzione di quanto sarebbe avvenuto in un contesto più razionale. Solo tre giorni dopo un rapporto della stazione di polizia di Holloway fu inviato agli agenti di Whitechapel. Non passò molto tempo prima che le invenzioni del signor Fiddymont fossero associate al soggetto di questo rapporto. Tra i 10 rapporti speciali su Chapman conservati negli archivi di Scotland Yard, si legge:

POLIZIA METROPOLITANA

Divisione Y

Jack lo Squartatore, la soluzione finale

Holloway, 11 settembre 1888

Mi è stato chiesto di riferire che alle 22 dell'11 di questo mese Dr Cowan, 10 Landseer Road, e Dr Crabb di Holloway Road si sono recati alla stazione di polizia e hanno dichiarato che Joseph Isenschmid, macellaio e pazzo, inquilino al 60 di Milford Road, ma che ha lasciato il suo alloggio in diverse occasioni e in tempi diversi, potrebbe essere collegato ai recenti omicidi di Whitechapel. In compagnia del Sottoispettore Rose e del Sergente Sealey, del CID [Criminal Investigation Department], mi sono recato al suddetto indirizzo e ho incontrato George Tyler, l'occupante dei locali, il quale ha dichiarato che il 5 settembre alle 21:00 si era imbattuto in Isenschmid in Hornsey Road e Isenschmid gli aveva chiesto se avesse un alloggio per lui.

Lo portò a casa e lasciò l'appartamento il 6 all'1 di notte e tornò alle 21, uscì di nuovo il 7 all'1 di notte e tornò alle 21, uscì di nuovo il 9 alle 6 e tornò alle 18 e rimase nell'edificio per circa 30 minuti. Poi è partito per Tottenham, è tornato all'1 di notte del 10, è ripartito alle 2 di notte, è tornato alle 9 di sera ed è ripartito l'11 all'1 di notte. Da allora non è più tornato.

Mi recai quindi al numero 97 di Duncombe Road per incontrare la moglie, Isenschmid, che disse di non aver visto il marito negli ultimi due mesi, ma che il 9 settembre, in sua assenza, era andato a prendere dei vestiti. Ha aggiunto che era solito portare con sé grossi coltelli da macellaio e che non sapeva come si guadagnasse da vivere. Poiché le sue attività erano sospette, ho ordinato all'agente 376 Cracknell di tenere d'occhio la casa e di portare Isenschmid alla stazione di polizia, se fosse tornato, per interrogarlo. Ho anche ordinato la sorveglianza di 97 Duncombe Road, Upper Holloway. Suggerisco rispettosamente che il CID svolga ulteriori indagini.

Ad oggi, non è disponibile alcuna descrizione dell'individuo sufficientemente accurata da poter essere divulgata.

Jn Styles, Ispettore

La proposta dell'ispettore Style fu accolta e gli agenti del CID si occuparono del caso. In un rapporto del 13 settembre, il sovrintendente ad interim J. West della divisione H (Whitechapel) scrisse:

> [...] nessun altro sviluppo è giunto all'attenzione della polizia, tranne che un uomo è stato preso in custodia alla stazione di polizia di Holloway dopo essere stato denunciato e poi trasferito al manicomio di Fairfield Road, Bow, dopo che è stato stabilito che si trattava di un pazzo

pericoloso. Il sergente Thick ha esaminato i vestiti dell'uomo ma non ha trovato tracce di sangue. Si sta indagando su dove si trovasse l'uomo la sera dell'incidente.

Il nome dell'escluso è Joseph Isenschmid, macellaio di professione, ma fallito circa 12 mesi fa. Il suo arresto è stato motivato dalle informazioni fornite dai dottori Cowan e Crabb di Holloway, la cui attenzione è stata attirata da un uomo di nome Tyler, del 60 di Milford Road, Holloway, che ha affermato che Isenschmid, che era il suo inquilino, era spesso assente da casa sua la mattina presto.

Il sergente William Thick ha indagato e il 17 settembre ha scritto:

Ho l'onore di riferire che sono passato più volte al numero 60 di Milford Road, Upper Holloway, con l'intenzione di interrogare il signor Tyler su dove si trovi Joseph Isenschmid, ma senza successo, e non sono nemmeno riuscito a scoprire dove lavori. Tornando mercoledì ho visto un ragazzo di nome Briggs che mi ha informato che il signor Tyler si era trasferito questa mattina presto, ma non sapeva dove. Questo ragazzo era l'unica persona presente nell'edificio e mi ha detto che diversi signori avevano chiesto di vedere il signor Tyler negli ultimi giorni. Non ha potuto dire altro. Ho visitato il signor Geringher, la persona a cui si fa riferimento nella testimonianza della moglie, che ha detto di non conoscere l'uomo di cui ho parlato e che nessuno era stato nel suo locale - un locale dove si beve - tranne i clienti abituali. Ho fatto accurate ricerche tra i tedeschi che conosco nelle vicinanze, ma non sono riuscito a trovare la minima traccia di un "Isenschmid" noto nelle vicinanze.

Ho contattato il manicomio di Fairfield Road a Bow, dove 'Isenschmid' è tuttora rinchiuso. Ho incontrato l'ufficiale medico capo che mi ha informato che "Isenschmid" gli aveva detto che le ragazze di Holloway lo avevano soprannominato "Grembiule di cuoio" e che lui aveva detto loro scherzosamente "Io sono il Grembiule di cuoio", e supponeva che avessero informato la polizia. Di mestiere faceva il "macellaio", ma era andato in bancarotta. Aveva pochi rapporti con la moglie e l'aveva lasciata. Ora si guadagnava da vivere andando al mercato all'alba, comprando teste di pecora, rognoni e zampe d'agnello, portandoli a casa per vestirli e poi portarli nei ristoranti e nei caffè del West End per venderli, e questo era il motivo per cui si alzava così presto al mattino: era il suo unico modo di guadagnarsi da vivere.

L'ufficiale medico capo avrebbe voluto istruzioni dalla polizia su cosa fare con Isenschmid. Aggiungo che sono in corso ulteriori e minuziose ricerche per rintracciare il signor Tyler e ottenere ulteriori dettagli, così come quelli di qualsiasi altra persona in grado di fornire nuove informazioni sulla posizione di Isenschmid al momento dei vari omicidi.

Il giorno successivo, il 18, l'ispettore Abberline scrisse di Isenschmid. Scrisse:

> Ho il compito di riferire che le indagini sono proseguite, affrontando le varie questioni relative agli omicidi, compreso quello del pazzo che è stato arrestato dalla polizia a Holloway il 12 di questo mese e consegnato alle autorità caritatevoli lo stesso giorno.
>
> Si è presentato come Joseph Isenschmid e la sua occupazione era quella di macellaio. A tutt'oggi è rinchiuso nel manicomio di Bow, Fairfield Road, Bow, e - dal suo aspetto - sembra essere l'uomo visto al pub *Prince Albert's* di Brushfield Street, Spitalfields, con le mani sporche di sangue, alle 7 del mattino dell'omicidio di Annie Chapman. Dr Mickle, ufficiale medico dell'istituto, è stato consultato sulla possibilità di presentare Isenschmid al signor Fiddymont e agli altri testimoni per il riconoscimento. Il medico era dell'opinione che non si potesse infliggere al suo paziente un simile trattamento in questo momento senza arrecargli danno. È stato accertato che nelle ultime settimane l'uomo usciva e rientrava continuamente da casa sua e che quando usciva portava con sé due coltelli da macellaio. In precedenza era stato rinchiuso in un manicomio e, a quanto risulta, a volte era molto violento. Anche se al momento non siamo in grado di ottenere alcuna prova che lo colleghi agli omicidi, sembra essere la persona più probabile che abbia commesso i crimini che sono emersi durante le nostre indagini, e sarà fatto ogni sforzo per rendere conto delle sue azioni nelle date in questione.

In un rapporto speciale della Divisione H del 19 settembre, il sergente Thick annotò la testimonianza della moglie di Isenschmid, forse l'osservazione più accusatoria nei confronti del demente:

> Mi è stato chiesto di riferire che il 12 di questo mese mi sono recato all'Islington Hospice e ho appreso che Joseph Isenschmid era stato trasferito al Fairfield Road Asylum di Bow. Ho poi visto il signor Isenschmid, sua moglie, al 97 di Duncombe Road, Upper Holloway, che ha dichiarato di essere sposata da 21 anni.
>
> Lui era "svizzero" e all'epoca lavorava come macellaio. In seguito aprirono una salumeria al 59 di Elthone Road, Upper Holloway, ma andarono in bancarotta. Il marito cadde in una profonda depressione e si assentò per diversi giorni. Ha trascorso 10 settimane nel manicomio di Colney Hatch ed è stato dimesso a metà dello scorso dicembre. Tornò a casa, presumibilmente sentendosi molto meglio. Ha poi trovato lavoro

come macellaio giornaliero da Mr. Marlett, High Street, Marylebone, e vi è rimasto fino a Pentecoste. Poi se n'è andato e da allora, per quanto ne sa, non ha più fatto nulla. Ha dichiarato di aver lavorato, ma di non aver portato a casa denaro. Per quasi due mesi non ha dormito a casa. Tre o quattro settimane fa è stato trovato in un ostello in Caledonian Road ed è stato arrestato. È stato portato al tribunale di polizia di Clerkenwell, che ha chiesto che venissero svolte indagini su di lui. Alla fine è stato assolto. Poi tornò a casa, si cambiò la biancheria intima e se ne andò. Da allora non l'ho più visto.

Poi ha aggiunto: "Sono andata in campagna a trovare degli amici per una settimana domenica scorsa (1 di questo mese) e sono tornata il lunedì successivo. Ho saputo dalle mie figlie che mio marito era stato a casa e aveva portato con sé alcuni vestiti. Il signor Tyler, di 60 Milford Road, Upper Holloway, si era fatto avanti mentre ero via e mi aveva lasciato un messaggio in cui mi chiedeva di ricontattarlo. Martedì mattina sono andata a casa sua. Non ho visto mio marito. Quando se n'è andato, aveva con sé due enormi coltelli e la sua tenuta da macellaio. Non so cosa ne abbia fatto di tutta quella roba. Non credo che mio marito volesse fare del male a qualcuno, se non a me stessa. Credo che mi avrebbe ucciso se ne avesse avuto la possibilità. È molto affettuoso con le altre donne. Frequentava un locale gestito da un "tedesco" di nome Geringher in Wentworth Street (Whitechapel). Lì è conosciuto come il "macellaio pazzo".

    Questa osservazione su Isenschmid fu presa in considerazione mentre languiva in manicomio. Dr Mickle era pronto, al minimo segnale, a contattare l'ispettore Stilson se avesse saputo qualcosa di incriminante dal pazzo. Le visite di Stilson al manicomio divennero sempre meno frequenti, poiché ognuna si rivelava meno efficace della precedente. Alla fine Jack lo Squartatore colpì ancora e il povero macellaio pazzo di Holloway fu condannato a marcire nella sua cella, annegato nella sua follia.

CAPITOLO VI

Il cellulare

In una lettera a Gladstone (allora Primo Ministro) dal suo ritiro vedovile a Osborne House sull'Isola di Wight, scritta l'11 febbraio 1886, la Regina Vittoria disse: "La Regina non può esprimere a sufficienza la sua *indignazione* per la mostruosa sommossa che ha avuto luogo l'altro giorno a Londra, che ha messo in pericolo la vita dei suoi sudditi ed è stata un *momentaneo* trionfo del socialismo e una vergogna per il capitale.

Si riferiva alla conseguenza non voluta di un raduno di disoccupati - che secondo le stime quell'anno costituivano quasi il 10% della popolazione attiva - a Trafalgar Square l'8 febbraio. Fu il primo e, per certi aspetti, il meno grave di una serie di episodi di violenza che fecero da sfondo sociale al periodo in cui Walter Sickert iniziò la sua improbabile storia.

Abbiamo già spiegato che Sickert frequentava i grandi e gli umili e, secondo le parole di Osbert Sitwell, era amico di "pugili professionisti, fantini, pittori, attori di music-hall, statisti, lavandaie e pescivendole". Sicuramente frequentava quei circoli che potevano accedere discretamente ai pettegolezzi di corte. Sebbene non vi siano prove *documentali* della sua amicizia con la principessa Alexandra, era certamente amico del marito di lei, il principe di Galles. Il pittore era una figura importante nei circoli libertini che Bertie frequentava, e i due si incontravano costantemente in riunioni simili alle feste sfrenate immortalate da Oscar Wilde. Ma questo non basta a rendere vera la nostra storia. Conferisce solo un po' più di credibilità al narratore.

In ogni indagine su un omicidio, il movente è la base su cui si costruisce il caso, a meno che i crimini in questione non siano quelli di un pazzo, e quindi puramente gratuiti. Quest'ultima opzione è stata generalmente ritenuta prevalente per i crimini di Jack lo Squartatore. Sickert, tuttavia, ha sostenuto che c'era un chiaro movente per gli omicidi dell'East End e che i responsabili dei crimini stavano cercando di coprire il comportamento irregolare di un importante membro della famiglia reale. Per una serie di ragioni, l'Inghilterra era in subbuglio, con la rivoluzione apparentemente dietro l'angolo e la monarchia già impopolare. I cospiratori credevano di coprire uno scandalo che avrebbe potuto rovesciare il trono.

Che l'erede apparente della corona avesse un figlio naturale e poi avesse sposato una cattolica analfabeta o meno, la prima cosa essenziale era scoprire se tali fatti potessero essere considerati importanti. C'era davvero una minaccia di rivoluzione? La famiglia reale era così impopolare che molti pensavano che la regalità sarebbe finita con la morte di Vittoria? Queste erano le domande cruciali.

Diverse influenze politiche divergenti culminarono a metà degli anni Ottanta del XIX secolo. Separatamente, sarebbero state senza dubbio imbarazzanti. Combinate insieme, rappresentavano un pericolo concreto per l'ordine costituito.

Il sentimento rivoluzionario stava raggiungendo un nuovo picco. Il malcontento si diffondeva tra la classe operaia mal pagata e la massa crescente di disoccupati. I governi che si sono succeduti sono stati scossi dalla controversia sull'Home Rule, che aveva creato un conflitto civile così brutale in Irlanda che George Earle Buckle, direttore del *Times*, scrisse: "Il contagio dell'anarchia si sta diffondendo in Inghilterra". Gli immigrati europei e asiatici si stavano riversando in tutte le principali città, soprattutto nelle misere aree delle banchine, dove quasi senza eccezione un inglese di passaggio si sarebbe considerato uno straniero nel proprio paese... L'esperimento era senza precedenti e pericoloso. L'orgoglioso patriottismo generato da 800 anni di libertà dalle invasioni straniere era minacciato. Lo spirito sciovinista cantato da Disraeli negli anni Settanta del XIX secolo si era in qualche modo insinuato nel cuore anche dei britannici più modesti. Come gli uomini erano i padroni della terra, così l'Inghilterra doveva dominare gli uomini. Come geloso detentore di un immaginario diritto divino di conquistare e annettere, di governare e portare la luce, l'inglese non aveva mai guardato con più forza alla sua patria come a una cittadella. Quando gli stranieri cominciarono a riversarsi in gran numero nel cuore dei suoi insediamenti, il suo risentimento fu aspro e duraturo. La repulsione non si placava. Tra le diverse razze crebbero il sospetto e la sfiducia reciproci. A causa delle difficoltà linguistiche e della paura dell'integrazione, la situazione portò alla creazione di ghetti impenetrabili. I conflitti razziali divennero comuni. E man mano che ogni comunità si ripiegava su se stessa per paura di omicidi o stupri, l'odio si approfondiva e la violenza aumentava.

La marea montante di un'altra potenza - il socialismo, che era stato soggetto a un costante riflusso e sembrava essersi placato per 30 anni - apparve a metà degli anni Ottanta del XIX secolo per travolgere l'Inghilterra e molte parti d'Europa. Dal 1849, quando Karl Marx si era stabilito a Londra, la patria del pensiero socialista era stata l'Inghilterra. Marx continuò a vivere e a scrivere a Londra fino alla sua morte. Anche se il padre del comunismo morì nel 1883, la sua influenza gli sopravvisse, portata avanti e propagata dalla figlia Eleanor e dal suo buon amico e collaboratore Friedrich Engels. Nel 1885, anno in cui si dice sia nato il principesco figlio illegittimo, il socialismo ricevette un nuovo impulso con la pubblicazione del secondo volume del capolavoro di Marx, *Il Capitale*. Robert Cecil, 3 marchese di Salisbury, primo ministro del Regno Unito all'epoca degli omicidi di Whitechapel e persona indicata da Sickert come il capo della cospirazione, era ben consapevole del pericolo che lui e il suo mondo correvano a causa dei seguaci di Marx. Commentando gli eventi 15 anni dopo, lo storico James Joll ha spiegato:

> Karl Marx profetizzò l'imminente crollo dell'ordine sociale esistente e la completa riorganizzazione della società a favore dei lavoratori. Per gli ammiratori di Marx nel 1900, i giorni di Salisbury e dei suoi simili erano contati.

L'8 febbraio 1886 - *lunedì nero* - una folla inferocita a Trafalgar Square ascoltò i violenti discorsi dei socialisti John Burns e Henry Champion, ma anche del fondatore marxista della Federazione Socialdemocratica, H. M. Hyndman. Dopo che il comizio si è disperso, un gruppo di attivisti, incoraggiati dalla veemenza dei discorsi, ha manifestato a Pall Mall, St James's Street e Piccadilly, proseguendo poi per Mayfair e Hyde Park, rompendo le finestre del Conservative Club, di altri centri politici e di case private. Sventolando bandiere rosse e brandendo trippe e pietre, la folla di 2.000 persone passò all'attacco, saccheggiando e svaligiando negozi. I danni e le perdite furono stimati in 50.000 sterline. A causa di un malinteso, una forza di polizia di riserva si recò a The Mall invece che a Pall Mall. Nel posto giusto, avrebbero potuto almeno calmare i rivoltosi. Due giorni dopo, in una fitta nebbia, si sparse la voce che si stava formando una nuova folla e, temendo il ripetersi di "violenze selvagge" e "vili furti", molti negozianti del West End si barricarono in casa. Non si verificarono incidenti gravi, ma la minaccia di una rivolta nella capitale era così forte che fu convocata una commissione speciale per esaminare la questione. La commissione si riunì per nove giorni, presieduta dallo stesso Ministro degli Interni. A seguito delle sue conclusioni, che facevano riferimento a "gravi mancanze" da parte della polizia, Sir Edmund Henderson, il Commissario generale, dovette dimettersi. Ciò non risolse il problema. Il suo successore, il generale Charles Warren, ricorse a strategie militari nella vana speranza di smorzare la furia della classe operaia che chiedeva giustizia, incitata dagli agitatori socialisti e dai morsi della fame e del freddo a ricorrere all'unica forza che conosceva: la violenza. Warren affrontò i disgraziati con il suo nuovo stile di polizia marziale e li tenne a bada per tutto l'inverno 1886-87, sempre con la minaccia immutata ma inequivocabile che qualsiasi violazione della tregua avrebbe portato immediatamente allo spargimento di sangue. Così i disoccupati cominciarono ad attirare l'attenzione sulla loro situazione con manifestazioni davanti alle parrocchie signorili, esteriormente pacifiche, limitandosi a sventolare cartelli, ma nascondendo un crescente risentimento. Una situazione del genere non poteva continuare.

La stampa iniziò a discutere seriamente della possibilità di una rivolta proletaria e nell'ottobre del 1887 la prospettiva di nuovi disordini sembrava così vicina che Salisbury propose di barricare Trafalgar Square. Warren aveva già vietato i raduni pubblici perché erano diventati punti di raccolta per gli agitatori. Ma un nuovo conflitto scoppiò prima che il piano del Primo Ministro potesse essere messo in atto: il 13 novembre fu la *domenica di sangue*. Quasi 100.000 disoccupati provenienti da tutto il mondo confluirono a Trafalgar Square. Tra loro c'erano Eleanor Marx e i membri della Fabian (socialist) Society, tra cui George Bernard Shaw, la talentuosa oratrice Annie Besant e l'artista e poeta William Morris, autoproclamatosi socialista e rivoluzionario. La folla inferocita, guidata da socialisti e radicali, armata fino ai denti di coltelli, bastoni, pugnali e spranghe di ferro, entrò in piazza, incontrando 4.000 poliziotti. Warren aveva circondato la piazza con 300 Life Guards e altrettanti granatieri, tutti equipaggiati con fucili carichi e baionette. Nella mischia che ne seguì, una persona fu uccisa e oltre 150 ferite. A mezzanotte tutto era tornato alla calma, ma lo scontro aveva danneggiato irreparabilmente i rapporti tra la polizia e il popolo, generando non solo il socialismo ma anche l'anarchia. In *London*, a history of the capital and its people, Felix Barker e Peter Jackson parlano di "tre anni di violenza" per il periodo 1886-1889:

La parentesi iniziò con il rumore dei vetri rotti e delle pietre che infrangevano le vetrine dei club di Pall Mall; si chiuse con il forte grido di vittoria dei portuali dell'East End che ottennero un salario base di 6 penny l'ora. Nei tre anni che intercorsero tra questi due eventi, Londra divenne un tumultuoso campo di battaglia.

L'altro grande ostacolo politico dell'epoca era la lotta sempre più aspra sulla questione della Home Rule per l'Irlanda. Su questo punto, se si crede a un cronista contemporaneo, "l'intero mondo politico era in convulsione". La Home Rule era un argomento scottante fin dal 1885. Quell'anno, a giugno, i liberali di Gladstone furono sconfitti alla Camera dei Comuni dopo cinque anni di dominio, perché i deputati irlandesi votarono con l'opposizione. Questa sconfitta dimostrò per la prima volta l'influenza di un certo Charles Stewart Parnell, leader dei nazionalisti irlandesi. Sebbene avesse solo 85 deputati, deteneva l'equilibrio di potere tra i liberali e i conservatori. Dopo la sconfitta di Gladstone, Lord Salisbury formò un governo conservatore di minoranza, ma sei mesi dopo Gladstone era di nuovo al potere con una maggioranza di 86 seggi sui conservatori. A questo punto il Grand Old Man si era teatralmente convertito all'idea della Home Rule, ma il disegno di legge che presentò di conseguenza, con l'idea di portare avanti la riforma, fu respinto dalla Camera dei Comuni. Gladstone sciolse immediatamente il Parlamento e fece campagna elettorale per le nuove elezioni di metà 1886 proprio sulla questione irlandese. Il risultato fu una vittoria decisiva per i conservatori di Salisbury, che ottennero 316 seggi. I loro alleati per l'Home Rule, gli Unionisti Liberali, ne ottennero 78. I sostenitori di Gladstone ne presero solo 191 e i Parnelliti 85.

La lotta per l'indipendenza irlandese aveva inoculato per alcuni anni paura e violenza negli abitanti di entrambe le sponde del Mare d'Irlanda, con bombardamenti e sparatorie che culminarono infine nell'omicidio a sangue freddo del nuovo Segretario Capo irlandese, Lord Frederick Cavendish, e del suo sottosegretario, Thomas Burke, avvenuto nel 1882 a Phoenix Park, a Dublino. I Feniani, originariamente costituiti per promuovere la rivoluzione e rovesciare il governo inglese in Irlanda, completarono il quadro intonacando edifici e monumenti simbolici a Londra e nelle province. Infine, fecero un audace tentativo di far saltare in aria Scotland Yard! Nel 1884 la minaccia feniana aveva raggiunto proporzioni così allarmanti che fu istituito lo Special Irish Branch, la testa di ponte dello Special Branch, per tenere sotto controllo il problema.

Il mondo perdona i crimini efferati dei suoi protetti e punisce la minima trasgressione di coloro che odia. È giusto dire che il processo funziona solo con grande difficoltà nella direzione opposta. È quindi difficile capire come una figura popolare possa essere così crudelmente derisa per un banale errore di giudizio: Edoardo, principe di Galles, per il chiaramente banale "scandalo" del baccarat reale nel 1891. La risposta più ovvia è che, nonostante i panegirici di molti biografi, *egli non* era popolare. L'Inghilterra prudente e ipocrita della tarda epoca vittoriana difficilmente avrebbe permesso che un banale incidente mettesse un intero Paese contro un principe amato. In realtà, Bertie aveva una cattiva reputazione, che era ancora palpabile poco prima della sua ascesa al trono nel 1901. La nube dell'esecrazione e dell'impopolarità si era sollevata di tanto in tanto nei 40 anni trascorsi dalla sua prima grave caduta di grazia nell'opinione pubblica, ma rimaneva generalmente disprezzato. E, nonostante l'entusiastico riconoscimento delle folle in occasione del giubileo dell'anziana madre, la regina Vittoria, anche lei soffrì di periodi di discredito molto visibili (anche se meno prolungati).

L'affare del baccarat reale portò il principe sul banco dei testimoni di un tribunale pubblico per la seconda volta nella sua vita dissoluta. Fu forse il meno grave dei suoi numerosi errori, ma l'evento ebbe effetti imprevisti e fece sprofondare il suo nome ancora di più nella melma. Infine, durante una visita a Bruxelles nel 1900, un anarchico sparò un colpo di pistola attraverso il finestrino aperto del treno in cui era seduto il Principe. Il proiettile mancò il bersaglio, ma questo tentativo di assassinio fu il compimento di ciò che molti avevano meditato per molti anni con malizia voodoo. Fu il culmine del risentimento popolare e la logica conseguenza di diverse precedenti dimostrazioni di antipatia, come quella contro di lui quando visitò Cork con la Principessa Alexandra nel 1885. La folla fischiò e fischiò la coppia, lanciandole anche delle cipolle. La sua cattiva reputazione si diffuse oltre i confini britannici e nel 1898 fu fischiato e caricaturizzato senza pietà durante un viaggio a Parigi.

Il grado di impopolarità del Principe può essere valutato proprio dallo scandalo del baccarat reale e dalle sue conseguenze. Nel settembre 1890, il Principe si trovava con altri ospiti a Tranby Croft, la casa di campagna nello Yorkshire del suo amico Arthur Wilson, un ricco armatore. Durante una partita a baccarat, alcuni ospiti notarono che uno dei giocatori, Sir William Gordon-Cumming, stava barando. La sera successiva osservarono più da vicino il suo gioco per confermare i loro sospetti e poi riferirono al Principe ciò che avevano visto. Stupidamente, il principe costrinse l'imbroglione a firmare un impegno in base al quale, poiché aveva barato, avrebbe rinunciato per sempre al gioco. Gordon-Cumming accettò in cambio della promessa che l'incidente sarebbe stato dimenticato. Purtroppo, il segreto fu condiviso da troppi testimoni e uno degli ospiti lo tradì. La società sociale si accanì su questo miserabile cancan con la consueta avidità. Con la reputazione così pubblicamente macchiata, Gordon-Cumming citò in giudizio per diffamazione il signor Arthur Wilson e gli altri ospiti che lo avevano accusato di imbroglio. Nelle udienze che seguirono, il Principe di Galles fu trattato con il minimo rispetto e, sebbene Gordon-Cumming avesse perso la causa, fu fischiato dalla folla all'uscita dal tribunale. Nella sua biografia della Principessa Alexandra, Georgina Battiscombe cita un cocchiere che parla di Bertie dopo l'"affare del baccarat". Le sue parole, dice, riflettono il sentimento della maggior parte della gente comune: "Dio non permetterà mai che un uomo così vizioso salga al trono".

L'accusa aveva stabilito che il Principe incoraggiava abitualmente il gioco illegale del baccarat, che aveva deciso che Gordon-Cumming era un baro sulla base di prove inconsistenti e che aveva reagito male non riferendo immediatamente l'accusa al capo dello staff di Gordon-Cumming invece di occuparsi personalmente della questione, in modo sommario. Non si tratta di accuse piacevoli, ma nemmeno l'immaginazione più fertile potrebbe accettare che si tratti delle azioni di un uomo *vizioso* a cui Dio non avrebbe mai permesso di salire al trono. Un'accusa così pubblica probabilmente non sarebbe mai stata fatta se il Principe fosse stato anche solo vagamente popolare.

Un'osservazione fatta durante il processo da Sir Edward Clarke, avvocato di Gordon-Cumming, fornisce un interessante supporto all'affermazione di Sickert secondo cui la monarchia era pericolosamente indebolita. Nel sostenere che il principe aveva messo a tacere le accuse iniziali contro Gordon-Cumming per salvaguardare il proprio onore, Clarke afferma che c'erano stati altri esempi di individui pronti "a sacrificarsi per sostenere *un trono vacillante o per mantenere una dinastia al collasso*" (corsivo mio). Queste parole significano semplicemente che la dinastia del principe era traballante e in una posizione precaria. Un avvocato dell'indubbio talento di Clarke non avrebbe abbellito le sue argomentazioni con fatti assurdi o insignificanti: c'era qualcosa che non andava in Inghilterra. Bertie scrisse in seguito che a causa di Tranby Croft fu esposto a "commenti sprezzanti... non solo da parte della stampa, ma anche da parte della Chiesa bassa e ancor più dai non conformisti".

La sua reputazione aveva già subito un colpo nel 1869, quando apparve in tribunale nella causa di divorzio Mordaunt. In *Clarence*, una biografia di Eddy, Michael Harrison ha scritto:

> Il Principe di Galles era solito frequentare giovani donne sposate e trascorrere molto tempo da solo con loro, dopo che ai loro camerieri era stato ordinato di non disturbare il *tête-à-tête*. A rendere ancora più evidente la sua indiscrezione era il fatto che Sua Altezza Reale trascurava di stringere qualsiasi legame con i mariti di queste signore, o di esprimere anche solo il desiderio di conoscerli.

Nell'affare Mordaunt, il Principe fu nominato come uno degli amanti di Lady Mordaunt dopo che lei aveva annunciato in silenzio che il figlio appena nato non era di suo marito, ma di Lord Cole. Cole era solo uno di un gruppo di debosciati benestanti con cui la poco etica Lady Mordaunt si divertiva. Sebbene il Principe fosse stato trattato con la massima cortesia in tribunale e avesse negato qualsiasi familiarità colpevole con la signora, e sebbene in questa occasione fosse stato acclamato all'uscita dal tribunale del divorzio, i primi gravi colpi erano stati inferti alla sua reputazione. La stampa popolare mise presto in dubbio la sua idoneità a diventare re e l'opinione pubblica gli si rivoltò contro. La principessa Alexandra era ancora molto popolare tra il popolo e la reputazione del suo Bertie ne avrebbe risentito. La privacy non esiste per la maggior parte delle persone nate con un cucchiaio d'argento in bocca, soprattutto quando quella posata ha una criniera di leone e un unicorno. Ben presto fu chiaro a Bertie che non poteva nascondere le sue infedeltà. I suoi affari divennero presto oggetto di pettegolezzi a livello nazionale, come lui stesso si aspettava. Ma ciò che non poteva prevedere era l'intensità della reazione popolare. Il britannico, segretamente sentimentale, aveva visto Alexandra alle corde e capiva il suo dolore. Così, una sera, quando apparve nel palco reale del teatro dell'opera, il pubblico batté i piedi e applaudì. Quando, pochi istanti dopo, apparve Bertie, fu fischiato.

Agli occhi del Paese, sembrava che la ricerca del piacere e la dissolutezza spudorata fossero gli unici obiettivi della vita del principe. Deridere un erede apparente degenerato divenne il passatempo preferito dei farisei ipocriti dei saloni di ricevimento e dei seguaci della stampa scandalistica - una pratica resa doppiamente esilarante dalla doppia morale e dall'autocritica che riassumevano l'epoca vittoriana. Una pubblicazione raccoglieva le bugie più disgustose sull'immoralità del Principe provenienti dalla malavita parigina e londinese, per poi presentarle sotto forma di un pastiche degli *Idilli del Re* di Tennyson, con un titolo delicatamente offensivo: *The Coming K-* [The Next R...].

Ma un altro scandalo di divorzio scoppiò nel 1876. Questa volta sembra che il Principe di Galles abbia giocato, insolitamente, un ruolo quasi innocente: la sua unica colpa fu quella di scrivere alcune lettere incriminanti a Lady Aylesford, ripudiata dal marito a causa del suo adulterio con Lord Blandford, fratello maggiore di Lord Randolph Churchill. Churchill ereditò un pacchetto di lettere scritte dal Principe a Lady Aylesford che Lord Randolph descrisse come "di carattere estremamente incriminante", aggiungendo che se pubblicate avrebbero fatto sì che il Principe "non si sarebbe mai seduto sul trono d'Inghilterra". Di conseguenza, il Principe sfidò Churchill a duello, che fu bruscamente rifiutato.

Nel 1888, l'anno degli omicidi di Jack lo Squartatore, il nome del Principe di Galles fu talmente diffamato che persino suo nipote, l'Imperatore di Germania, minacciò di annullare una visita in Austria finché il Principe, che soggiornava a Vienna, non fosse partito.

Nonostante il bagliore di gloria di cui sembrava godere la Regina Vittoria in occasione del suo Giubileo d'Oro, anche lei soffrì di impopolarità per la maggior parte del suo regno. Nei primi anni fu fischiata in pubblico, anche durante una visita ad Ascot, e ci furono sette tentativi di porre fine alla sua vita. In un caso fu colpita alla testa e fatta svenire da un tenente in pensione del 10 reggimento degli ussari.

Il lutto ossessivo che la colpì dopo la morte del marito Albert nel 1861 contribuì a peggiorare la sua popolarità. Il popolo era irritato dal suo prolungato isolamento e scandalizzato dal suo ostinato rifiuto di partecipare a eventi pubblici. Una campagna contro il suo letargo sociale portò infine a una crisi della monarchia. Sir Henry Ponsonby, suo segretario privato, dichiarò nel 1871 che, se Vittoria fosse stata un uomo, avrebbe abdicato. Il risentimento per la sua reclusione si diffuse rapidamente e lei fu accusata in un pamphlet intitolato *What Does She Do With It?* [di aver risparmiato 200.000 sterline all'anno dalle sue indennità costituzionali. L'accusa riuscì a mettere contro di lei la maggioranza delle classi lavoratrici. Non potevano certo rispettare una regina avara. Gli eventi giunsero al culmine quando il *Reynolds' Newspaper* riferì che la sovrana stava pensando di abdicare. L'idea era infondata, ma alla fine rese pubblico il fatto che l'abdicazione sembrava essere l'unica opzione. Il 6 novembre 1871, Vittoria fu aspramente attaccata da Sir Charles Dilke, un deputato radicale che, riferendosi al suo isolamento, la accusò di negligenza. Esortò il pubblico a deporre Vittoria, ad abolire la monarchia e ad instaurare una repubblica. Questo era esattamente il genere di cose che potevano momentaneamente far deviare la Regina dal suo fermo proposito di vivere a suo piacimento.

Custodiva gelosamente la sua sovranità e la paura della rivoluzione la perseguitò per tutta la vita. Fin dalla metà degli anni Sessanta del XIX secolo, la Regina era stata profondamente consapevole della possibilità di quella che definiva "una nuova Rivoluzione francese" in Inghilterra, a causa dell'ampio divario tra le classi superiori e quelle inferiori. Ma continuò a condurre una vita da eremita e nel 1872 ci fu un sesto tentativo di assassinarla. Dopo il settimo e ultimo tentativo di regicidio nel 1882, la popolarità della regina aumentò notevolmente. Sembrava che solo lei fosse riuscita a consolidare la monarchia, ponendola su basi più solide. Ma con il Principe di Galles vicino alla scena, non c'era speranza in tutta l'Inghilterra di tirare fuori dal fango il nome della famiglia reale. A metà degli anni Ottanta del XIX secolo, la dinastia - e il principe Eddy in particolare - avevano un nuovo nemico: Henry Labouchère, direttore della rivista *Truth*. Egli odiava la monarchia e Eddy in particolare. Si oppose energicamente alla concessione di un assegno ufficiale ai figli del Principe di Galles e tormentò senza pietà la famiglia reale, sia i suoi membri che il suo ruolo istituzionale, nelle pagine satiriche del suo settimanale.

La valutazione di Sickert sul significato del comportamento di Eddy non sembrava avere il vantaggio della verità fin dall'inizio. Quel bagliore era stato offuscato dalla storia oscura del padre di Eddy. Se il Principe di Galles era già corrotto, di cos'altro potevano essere accusate le teste coronate? Guardando al contesto sociale e politico, tuttavia, si può notare che proprio a causa della leggendaria immoralità del padre, la condotta di Eddy era estremamente importante: egli era un faro di speranza per un futuro migliore. Se fosse stato coinvolto in un caso come quello citato da Sickert, sarebbe stata l'ultima goccia. Gli ostinati nemici della corona, tra cui Dilke e Labouchère, avrebbero certamente cospirato - e probabilmente ci sarebbero riusciti - per far crollare otto secoli di regalità britannica.

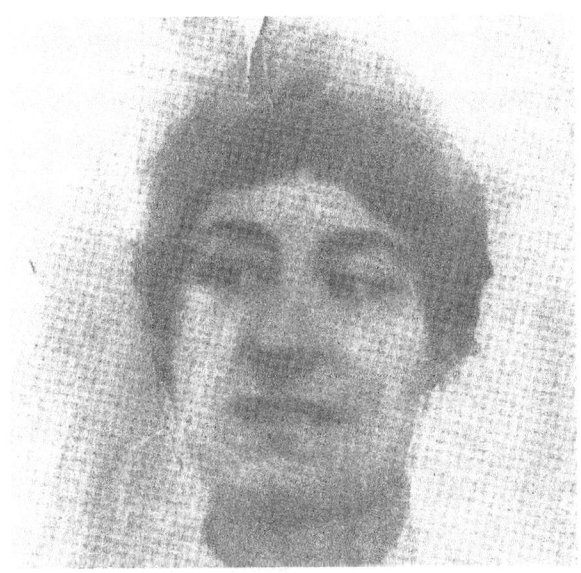

Annie Elizabeth Crook circa 1886

Un aspetto del movente non è stato ancora esaminato: l'apparente minaccia del cattolicesimo e il pericolo associato di un matrimonio tra il principe Eddy e una cattolica. I rischi costituzionali posti dalla presunta alleanza tra Eddy e Annie Elizabeth Crook possono essere valutati con precisione. Nel 1890, infatti, fu sollevata la questione del matrimonio ufficiale di Eddy e scoppiò una crisi quando egli scelse come sposa la principessa Helene d'Orléans, figlia del conte di Parigi, che, con sgomento della maggioranza, era cattolica.

Un odio feroce e irrazionale era ancora all'opera nelle menti di molti protestanti inglesi, anche nei primi anni del XXI SECOLO, e il grido "Abbasso il Papismo!" si poteva sentire ancora negli anni 1880 e 1890. Ancora nel 1850, a Londra si tennero manifestazioni anticattoliche, l'effigie del cardinale Wiseman fu bruciata nelle strade di Bethnal Green e la folla lanciò violenti insulti al Papa, spaccò le vetrate delle chiese cattoliche e aggredì i sacerdoti. La Chiesa d'Inghilterra dominava il Paese e qualsiasi deviazione dal protestantesimo era vista con grande sospetto. Pochi anni dopo gli episodi di Bethnal Green, un vicario anglicano nell'East London fu bersagliato di pudding per aver fatto un passo in direzione di Roma mettendo candele sul suo altare e vestendo i suoi giovani coristi con la cotta. Anche nel 1910, Edoardo VII fu duramente criticato dalla stampa per aver partecipato a una funzione nella chiesa cattolica di St James a West London (Spanish Place).

Per l'*establishment*, il coinvolgimento di Eddy con una cattolica era una delle cose peggiori che potessero accadere negli anni Ottanta del XIX secolo. Sulla questione del suo possibile matrimonio con Helen nel 1890, la regina Vittoria scrisse una lettera energica per dissuaderlo dal progetto. Il suo matrimonio con una cattolica, annunciò, avrebbe avuto "il *peggior effetto possibile*". In un momento così travagliato, in cui il trono era già in pericolo, questo brusco avvertimento poteva significare solo una cosa: Vittoria prevedeva una rivolta che avrebbe messo fine alla monarchia.

Anche Lord Salisbury era sconvolto da questa possibilità. Secondo Sir Philip Magnus nel suo *King Edward the Seventh*, l'opinione di Salisbury su questo punto era inequivocabile. Alla domanda del Principe di Galles se fosse possibile per Eddy sposare Helen e per lei rimanere cattolica, Salisbury avvertì che "l'ira delle classi medie e basse avrebbe potuto mettere in pericolo la corona se avessero saputo che la cosa era stata conclusa o anche solo contemplata".

È stato suggerito che i principali oppositori della tesi di Sickert fossero il Royal Marriages Act e l'Act of Settlement, ancora in vigore all'epoca in cui Eddy avrebbe sposato Annie Elizabeth Crook. Donald Rumbelow sottolinea nel suo *Complete Jack the Ripper* che, secondo il Royal Marriages Act, il matrimonio di Eddy con Annie Elizabeth non sarebbe stato considerato illegale perché aveva meno di 25 anni al momento del matrimonio e si era sposato senza il consenso della Regina. L'Act of Settlement escludeva dalla successione alla corona chiunque avesse sposato una cattolica. Tutto questo è vero, ma che il matrimonio di Eddy con Annie Elizabeth fosse legalmente valido o meno non cambierebbe la reazione popolare all'annuncio di tale alleanza. Salisbury e Lord Halsbury, il Lord Cancelliere, erano ovviamente a conoscenza di queste due leggi quando, secondo Magnus, fecero un resoconto accurato delle conseguenze politiche e legali del fidanzamento di Eddy con Helen - ma Salisbury prevedeva comunque una rivoluzione come risultato del matrimonio menzionato.

Nella sua lettera a Eddy, Victoria gli dice che un'unione con un cattolico significherebbe la perdita di tutti i suoi diritti. A. Il nipote di Salisbury, A.J. Balfour, deputato conservatore, pur comprendendo la trama romantica, scrisse: "Dovremo affrontare una grande quantità di problemi a causa di tutto questo".

Quando il Principe di Galles volle vedere il Papa nel 1903, il Gabinetto spiegò che una visita del genere avrebbe potuto causare grande preoccupazione tra i protestanti, che vedevano ancora Roma come una minaccia.

"È assurdo", ha scritto Balfour. "Ma anche le persone con cui abbiamo a che fare sono assurde!

L'opinione di Balfour riassume la debolezza dell'argomentazione di Rumbelow: la legge sembrava essere una garanzia contro l'irresponsabilità di Eddy, ma la stessa legge non poteva controllare le emozioni irrazionali delle classi medie e basse.

Se Eddy non solo avesse sposato una donna cattolica, ma avesse anche dato alla luce un figlio - un figlio concepito fuori dal matrimonio - è facile capire come Salisbury e la famiglia reale avrebbero considerato la questione come cruciale. Con Vittoria, scrive Elizabeth Longford, "nel suo stato nervoso, ogni notizia sgradita assumeva proporzioni considerevoli".

Se il comportamento di Eddy non era sufficiente a provocare il caos, Salisbury non poteva essere biasimato per aver creduto il contrario. Se il racconto di Sickert di una nascita e di un matrimonio segreti si rivelasse vero, sarebbe del tutto credibile che Salisbury avesse cercato di insabbiare il tutto rinchiudendo Annie Elizabeth Crook in manicomio. Ma farla sparire avrebbe solo peggiorato il problema, perché Sickert dice che Mary Kelly iniziò a raccontare ciò che sapeva. Se così fosse, Salisbury non avrebbe più dovuto coprire solo lo scandalo originale, ma anche il trattamento brutale riservato all'amante di Eddy.

Le circostanze confermano il dramma di Sickert e la scena è pronta. Non resta che verificare che il sipario sia stato alzato.

CAPITOLO VII

Via Cleveland

Cleveland Street è una strada lunga e stretta che corre all'incirca da nord-ovest a sud-est tra Euston Road e Goodge Street. Un intero gruppo di edifici è stato demolito dai tempi di Jack lo Squartatore e il suo sito è ora occupato da un Middlesex Hospital generosamente ampliato, il cui predecessore del XIX SECOLO in Cleveland Street era già consistente, ma molto più piccolo. A parte questo cambiamento, la strada è rimasta com'era un tempo, dominata da cupi edifici a tre piani, la maggior parte dei quali con negozi o uffici al piano terra.

Quando guardiamo a Cleveland Street e agli eventi che Sickert sostiene si siano svolti lì, il pittore inizia a guadagnare credibilità. Molte delle sue affermazioni diventano fatti verosimili e ci sono diversi elementi secondari che suggeriscono che non poteva mentire.

Tra tutte le domande che richiedevano una prima risposta, ce n'era una di primaria importanza: i personaggi principali della storia di Sickert esistevano davvero? Era stato Sickert a descrivere gli attori della commedia e, se il suo racconto era falso, era più che probabile che anche i protagonisti meno noti della sua storia fossero inventati. Certo, il principe Eddy, il primo ministro e Sir William Gull erano reali, ma John Netley, Annie Elizabeth Crook e sua figlia Alice Margaret appartenevano a un altro mondo. Il capitolo XII riferirà della nostra ricerca su Netley, quindi in questa sede diremo solo il minimo indispensabile su di lui. In questa fase dell'indagine, le nostre due umili signore sono di grande importanza: si suppone che il loro comportamento o, nel caso della bambina, la loro stessa esistenza abbia innescato una spaventosa reazione a catena.

La lista elettorale di Cleveland Street del 1880 non riporta alcun nome di interesse. Ciò non sorprende, dal momento che Annie Crook, essendo una donna, non aveva diritto di voto e l'unico altro abitante di interesse, Sickert, aveva così tanti appartamenti a Londra che non aveva interesse a dichiarare il suo domicilio a Cleveland Street. Robert Emmons, nel suo *Life and Opinions of Walter Richard Sickert*, afferma che il pittore si preoccupava poco delle questioni finanziarie e si comportava con una generosità quasi sconsiderata. Secondo Marjorie Lilly, egli pensava raramente al denaro fino a quando non diventava scarso. Questo implica due cose... Considerando il denaro solo come una formalità, era ancora più sprezzante nei confronti dei requisiti dichiarativi della burocrazia - ad esempio, la compilazione di moduli. In secondo luogo, raramente aveva molto denaro da parte e, quando lo finiva (cosa che accadeva spesso nei primi tempi), rimanere non registrato ed evasivo era un aiuto se una notte doveva scappare senza pagare l'affitto.

L'elenco postale di Londra, dal 1885 al 1888, non è più utile per verificare i fatti. Ciò che conferma, tuttavia, è che l'aria di "comunità" nella zona descritta da Sickert era accurata. C'erano negozianti a bizzeffe: Henry Fletcher, fruttivendolo; Henry Mowbray, parrucchiere; Isaac Lyons, drappeggiatore; George Endersby, libraio; Mrs Sarah Winslow, venditrice di articoli marini - e così via in un flusso apparentemente infinito, tutti commercianti nella stessa stretta strada. In un'epoca in cui l'artigianato era parte integrante del sistema sociale, c'era sempre posto per Thomas Walter Cadwallader, fabbro, e William Leader, ombrellaio. C'erano anche seggiolai, calzolai, ebanisti, carrozzieri, intagliatori, sellai, cappellai, rilegatori, incisori, venditori di oro, lucidatori francesi e artigiani di ogni tipo. Chiunque può capire a colpo d'occhio che questo quartiere era perfettamente adatto a un giovane artista. Alla vista dei suoi appartamenti al n° 15: un disegnatore, un colorista d'artista e, poco più avanti, Henry Landsbert, un mercante d'arte. Non c'è luogo a Londra in cui Sickert avrebbe potuto avere uno studio. Per molti anni fu il centro preferito dai giovani artisti per iniziare la loro carriera. Come ha ricordato William Gaunt in *The Pre-Raphaelite Tragedy*, Holman Hunt aveva i suoi studi in Cleveland Street ed era il luogo di nascita e la scuola materna della famosa Confraternita dei Preraffaelliti, di cui facevano parte Millais, i Rossetti, Ford Madox Brown e lo stesso Hunt.

Cleveland Street era disseminata di caffè, come quello di Henry Lindner e di Mrs Ann Storey, dove gli uomini del "villaggio" potevano dimenticare le loro mogli e le preoccupazioni o le fatiche della giornata e, secondo una tradizione secolare, ancora portata avanti dalla popolazione maschile francese, incontrarsi per una lunga e spesso vivace chiacchierata all'ora di pranzo. La sera, un analogo relax poteva essere riproposto, in modo più piacevole, davanti a una pinta di birra al *The George and Dragon*, al *The City of Hereford* o al *The Crown*.

Ma non sembrava esserci traccia del seminterrato all'indirizzo° 6 della nostra commessa di tabaccheria, finché Karen de Groot - ricercatrice della BBC - non ha indirizzato le sue indagini verso i registri fiscali dei due distretti attraverso i quali passa Cleveland Street: Marylebone e St Pancras. Il registro del 1888 di questa strada riporta:

> Numero 6 Elizabeth Cook (seminterrato).

Ci siamo quasi. Sickert ha detto che il seminterrato di° 6 era abitato da Annie Elizabeth Crook. Il documento riporta il nome di Elizabeth *Cook*. Ciò è coerente con la storia di Sickert, poiché il cognome di Annie veniva spesso cambiato in Cook. La sua esistenza è stata definitivamente accertata quando è stata trovata un'altra prova: il certificato di nascita di sua figlia. Questo certificato è stato ottenuto dalla Somerset House per verificare le affermazioni di base di Sickert, ossia:

1. Annie Elizabeth Crook era l'assistente di un tabaccaio di Cleveland Street nel 1880.

2. Nell'aprile del 1885 diede alla luce un figlio illegittimo.

3. Il parto è avvenuto nel Marylebone Hospice.

4. Il padre del bambino era il principe Eddy.

5. Il nome della bambina era Alice Margaret Crook.

Il certificato di nascita conferma quattro di questi cinque punti. Datato 18 aprile 1885, riporta :

> Genere: femmina
>
> Nome: Alice Margaret Crook
>
> Luogo di nascita: Marylebone Hospice
>
> Nome della madre: Annie Elizabeth Crook, assistente di produzione, Cleveland Street
>
> Nome del padre: nessuno
>
> Occupazione del padre: nessuna

Il certificato di nascita reca una croce sotto la quale si legge: "Firma di Annie Elizabeth Crook, madre, 6 Cleveland Street, Fitzroy Square". L'indirizzo dimostra che la Elizabeth Cook dell'Ufficio delle imposte e la Annie Elizabeth Crook erano la stessa persona. E la croce conferma un altro elemento del racconto di Sickert: Annie era analfabeta.

Certificato di nascita di Alice Margaret Crook

Tre anni dopo la nascita di Alice Margaret, nell'aprile del 1888, fu organizzata una retata della polizia a Cleveland Street e, secondo Sickert, Eddy e Annie Elizabeth furono portati via. Annie fu dichiarata pazza e trascorse 156 giorni al Guy's Hospital. Credeva che fosse stata sottoposta a una sorta di operazione per rimuovere i ricordi degli eventi di Cleveland Street, perché quando la vide una o due volte in seguito, era una persona diversa che non lo riconosceva più. Pensava che fosse stato Sir William Gull in persona a eseguire l'operazione, che non solo aveva alterato la sua memoria, ma l'aveva resa epilettica. Dopo il Guy's Hospital, trascorse mesi rinchiusa in vari ospizi e alla fine, quando ci si rese conto che non aveva più ricordi incriminanti, fu rilasciata: un relitto innocuo, distrutto nel corpo e nello spirito, abbandonato per le strade da cui era stata strappata da poco quando era ancora una giovane donna bella e perfettamente normale. Ma non era in grado di mantenersi e nemmeno di sopravvivere da sola. Dopo mesi di vagabondaggio da un ospizio all'altro alla confusa ricerca di un rifugio, fu infine nuovamente arrestata e rinchiusa per il resto della sua vita in prigioni, ospedali e ospizi. Morì nel 1920 al 367 di Fulham Road. Ormai era irrimediabilmente pazza.

Il Guy's Hospital dispone di registri di pazienti per il XIX secolo, ma sono incompleti. Manca il registro dei pazienti del 1888, quindi è difficile verificare che Annie Elizabeth sia stata internata lì come dice Sickert. Esistono tuttavia prove indipendenti che rendono almeno credibile la sua storia. Sir William Gull ebbe stretti legami con il Guy's Hospital per tutta la sua vita e, cosa più interessante, fu un tempo responsabile di un manicomio per 20 donne pazze all'interno dell'istituto. Secondo Michael Harrison, la semplice presenza di Gull nell'entourage reale deve essere spiegata perché, più che essere un esperto di malattie in generale, era specializzato in paraplegia, problemi al midollo spinale e ascessi cerebrali. Questa specializzazione e la sua collaborazione con il manicomio femminile del Guy's Hospital non solo sono coerenti con la storia dell'internamento di Annie Elizabeth, ma supportano anche l'affermazione di Sickert secondo cui egli aveva ripetutamente reso servizi preziosi nel neutralizzare i piantagrane, facendoli passare per pazzi. Non solo era in grado di eseguire operazioni come quella che Sickert sostiene sia stata subita da Annie Elizabeth, ma aveva anche il giusto background per farlo.

Per quanto riguarda i suoi spostamenti dopo aver lasciato il Guy's Hospital, Alan Neate, curatore del Greater London Record Office[9], è stato di grande aiuto. Sfogliando le centinaia di registri in suo possesso, ha trovato documenti sparsi ma utili sui suoi spostamenti tra il 1885 e la sua morte. La prima menzione del suo nome si trova nei documenti del St Marylebone's Hospice, da cui risulta che entrò nell'istituto il 18 aprile 1885 (il giorno in cui nacque sua figlia) e ne uscì il 5 maggio.

Non si trovano altri riferimenti ad Annie Elizabeth fino al 22 gennaio 1889, quando trascorre un solo giorno al St Giles' Hospice di Endell Street (High Holborn). Il suo nome non viene più menzionato fino al 1903, quando divenne una residente permanente delle istituzioni sotto la cura del St Pancras Board of Guardians. Il signor Neate compila un resoconto esatto dei suoi spostamenti tra il febbraio 1903 e il marzo 1913, con solo qualche mese mancante qua e là. In questo decennio fu un'assidua frequentatrice di ospizi e ospedali, come confermano i registri di cui sopra:

18/04/1885-06/05/1885 Ospizio di St Marylebone

22/01/1889 (un giorno) Ospizio St Giles, Endell Street

07/02/1903-23/02/1903 Ospizio di St Pancras

---

9 Oggi è l'Archivio Metropolitano di Londra.

12/03/1903-27/03/1903 Ospizio di St Pancras

28/10/1903-13/11/1903 Ospedale St Pancras

13/11/1903-13/05/1904 Ospizio di St Pancras

13/05/1904-11/11/1904 Ospedale di Highgate

11/11/1904-14/11/1904 Ospizio di St Pancras

Il 14 novembre 1904 fu trasferita dal St Pancras Hospice al Poland Street Hospice e da allora fu membro del Westminster Board of Guardians' St James' Parish[10] :

14/11/1904-07/08/1906 Ospizio di Poland Street

11/11/1906-03/04/1907 Ospizio di via Polonia

03/04/1907-11/06/1907 Dispensario di Cleveland Street

11/06/1907-31/10/1907 Dispensario di Hendon (Colindale)

31/10/1907-12/03/1913 Dispensario di Cleveland Street

12/03/1913-? Dispensario di Hendon

19/02/1920-23/02/1920 Ospizio di Fulham Road

Dopo questo fortuito ritorno a Cleveland Street e aver trascorso cinque anni e mezzo in ospedale - la sua più lunga permanenza in un solo luogo - fu ricoverata all'Hendon Dispensary nel marzo 1913, dopodiché non si hanno più tracce di lei. Il suo nome ricompare nei registri del Fulham Road Hospice nel 1920, quattro giorni prima della sua morte. Morì nell'ospedale adiacente all'ospizio. La sua ubicazione, come indicato da Sickert, era al 367 di Fulham Road.

Alla fine erano stati portati alla luce alcuni elementi di fatto, ma erano sufficienti a dimostrare la veridicità della storia di Sickert? Certamente aveva ragione ad averla inserita in vari istituti per la

---

10 Che significa: "Ufficio dei Guardiani di Westminster".

maggior parte della sua vita, e non si era sbagliato sul luogo della sua morte. Ma era difficile immaginare che una persona confinata come pazza potesse rimanere negli ospizi. La mia conoscenza di queste istituzioni era vaga. Sapevo che, in base alle vecchie leggi inglesi sul pauperismo, c'era un ospizio in ogni parrocchia, dove gli indigenti, i vagabondi e gli oziosi venivano messi a lavorare, nutriti e vestiti - questo era chiamato *soccorso pubblico*. Quello che non sapevo è che alcuni ospizi erano usati come luoghi di internamento per furfanti e vagabondi. Mgr Atterbury (1662-1732) ha scritto:

> Avete mai sofferto a causa di vagabondi e ladri? Allora stimate e promuovete le associazioni caritatevoli che si occupano di eliminare questi flagelli dalle carceri e dagli ospizi.

Prima dell'Atto di modifica della Poor Law del 1834, le case di riposo avevano la reputazione di essere terreno fertile per l'ozio, l'ignoranza e il vizio. Ma l'Atto di modifica della legge imponeva alle parrocchie di migliorare la gestione degli ospizi, dando vita alle Unioni dei poveri che controllavano gli ospizi con un numero di residenti compreso tra 100 e 500. Le circolari emesse dalla Commission *in Lunacy* tra il 1890 e il 1912, ora conservate presso il Public Record Office di Londra, dimostrano che non solo era prassi comune che i malati di mente venissero tenuti negli ospizi, ma che non era necessario alcun registro speciale per tenerli lì... Era quindi perfettamente possibile che un individuo perfettamente normale venisse internato come malato di mente in un ospizio. Se questo è ciò che è accaduto ad Annie Elizabeth Crook, non ci sarebbe stata alcuna speranza di fuga, perché nessuno sapeva della sua detenzione. Molti ospizi avevano persino stanze imbottite e solo nel 1910 le commissioni di tutela locali furono obbligate a tenere un registro dei loro residenti.

Improvvisamente tutto divenne più chiaro. Gli ospizi erano il posto ideale per Annie Elizabeth. Se fosse stata ricoverata in un manicomio, sarebbe stata tenuta una documentazione adeguata e avrebbe ricevuto visite regolari da parte degli ispettori della Commission *in Lunacy*. In una cella imbottita di un ospizio, invece, poteva essere rinchiusa senza parere medico e, una volta internata, non le sarebbe stata fatta alcuna domanda.

Tuttavia, nonostante le accurate ricerche di Neate, c'erano ancora delle lacune nei movimenti di Annie Elizabeth. Non c'è traccia dei suoi spostamenti tra la dimissione dal Guy's Hospital - nel settembre o ottobre 1888 - e il 22 gennaio 1889, quando trascorse un giorno al St Giles' Hospice. Poi c'è un altro vuoto fino al 1903. L'unico altro documento trovato mostra che il 29 aprile 1894 la piccola Alice Margaret fu ricoverata al St Giles' Hospice. Nei documenti di ammissione si legge che la madre era in prigione, il che è coerente con la descrizione che Sickert fa del destino di Annie Elizabeth.

Il resoconto delle cure mediche prestate ad Annie Elizabeth al 367 di Fulham Road nei giorni precedenti la sua morte conferma la testimonianza di Sickert secondo cui la donna morì in preda alla follia. Il medico responsabile del reparto di osservazione dei malati di mente in cui era confinata scrisse:

> 20/02/20. Disorientata - a volte rumorosa ed esilarante, altre volte quasi letargica - ha illusioni di essere torturata - non presta attenzione a ciò che la circonda.
>
> 23/02/20. Attacco cardiaco improvviso, con conseguente morte alle 00:40.

I registri dei ricoveri in vari ospizi e ospedali indicano che era epilettica, il che conferma ancora una volta la dichiarazione di Sickert. Allo stesso tempo, tutto ciò che il pittore aveva detto sul destino di Annie Elizabeth è stato confermato. Le sue allucinazioni in cui veniva torturata sono tutt'altro che sorprendenti se la sua storia è vera.

È difficile spiegare come o perché Annie Elizabeth fosse passata da un collegio di tutela all'altro, e da un ospizio all'altro, con tanta facilità. Le regole erano estremamente rigide e i poveri erano sottoposti a un attento interrogatorio sulle loro azioni negli anni precedenti il ricovero in un ospizio. Per poter beneficiare dell'assistenza pubblica in un distretto, un povero doveva dimostrare quello che veniva chiamato "vincolo" di tre anni di residenza ininterrotta o di nascita. Se un povero si presentava in una parrocchia con la quale non aveva alcun legame, veniva immediatamente rimandato alla propria parrocchia. Esistevano disposizioni per spostare i poveri da un distretto all'altro, con il consenso dei giudici. Ma la procedura era lunga, complicata e più che scoraggiante. Per Annie Elizabeth Crook non era prevista alcuna manovra di questo tipo. Passò da un quartiere all'altro e non si pose alcun problema. È stato un fatto insolito. Fu trattata in modo diverso dagli altri residenti dell'ospizio del suo tempo e tutte le istruzioni provenivano dal consiglio di cui faceva parte.

In risposta a una richiesta di ulteriori informazioni sul suo insolito trattamento, il signor Neate ha scritto che era sorprendente, ma non *necessariamente* anormale. Ci sono stati spesso casi", ha detto, "di trasferimenti effettuati amichevolmente tra le parti interessate *per evitare le formalità legali*" (corsivo aggiunto).

Questo solleva più di una domanda: perché Annie Elizabeth Crook è stata considerata abbastanza importante da essere esentata da regole rigide per poter essere spostata da un posto all'altro più rapidamente? Cosa la rendeva diversa da tutti gli altri ospiti dell'ospizio? Perché nessuno voleva attirare l'attenzione su di lei seguendo la normale procedura? E chi ha organizzato queste *scorciatoie*?

La spiegazione di Sickert del suo matrimonio con Eddy e degli eventi che seguirono risponde a tutte le domande, tranne l'ultima. Solo di recente ho notato la notevole importanza di un signore: il reverendo Henry Luke Paget.

E i fatti si accumulano, strappando la storia di Sickert dalla sua apparente fantasia per dimostrare, elemento per elemento, che la base (almeno) della sua storia era autentica. Esistono prove documentali dell'esistenza di Annie Elizabeth Crook; viveva in Cleveland Street; lavorava in una tabaccheria; partorì una figlia nella data e nel luogo indicati da Sickert; scomparve da Cleveland Street e dal suo perenne lavoro in negozio senza un motivo evidente (la nascita della bambina non può spiegare la sua caduta dall'essere una contribuente abbastanza ben pagata da avere una casa propria allo squallore della casa di lavoro); fu rinchiusa in istituti con celle imbottite per la maggior parte della sua vita (e durante questo periodo, in un'epoca molto conformista, fu trattata in modo curiosamente insolito); divenne epilettica; morì al 367 di Fulham Road nel 1920; ed era ormai pazza.

Ma nulla di tutto ciò la collega al Principe Alberto Vittorio o suggerisce che Eddy conoscesse Cleveland Street. Sorprendentemente, il nome di Eddy è stato associato a Cleveland Street in *Their Good Names* di H. Montgomery Hyde, pubblicato nel 1970. Hyde riferì che si diceva che Eddy frequentasse un bordello per omosessuali in Cleveland Street. Due anni dopo, pubblicando *Clarence*, la sua biografia del Principe, Michael Harrison si spinse oltre. Pur non avendo mai sentito parlare delle accuse di Sickert, Harrison sostenne che Eddy era molto affezionato a Cleveland Street, frequentandola spesso. Ha detto che nel 1889 - l'anno successivo agli omicidi di Jack lo Squartatore - Eddy non era solo un frequentatore abituale, ma la figura di spicco nello scandalo del bordello omosessuale. Il locale si trovava al 19 di Cleveland Street, proprio di fronte al negozio dove Annie Elizabeth Crook aveva lavorato fino al 1888, e a pochi passi dalla bottega di Sickert.

Eddy sarebbe stato bisessuale, come indicato da Harrison. La sua sessualità anormale si combinava con un'assoluta mancanza di rispetto per la correttezza - o piuttosto, forse, con una totale *incapacità di* agire come avrebbe dovuto - per portarlo ad avere relazioni con donne di niente, uomini e ragazzi. Poteva essere innamorato di più persone contemporaneamente, come dimostrerà in seguito quando, apparentemente profondamente legato alla principessa Elena d'Orléans, scriverà parallelamente lettere d'amore a Lady Sybil St Clair-Erskine.

Non sorprende, quindi, che Eddy si sia permesso di frequentare questo bordello, non perché fosse irrimediabilmente omosessuale, ma perché si permetteva di *innamorarsi* dei suoi amici più cari, siano essi maschi o femmine. Non c'era una lussuria ingovernabile in Eddy (almeno, non ce n'è traccia), ma era debole, estremamente sensibile e rude al punto che un sorriso o una parola tenera potevano travolgerlo di emozioni e condurlo in situazioni disperate che era impotente a controllare. La sua storia d'amore con Annie Elizabeth Crook era stata di questo tipo. Il suo coinvolgimento nello scandalo del bordello di Cleveland Street ha ancora più senso alla luce della sua relazione con Annie Elizabeth. Era già stato a Cleveland Street, si era fatto molti amici di ogni tipo e aspirava a tornarci. Così facendo, si lasciò trascinare dai torrenti del vizio del n° 19.

Esiste un'ulteriore prova, totalmente estranea, del legame di Eddy con Annie Elizabeth. Aleister Crowley - mago, poeta, pittore, campione di scacchi e dissoluto, l'uomo che si definiva "la Grande Bestia" - nel suo libro *La tragedia del mondo*, pubblicato a Parigi nel 1910, affermò di essere in possesso di diverse lettere incriminate di Eddy a un ragazzo - Morgan - che viveva in Cleveland Street. A prima vista, questo annuncio sembra solo rafforzare le prove del legame di Eddy con quella strada. Ma il vero significato delle lettere di Crowley si rivela quando scopriamo che questo Morgan era il figlio del signor Morgan, *che gestiva il negozio al 22 di Cleveland Street dove lavorava Annie Elizabeth*. Questo avvicina Eddy ad Annie Elizabeth. Harrison indicò che stava andando a 19, di fronte al negozio di Annie. Crowley lo collega perfettamente al negozio, un luogo che doveva frequentare regolarmente se aveva stretto un rapporto abbastanza stretto con Morgan da scrivergli.

E questa parola, "compromettente", cosa significa esattamente? Date le tendenze bisessuali di Eddy, potrebbero essere biglietti d'amore.

Oppure, con altrettanta probabilità, potrebbero essere lettere che riportano dettagli incriminanti della sua relazione con Annie Elizabeth, il tipo di dettagli vaghi ma suscettibili di scandalo che in seguito hanno portato un burlone di Cleveland Street a disegnare queste parole:

> Jack e Jill sono usciti per uccidere.
> Per ragioni che non riuscivano a capire
> Jack cadde e perse la corona
> E ha lasciato una bambina.

Nonostante tutto ciò, non esistono prove concrete di un matrimonio tra Annie Elizabeth e il Principe - il nostro capitolo VIII descrive il sofisticato insabbiamento che fu impiegato per distruggere tali prove. Sickert affermò che il matrimonio aveva avuto luogo nella cappella del dispensario di St Saviour. Per un po' sembrò che questo fosse il primo punto del suo resoconto in cui si sbagliava: era impossibile trovare un dispensario di San Salvatore, tanto meno con una cappella. Ma alla fine Ian Sharp, della BBC, è riuscito a trovare i documenti di questa istituzione in Osnaburgh Street, a pochi passi da Cleveland Street. Il dispensario, ora St Saviour's Hospital, si è trasferito da tempo a Hythe, nel Kent, e c'è voluto un po' di lavoro per risalire alla sua origine. Il superiore in carica riconosce che i matrimoni potrebbero aver avuto luogo nella cappella del vecchio dispensario, ma nessuno dei documenti dell'istituzione è sopravvissuto. Una ricerca negli inventari della St Catherine's House di Londra, il nuovo deposito dei documenti di nascita, matrimonio e morte, per ogni reparto tra il gennaio 1884 e il dicembre 1889 si è rivelata infruttuosa. I nomi Coburg, Cook, Cooke, Crook, Crooke, Saxe, Saxe-Coburg (il patronimico della famiglia reale) e Sickert sono stati cercati due volte, ma senza successo. I matrimoni reali non vengono normalmente registrati insieme ai matrimoni ordinari, ma è possibile che Eddy si sia sposato con un nome falso, il più probabile dei quali è il suo pseudonimo: Albert Sickert. Ma la documentazione di un tale matrimonio, se mai è stata registrata, è stata cancellata da tempo. L'unica vera speranza era il dispensario stesso, ma i suoi registri erano spariti per sempre...

E ancora nessun neonato. L'elemento più disperato dell'indagine, a quanto pare, era la questione del figlio naturale. Era stata accertata l'esistenza di Annie Elizabeth Crook di Cleveland Street e del *suo* figlio illegittimo. Sembra innegabile che Eddy frequentasse l'attività in cui lavorava Annie Elizabeth. Ma mettere in relazione la figlia di Annie Elizabeth con Eddy è un'altra questione.

Prima che Joseph Sickert rivelasse la storia di suo padre nel 1973, nessuno aveva ipotizzato che Eddy avesse avuto un figlio, e Buckingham Palace nega ancora che il Principe abbia avuto una prole. Tuttavia, dopo mesi di ricerche infruttuose, ho ricevuto una copia di una lettera contenente una dichiarazione, scritta in modo innocente, su un figlio del Duca di Clarence! Va ricordato che Eddy fu nominato Duca di Clarence e Avondale nel 1890. Questa lettera è stata scritta da un certo Frederick Bratton di Harlesden a Lady Dowding, dalla quale ho ricevuto una copia attraverso la porta di servizio. Si trattava di una normale lettera amichevole, ma fui particolarmente colpito da questo paragrafo:

> Sono particolarmente interessata a tutto ciò che ha a che fare con il Duca di Clarence. Mia nonna fu "incaricata" dalla corte di crescere un figlio del Duca. Fu scelta tra molte "candidate" dopo infiniti test e colloqui. All'ultimo momento suo zio - Dr J. Bratton (sindaco di Shrewsbury, ecc.) - mise cortesemente i piedi in testa e inviò delle scuse per lei. Spiegò alla famiglia che la vita di corte era "frivola" e che lei sarebbe stata infastidita a prescindere.

Scrissi al signor Bratton, che mi rispose con una lettera affascinante, ma purtroppo non fu in grado di aiutarmi a trovare alcuna prova documentale. Egli sostenne che l'intera vicenda era stata "molto segreta", il che era perfettamente coerente con quanto affermato da Sickert. Era inconfutabile che il bambino che sua nonna avrebbe dovuto allevare fosse un figlio bastardo del principe Alberto Vittorio, duca di Clarence - Eddy. Questa storia fu resa pubblica in una storia della famiglia Bratton. Andava contro tutto ciò che era stato detto fino a quel momento, Walter Sickert escluso.

Joseph Sickert in visita alla tabaccheria di Cleveland Street, dove ebbe origine l'intero episodio di Jack lo Squartatore. Da allora il negozio è stato rilevato dal Middlesex Hospital.

Riassumiamo... Annie Elizabeth Crook è esistita. Ha vissuto nell'ora e nel luogo indicati da Sickert. Ha dato alla luce un figlio illegittimo, nella data indicata da Sickert. Esistono prove del tutto indipendenti che Eddy abbia avuto un figlio e che non solo abbia frequentato Cleveland Street, ma anche il negozio in cui lavorava Annie Elizabeth.

Un altro punto: nel suo articolo sul *Criminologo*, insinuando che Eddy fosse Jack lo Squartatore, Dr Thomas Stowell lo chiama "S". Non è stata fornita una spiegazione soddisfacente del perché di questo soprannome. Probabilmente è più di una coincidenza che, più di 30 anni prima, Walter Sickert abbia chiesto a Eddy di fingere di essere suo fratello minore e di farsi chiamare "Albert Sickert" o "S". Così, in modo indiretto, viene confermato un altro elemento della storia di Sickert.

CAPITOLO VIII

Insabbiamento del caso

È necessario un lavoro considerevole se l'*establishment* ritiene necessario un insabbiamento su larga scala. Perché la verità sul caso di Jack lo Squartatore, per essere stata accuratamente soppressa, può significare nientemeno che una sfida alla sicurezza dello Stato, o che qualcuno ai piani alti del governo o della famiglia reale era coinvolto. Walter Sickert ha detto che è successo per entrambi i motivi, e abbiamo già dimostrato che il contesto politico dell'epoca era esplosivo, che Eddy frequentava Cleveland Street e che quasi certamente aveva generato un figlio con Annie Elizabeth Crook. Ma c'è stata un'operazione di maquillage? A prima vista, l'idea potrebbe sembrare troppo singolare o romantica per darle troppo peso. Ma non c'è dubbio che gli indizi siano stati coperti in misura allarmante, il che dimostra di per sé che era utile nascondere qualcosa di un ordine di grandezza tale da giustificare i fatti descritti da Sickert. Che ci sia stato un insabbiamento è certo. La maggior parte delle prove a sostegno di questa tesi è riassunta in questo capitolo, ma altre saranno approfondite nel prosieguo del libro.

Una conseguenza correlata e importante di questo insabbiamento è la revoca di tutte le teorie finora avanzate sull'identità degli assassini, tranne una che è così inconsistente ed enorme da non poter essere presa sul serio: l'ipotesi che il principe Eddy stesso fosse l'assassino. Se Donald McCormick avesse avuto ragione sul fatto che gli omicidi di Whitechapel erano stati commessi da un medico russo pazzo, Pedachenko, appoggiato dalla polizia russa per incastrare gli anarchici in Gran Bretagna, le autorità inglesi non si sarebbero certo preoccupate di mettere in atto difficili manovre per nascondere la verità. Al contrario: avrebbero sbattuto la verità in faccia al mondo per dissipare la vergogna che si erano procurati non riuscendo a catturare lo Squartatore. Questo ragionamento si applica a qualsiasi teoria, tranne quella di Sickert. Non ci sarebbe stato bisogno di nascondere il fatto che Jack lo Squartatore era una levatrice vendicativa, come credeva William Stewart; un lavoratore ebreo del macello, come sosteneva Robin Odell; il pescivendolo Thomas Neill Cream; l'assassino di donne George Chapman; un riformatore socialista demente; un chirurgo pazzo che vendicava la morte del figlio che aveva contratto la sifilide da una prostituta; o James Kenneth Stephen, tutore del principe Eddy, come suggerito da Michael Harrison. Probabilmente l'insabbiamento avrebbe avuto poco senso se lo Squartatore fosse stato l'avvocato fallito Montague John Druitt, accusato sia da Daniel Farson che da Tom Cullen nei loro libri sugli omicidi. Druitt è un caso particolare, tuttavia, a causa del suo coinvolgimento nell'insabbiamento, come vedremo. L'ultima parte di questo capitolo è dedicata a dimostrare l'innocenza di Druitt e a descrivere il suo ruolo effettivo nel caso. Così, anche se tutte le teorie citate muoiono per le loro debolezze, sono comunque demolite dal semplice fatto che c'è stato un insabbiamento.

Molti avrebbero potuto considerare assurdo l'intervento del governo fino a quando non è scoppiato il caso Watergate. Oggi nessuno può negare che il concetto di segretezza sia parte integrante del potere. È un errore pensare che l'idea sia nuova.

L'insabbiamento della verità su Jack lo Squartatore si articola in diversi episodi, uno dei quali è già stato citato ma non correttamente identificato.

1. Durante le indagini sono state distrutte prove essenziali.

2. Quando Eddy tornò a Cleveland Street nel 1889 e fu coinvolto nello scandalo del bordello omosessuale, gli uomini più potenti d'Inghilterra avviarono una sofisticata opera di copertura. Non si trattava di nascondere le sue tendenze bisessuali (che erano comunque ben note), ma i suoi legami con quella particolare strada. Il corso della giustizia fu consapevolmente deviato per continuare il processo di insabbiamento iniziato con il rapimento della moglie cattolica di Eddy e culminato con gli omicidi di Whitechapel. Nonostante il tempo e gli sforzi profusi per neutralizzare l'affare del bordello di Cleveland Street, tuttavia, un uomo minacciò di rivelarlo. La spietatezza dei cospiratori si manifestò ancora una volta quando questo individuo fu processato con false accuse e poi imprigionato per un anno per tacere.

3. Si trovò un capro espiatorio plausibile nel caso in cui fosse stato necessario annunciare la cattura dell'assassino e soddisfare chiunque avesse indagato in seguito.

4. I documenti contenenti la verità su Jack lo Squartatore sono stati distrutti.

Fin dall'inizio i fatti sono stati insabbiati, anche in tribunale. La prima fase di questo insabbiamento iniziò con l'indagine su Annie Chapman.

Le udienze sono state avviate dal coroner Wynne E. Baxter presso il Working Lads Institute di Whitechapel Road lunedì 10 settembre 1888. Baxter aveva già in mano l'inchiesta non ancora conclusa su "Polly" Nichols quando Chapman fu ucciso.

Giovedì 13 sono state rese note le prove mediche. Dopo una descrizione molto sommaria delle ferite di Chapman, il chirurgo divisionale della polizia - George Bagster Phillips - ha dichiarato: "Penso che sia meglio non fornire ulteriori dettagli su queste mutilazioni, che possono solo turbare la sensibilità della giuria e del pubblico".

Quel giorno il medico legale permise a Phillips di tenere la cosa per sé, ma quando le sedute ripresero, Baxter pretese tutta la verità. Sebbene il medico legale si sia solo assicurato che venisse seguita la normale procedura, Phillips si comportò in modo sorprendente e sospetto, cercando di infrangere la legge fino all'ultimo momento, nascondendo informazioni vitali. Ecco il loro dialogo:

CORONER. - Dr Phillips, qualunque siano le sue opinioni e le sue obiezioni, mi sembra necessario che tutto il materiale che è stato in grado di ottenere dall'esame *post-mortem* sia registrato dalla corte, per varie ragioni che non è il caso di approfondire. Per quanto possa essere doloroso, è necessario nell'interesse della giustizia.

PHILLIPS. - Non ne sono stato informato. Avrei preferito esserne informato, perché sarei stato più preparato a fornire le mie conclusioni; ma farò del mio meglio.

IL MEDICO LEGALE. - Volete conservarli per dopo?

PHILLIPS. - Oh, no. Farò del mio meglio.

CORONER. - Può dirmi quanto tempo ci è voluto per fare le incisioni sul corpo?

PHILLIPS. - Penso di potervi aiutare dicendo che io stesso non avrei potuto fare tutte le incisioni che ho visto su questa donna, né avrei potuto farle - anche senza lottare - in meno di quindici minuti. Sono *ancora dell'idea che sarebbe deplorevole rendere pubbliche queste cose*. Questi dettagli sono utili solo a lei, signore, e alla giuria.

CORONER. - Siamo qui nell'interesse della giustizia e dobbiamo conoscere tutte le sue conclusioni. Tuttavia, vedo che ci sono diverse signore e bambini nella stanza e credo che sarebbe meglio se si ritirassero.

Anche dopo che le donne e i bambini se ne furono andati, Dr Phillips rimase riluttante a fornire la sua esperienza, per cui il motivo per cui aveva taciuto le informazioni non era - come aveva affermato - per risparmiare il pubblico. Una volta che il pubblico si era ristretto, disse:

PHILLIPS. - *Continuo a ritenere che, rendendo pubblici questi dettagli, si vanifichino i fini della giustizia.*

CORONER. - Siamo obbligati a prendere nota di tutte le prove del caso, e se renderle pubbliche o meno è una questione che riguarda la stampa.

IL PRESIDENTE. - Siamo del parere che gli elementi che il medico ha voluto tenere per sé l'ultima volta debbano essere comunicati.

IL MEDICO LEGALE. - Ho studiato attentamente il problema e non ho mai sentito parlare di testimonianze che dovrebbero essere taciute.

PHILLIPS. - Non ho tenuto nulla per me. Ho solo chiesto se doveva essere rivelato o meno.

CORONER. - Abbiamo ritardato il più possibile la divulgazione dei risultati, perché lei ha detto che gli interessi della giustizia sarebbero stati meglio serviti in questo modo; ma ora sono passati 15 giorni da quando è successo e non vedo alcun motivo per cui i risultati debbano essere tenuti nascosti alla giuria ancora a lungo.

PHILLIPS. - A mio parere, ciò che sto per descrivere è avvenuto dopo la morte, quindi non può essere rilevante per la causa di morte su cui state indagando.

CORONER. - Questa è solo la sua opinione, che può essere contraddetta da altre prove mediche.

PHILLIPS. - Va bene, allora. Vi fornirò i risultati della mia *autopsia*.

Nonostante tutte le sue contorsioni e resistenze, Dr Phillips non riuscì a distogliere Baxter dal suo desiderio di seguire il corso della giustizia. Cosa si deve dedurre da questo atteggiamento insolito?

Phillips conosceva la legge quanto il coroner. Era più che abituato a testimoniare nelle inchieste, sapeva che il medico che forniva i risultati di un'*autopsia* era obbligato a comunicare tutti i fatti all'accusa, e troviamo prove evidenti nella stampa contemporanea dell'East London e nei resoconti di altre inchieste che non era avverso a descrivere lesioni raccapriccianti in pubblico. Era la prima volta, a Whitechapel, che un medico chiedeva di poter sopprimere le prove, e Wynne Baxter si informò subito al riguardo. Nel caso degli omicidi di Whitechapel, Dr Phillips era incappato in un fatto che riteneva necessario nascondere. Sosteneva che la sua riluttanza era nell'interesse della giustizia, ma anche due settimane dopo l'omicidio, quando ogni ulteriore ritardo con un pretesto così futile si rivelò inutile, desiderava ancora tacere. Voleva semplicemente che l'indagine fosse conclusa prima di poter rivelare le sue scoperte, che in un caso del genere sarebbero rimaste segrete per l'eternità. Ancora oggi, la descrizione delle ferite che fu infine costretto a fare ha un significato particolare e sinistro per un gruppo specifico di persone. Questo significato sarà discusso nel nostro capitolo X.

Il primo punto dell'insabbiamento era in pieno svolgimento durante l'inchiesta sull'ultima vittima, Mary Kelly. In primo luogo, l'inchiesta è stata illegalmente sottratta al coroner Baxter e supervisionata illegalmente da un altro coroner che ha deliberatamente omesso informazioni vitali. L'omicidio era avvenuto nella giurisdizione di Baxter, l'area di Whitechapel, ma alla fine l'inchiesta fu condotta dal municipio di Shoreditch. Si trattò di una deviazione senza precedenti, che indusse un giurato a prendere di mira il nuovo medico legale.

"Non vedo perché questa indagine debba ricadere su di noi quando l'omicidio non è avvenuto nel nostro quartiere, ma a Whitechapel", afferma.

Il signor Hammond, superiore del coroner, ha risposto: "Non è successo a Whitechapel.

Il medico legale intervenne bruscamente: "Pensate che non sappiamo cosa stiamo facendo? La giuria è legalmente convocata e non c'è nulla da obiettare. Se persistono nella loro opposizione, saprò come comportarmi con loro. Un giurato vuole insistere nelle sue obiezioni?".

Il dissidente non si placò per queste minacce. "Siamo convocati a Shoreditch", ha ricordato. "Questa vicenda si è svolta a Spitalfields".

"È successo nel *mio* distretto", ha mentito esasperato il medico legale.

Ma un altro giurato venne in soccorso del primo e disse: "Questo non è il mio quartiere. Vengo da Whitechapel e il signor Baxter è il mio medico legale.

Il medico legale è riuscito ad avere l'ultima parola nella discussione dicendo: "Non ho intenzione di discutere la questione con i giurati. Se un giurato vuole protestare, che parli.

Fermandosi un attimo, più per osservare l'effetto del suo tono minaccioso che per ricevere una risposta, riprese: "Posso dire alla giuria che la giurisdizione dipende dal luogo in cui il corpo è conservato, non da quello in cui è stato trovato", il che sembrava contraddire le sue precedenti affermazioni che l'omicidio era avvenuto nel suo quartiere. Era deciso a condurre l'indagine a tutti i costi, ma perché?

Il medico legale Roderick MacDonald avrebbe potuto essere considerato comprensivo se avesse condotto le indagini in modo corretto. Ma era determinato a nascondere le prove. Questo fatto indiscutibile, unito al metodo anomalo con cui ha ottenuto la giurisdizione sull'inchiesta, dimostra che MacDonald era l'attore di un'operazione di trucco. Wynne Baxter avrebbe probabilmente passato al setaccio tutte le prove dell'inchiesta, come aveva dimostrato con la sua determinazione nei procedimenti precedenti. Non ha sofferto l'opposizione di strani individui che volevano nascondere prove importanti, come Dr Bagster Phillips. Ecco perché al Coroner Baxter non fu offerta l'opportunità di gestire l'inchiesta Kelly. C'era troppo da nascondere, come conferma il fatto che si trattò dell'omicidio più sensazionale del XIX SECOLO, ma la documentazione di Scotland Yard è notevolmente più scarna rispetto a quella degli altri omicidi di Jack lo Squartatore - e del tutto insignificante se confrontata con quella di molti altri omicidi irrisolti avvenuti nello stesso anno.

MacDonald chiuse bruscamente l'indagine in meno di un giorno e riportò il verdetto della giuria: "omicidio premeditato da parte di una o più persone sconosciute". Non aveva chiesto al chirurgo della polizia - sempre Phillips - se mancassero parti del corpo. Aveva fatto pochi tentativi per stabilire la natura dell'arma del delitto. Non aveva determinato l'ora del decesso, il che è stata una svista incredibile, perché due testimoni hanno affermato di aver visto Kelly in strada dopo l'alba la mattina in cui è stato trovato il suo corpo.

Come ha sottolineato Tom Cullen nel suo *Autumn of Terror*, la common law britannica richiedeva da Edoardo I che "tutte le ferite del corpo, comprese le ferite, dovessero essere esaminate; e la loro lunghezza, ampiezza e profondità, con quale arma, e in quale parte del corpo è stata trovata la ferita o le ferite... tutte cose da annotare nel verbale del coroner". MacDonald lo sapeva bene come qualsiasi chirurgo della polizia abituato a testimoniare. *"Ma ha preferito consapevolmente sopprimere questi indizi"*, ha concluso Cullen.

> "C'è un altro elemento che non intendo presentare", ha annunciato in modo piuttosto pomposo a chi era vicino alle indagini, "perché, se rendessimo pubblici tutti i fatti legati a questo terribile omicidio in una sola volta, le conclusioni della giustizia verrebbero ritardate". Cosa intendeva con questa curiosa affermazione? Era stato guidato da Scotland Yard, che aveva cercato di togliere l'inchiesta dalle mani del coroner Wynne Baxter? *Cosa stava cercando di nascondere la polizia?*

Persino Cullen, che cercava di dimostrare che Montague Druitt era l'assassino, rimase colpito dall'ovvio complotto in atto.

Il coroner MacDonald non ha semplicemente violato la legge nascondendo le prove: deve essere stato istruito a farlo, perché il governo non è intervenuto per correggere la situazione, nonostante l'indignazione di penne influenti sui giornali nazionali, come il *Daily Telegraph* che ha protestato:

> È sorprendente che l'indagine sia stata conclusa prima che ai parenti della defunta fosse data la possibilità di identificare il suo corpo. Poiché si suppone che vivano in Irlanda, ci si sarebbe aspettati un ritardo maggiore nel trovarli.
>
> Il Procuratore Generale ha il potere di appellarsi all'Alta Corte di Giustizia per chiedere una nuova inchiesta se viene accertata una mancanza di prove, irregolarità procedurali o inadeguatezze nell'indagine. Questo esito è improbabile, poiché si sostiene che Dr Phillips, il chirurgo divisionale della polizia, che il Coroner ha consultato privatamente, sia stato per qualche tempo sotto l'autorità del Ministero degli Interni e non si consideri un "uomo libero"; ma è chiaro che, affrettando la chiusura dell'inchiesta, si è persa l'opportunità di raccogliere prove giurate in un momento in cui la memoria dei testimoni è ancora fresca. Non è improbabile che ci sia una lunga pausa prima che un sospetto venga accusato in un tribunale di polizia.

Ancora una volta, lo strano Dr Phillips facilita l'inganno trovando motivi per cui le irregolarità grossolane dovrebbero essere tollerate. In primo luogo, nel procedimento Kelly riuscì nella sua determinazione di nascondere il materiale e parlò solo privatamente con il coroner (cosa che Baxter si era giustamente rifiutato di fare). In secondo luogo, è stato l'unico motivo per cui l'inchiesta non è stata riaperta, come avrebbe dovuto. O almeno, si è lasciato usare come scusa per non far riprendere le udienze su Kelly. Il fatto che ci fosse una commissione del Ministero degli Interni difficilmente gli avrebbe impedito di testimoniare in un'udienza così importante. Al contrario, in circostanze normali, il Ministero degli Interni sarebbe stato assetato di giustizia. Ma non era questo il caso di Jack lo Squartatore. Le autorità volevano ovviamente che l'omicidio di Mary Kelly fosse chiuso il più rapidamente possibile, in quanto avrebbero coperto i legami di Eddy con Cleveland Street anche in seguito. Questa era solo una parte di un'unica operazione.

La fretta con cui è stata condotta l'indagine aveva anche lo scopo di evitare che la testimonianza cruciale di un uomo di nome Hutchinson fosse resa pubblica. Hutchinson ha fornito una descrizione molto dettagliata dell'uomo che sosteneva di aver visto con Kelly poco prima del suo omicidio. La polizia ha tentato insistentemente di minare la certezza di Hutchinson su questo individuo. Ma egli non ha smentito la sua storia, né ha cambiato la sua testimonianza. Si è persino esposto al rischio di essere coinvolto, ripetendo di essere stato una delle ultime persone a vedere Kelly vivo, forse *l'ultima* oltre al suo assassino. È possibile che, se Hutchinson fosse stato ascoltato correttamente in tribunale, la sua testimonianza sarebbe stata errata o falsa. Potrebbe non aver visto lo Squartatore, ma un semplice "cliente" di Kelly, che se ne andò prima che l'assassino entrasse in scena. Ma non c'è nulla nei documenti della polizia, sia pubblici che segreti, che suggerisca che Hutchinson sia inaffidabile. Anzi, è vero il contrario: nel fascicolo di Scotland Yard, l'ispettore Abberline ha descritto la dichiarazione di Hutchinson come "importante", e la riteneva vera. Era quindi fondamentale che la sua testimonianza fosse resa in tribunale. Era l'unico individuo a fornire una descrizione adeguata della persona più probabile che fosse Jack lo Squartatore. Ma non fu mai chiamato al banco dei testimoni.

La dichiarazione di Hutchinson è registrata in una spessa cartella nera, su fogli speciali blu intestati a *Commercial Street*:

POLIZIA METROPOLITANA

Sull'omicidio

Divisione H

12 novembre 1888

Alle 18 del 12, George Hutchinson di Victoria Home (Commercial Street) si è recato alla stazione di polizia e ha rilasciato la seguente dichiarazione.

"Verso le 2 di notte del 9 stavo arrivando da Thrawl Street (Commercial Street) e poco prima di svoltare in Flower and Dean Street mi sono imbattuto in Kelly, la donna uccisa, che mi ha detto: "Hutchinson, puoi prestarmi sei penny?". Io risposi: "Non posso, ho speso tutti i miei soldi per andare a Romford". Lei disse: "Buonanotte! Devo andare a prendere dei soldi". Si avviò verso Thrawl Street. Un uomo che veniva dalla direzione opposta a Kelly le diede un colpetto sulla spalla, le disse qualcosa e scoppiarono entrambi a ridere. Ho sentito Kelly dire: "Ok", e l'uomo ha risposto: "Sei d'accordo con quello che ho detto". Poi le ha messo la mano destra sulla spalla. Aveva anche una specie di piccolo pacchetto nella mano sinistra, con una specie di cinghia intorno. Mi misi in piedi contro la lampada del pub *Queens Head* e lo osservai. Entrambi mi passarono davanti e l'uomo chinava la testa con il cappello sugli occhi. Dovetti chinarmi per vedere il suo volto. Mi sembrava severo. Stavano prendendo Dorset Street. Li ho seguiti. Rimasero all'angolo del cortile per circa tre minuti. Lui le disse qualcosa. Lei disse: "Va bene, tesoro, seguimi, sarà più comodo". Poi le mise un braccio sulla spalla e le diede un bacio. Lei disse che aveva perso il fazzoletto. Lui tirò fuori il suo fazzoletto rosso e glielo diede. Poi salirono insieme in cortile. Andai subito in cortile per vedere se potevo vederli, ma non fu possibile. Rimasi lì per quasi tre quarti d'ora per vedere se sarebbero usciti di nuovo. Non lo fecero, così me ne andai.

Sotto la dichiarazione, è stato commentato:

Da distribuire A.S. [a tutte le stazioni di polizia].

Descrizione, circa 34 o 35 anni, altezza 1,65, carnagione chiara. Occhi scuri e ciglia nere. Piccoli baffi ricurvi e capelli neri. Aspetto molto burbero. Abbigliamento: cappotto nero lungo, colletto e polsini con astrakan e giacca nera sotto, gilet leggero, pantaloni neri, cappello di feltro nero che cade al centro, bottoni bianchi ai piedi e ghette, indossa una catena d'oro molto grande e un colletto di lino, cravatta nera con stivali da equitazione, portamento rispettabile, cammina molto alacremente, aspetto ebraico. Può essere identificato.

George Hutchinson

> **Metropolitan Police.**
> No. 6. Special Report.
> Commercial Street
> H Division.
> 12th November 1888
> Re Murder
>
> At 6 pm 12th George Hutchinson of the Victoria Home Commercial Street Came to this Station and made the following statement.
>
> About 2 am 9th I was coming by Thrawl Street Commercial Street, and just before I got to Flower and Dean Street I met the murdered woman Kelly. and she said to me Hutchinson will you lend me sixpence. I said I can't I have spent all my money going down to Romford she said good morning I must go an find some money. she went away toward Thrawl Street. a man coming in the opposite direction to Kelly. tapped her on the shoulder and said something to her they both burst out laughing. I heard her say – alright to him. and the man said you will be alright. for what I have told you. he then placed his right hand around her shoulders. He also had a kind of a small parcel in his left hand. with a kind of a strap round it. I stood against the lamp of the Queens Head Public house. and watched him. They both then came past me and the man hid down his head. with. his hat over his eyes. I stooped down and look him in the face. He looked at me
>
> George Hutchinson

Parte della dichiarazione di Hutchinson.
Quest'ultima include la sua firma in calce ad ogni pagina.

Nel suo libro *Clarence*, Michael Harrison sostiene che ci fu un sottile insabbiamento ideato per mantenere il nome di Eddy intatto da qualsiasi schizzo di Cleveland Street. Non si trattava, come immagina Harrison, semplicemente di nascondere il coinvolgimento di Eddy nelle attività di un bordello per omosessuali. Si trattava di far sparire le sue precedenti e più pericolose scappatelle a Cleveland Street. Harrison scrisse dell'affare del bordello:

> Eddy era il personaggio principale. Non sorprende, quindi, che l'*establishment* abbia accuratamente cospirato per nascondere la verità e che fino ad oggi questo inganno non sia stato completamente smascherato. A causa della pubblicità che le indagini ufficiali avevano attirato, fu necessario mettere in scena l'intera procedura di un processo penale, con un giudice, avvocati, testimoni e denuncianti subornati.

Harrison ha fatto solo congetture e non ha fornito alcuna prova a sostegno della sua opinione. Ma gli atti ufficiali del caso di Cleveland Street, archiviati insieme a quelli del Director of Public Prosecutions a partire dal 1889, sono stati aperti al pubblico nel 1975 ed è ora possibile affermare con certezza che Harrison aveva ragione.

I documenti mostrano che lo scandalo ebbe inizio nel luglio 1889, quando un fattorino di nome Swinscow fu interrogato dalla polizia perché sembrava aver speso più denaro di quanto il suo magro stipendio potesse permettergli. Egli rivelò che un altro ragazzo, un impiegato dell'ufficio postale di nome Newlove, lo aveva invitato al 19 di Cleveland Street per avere rapporti omosessuali. In risposta alle domande, Newlove scoppiò in lacrime e raccontò alla polizia di un sedicente vicario di nome Veck, in realtà un altro impiegato dell'ufficio postale, che era il principale responsabile dei crimini. Fu organizzata un'imboscata e il 9 luglio un agente di polizia sorprese Veck mentre offriva a Newlove del denaro se lo avesse difeso da qualsiasi azione legale intrapresa contro di lui.

L'insabbiamento stava già prendendo forma, poiché ben presto divenne chiaro agli alti funzionari di polizia che indagavano sul caso che Eddy era un cliente abituale del bordello. I documenti contenuti nel fascicolo del Director of Public Prosecutions citavano Eddy ("P.A.V." - Prince Albert Victor) come potenziale cliente del locale. L'ispettore Abberline, che supervisionava la ricerca dello Squartatore nella zona est di Londra, arrivò improvvisamente nel West End per occuparsi dello scandalo di Cleveland Street.

Le prove contro Veck furono raccolte, come già detto, il 9 luglio. *Ma solo sei settimane dopo, il 20 agosto, fu arrestato.* Il ritardo fu responsabilità esclusiva di Abberline, il collegamento oggettivo tra gli omicidi dello Squartatore e Cleveland Street. Lo scopo del ritardo era quello di permettere ai principali colpevoli di fuggire, diluendo così il rischio di esposizione durante il processo. Gli uomini di Abberline sorvegliarono l'edificio dopo la formulazione delle accuse contro Veck e il 9 luglio l'agente Sladden vide alcuni uomini entrare e uscire dall'edificio. Il giorno successivo, le proprietà del proprietario del bordello, Charles Hammond, furono rimosse, ma non fu fatto nulla per arrestare Veck o chiunque altro fosse collegato alla struttura. In seguito si scoprì che Hammond era fuggito in Francia e aveva portato con sé i suoi mobili: tutto ciò era avvenuto mentre gli uomini di Abberline sorvegliavano il locale...

In qualità di Ministro degli Esteri e di Primo Ministro, Lord Salisbury svolse un ruolo attivo nel sistema, come dimostra il fascicolo del Director of Public Prosecutions. Lord Arthur Somerset, scudiero e amministratore del Principe di Galles, era un frequentatore abituale del bordello. In una lettera allegata al fascicolo, il Principe di Galles esprimeva la sua gioia per il fatto che Salisbury avesse permesso a Somerset di lasciare il Paese prima che potesse essere arrestato. Se Somerset fosse stato processato, il nome di Eddy sarebbe stato senza dubbio collegato pubblicamente a Cleveland Street.

Lord Salisbury

Salisbury fu anche accusato di assicurarsi che Hammond non tornasse in Inghilterra. Sarebbe stato il testimone chiave per l'accusa e avrebbe potuto fare i nomi di chiunque - compreso Eddy - fosse passato per il suo bordello. A luglio, quando il Ministro degli Interni scrisse a Salisbury per chiedere se Hammond dovesse essere estradato dalla Francia, Salisbury si assicurò che il furfante rimanesse lontano. Il 24 luglio informò il Ministro degli Interni che non "riteneva che questo fosse un caso in cui si potesse fare una richiesta formale al governo francese di assistenza per consegnare il fuggitivo al suo paese d'origine". L'unica ragione per cui il governo francese non sarebbe stato contattato per assistere l'estradizione del criminale sarebbe stata se il reato fosse stato banale. Ma se così fosse stato, perché i registri del Director of Public Prosecutions contengono centinaia di lettere e note di tutti i grandi uomini del paese: il Principe di Galles, il Primo Ministro, il Lord Cancelliere, il Ministro degli Interni, il Procuratore Generale, il Commissario Generale della Polizia Metropolitana e il Direttore delle Procure? Non si trattava di una questione di poco conto: il numero di documenti che si riferiscono al caso di Cleveland Street è almeno quattro volte superiore a quello degli archivi del Ministero dell'Interno e di Scotland Yard relativi a tutti gli omicidi di Whitechapel. Gran parte di questa corrispondenza riguarda l'insabbiamento dello scandalo, come testimonia la seguente nota scritta il 24 agosto 1889 dal Director of Public Prosecutions. Si riferisce al principale testimone dell'accusa, un ragazzo di nome Algernon Alleys, che affermava di essere in possesso di lettere incriminanti di un certo Mr. Brown, mentre nel fascicolo è chiaramente stabilito che si trattava di uno pseudonimo di Lord Arthur Somerset:

> È stato suggerito che martedì, se possibile, vengano chiamati solo i testimoni che riguardano Newlove e Veck - e Hammond, che non è ancora in custodia - e che si eviti il più possibile qualsiasi testimone che faccia riferimento al "signor Brown".

Alla fine, Veck e Newlove furono processati per aver commesso crimini contro la natura con uomini e per aver incitato altri a fare lo stesso. Si dichiararono colpevoli. Era un'epoca in cui gli omosessuali perseguiti venivano puniti con pene severe, non di rado con l'ergastolo. Ma Veck fu imprigionato per quattro mesi e Newlove per nove. Fu un'oltraggiosa parodia della giustizia. Veck, il maggior colpevole del caso e l'uomo che aveva corrotto i giovani, ricevette metà della pena di una delle sue vittime.

Il resto della missione fu lasciato all'erario. Con l'aiuto di un avvocato di nome Arthur Newton, si cercò di corrompere Alleys, l'unico testimone importante rimasto in Inghilterra, affinché lasciasse le isole. Erano persino disposti a pagare le sue spese di vita se fosse partito per l'America, oltre alle spese di viaggio. Il governo era disposto a fare qualsiasi cosa per mantenere il silenzio sugli eventi di Cleveland Street. Lo spessore del fascicolo del Director of Public Prosecutions sulla vicenda e il contributo di tante persone importanti per cercare di insabbiare lo scandalo rendono certo che non stavano proteggendo Lord Arthur Somerset, ma Eddy.

La Regina stessa fu coinvolta. Sebbene in una circolare del 7 ottobre 1889 si noti che il Lord Cancelliere - Lord Halsbury - fu ricevuto da Sua Maestà in occasione di un evento mondano a Balmoral, è chiaro che quel giorno si recò dalla Regina solo per discutere con lei dello scandalo. Infatti, il fascicolo del Director of Public Prosecutions contiene un parere lungo e molto legale di Halsbury sull'opportunità di procedere con le accuse contro alcune persone collegate al bordello. È scritto su un foglio datato Balmoral, quindi si trattava di una questione urgente. Se non si fosse trattato di una questione di importanza sovrana, probabilmente avrebbe aspettato il suo ritorno a Londra il giorno successivo per prendere in mano la penna.

Gli atti dimostrano che il governo era pronto a fare qualsiasi cosa per coprire il potenziale coinvolgimento di Eddy nel caso. Non sarebbe stato così se si fosse trattato solo di omosessualità, anche se si trattava di una questione abbastanza grave. Solo uno scandalo che minacciava il trono avrebbe richiesto il coinvolgimento di così tanti uomini importanti nell'insabbiamento. Ma nel 1889 tutti sapevano che Eddy non era completamente omosessuale, che era certamente bisessuale. Ma questo non avrebbe causato uno scandalo che avrebbe fatto crollare l'impero. Non era l'omosessualità che doveva essere coperta, ma la relazione di Eddy con Cleveland Street e la verità su Jack lo Squartatore.

La manovra non si è conclusa con l'abuso della giustizia da parte dei pezzi grossi di questo Paese, che hanno permesso a Somerset e Hammond di rimanere in libertà. La durezza e la perversione con cui l'*establishment* vittoriano era disposto a condurre un'operazione di sopravvivenza salì di livello nei confronti di un individuo che minacciava di rivelare tutto. Si trattava di Ernest Parke, un editorialista ventinovenne del *North London Press*, che evidenziò sul suo giornale il deliberato abuso dell'indagine e del processo sul bordello. Attaccò la polizia, non solo per aver permesso ad Hammond di fuggire sulla terraferma, ma anche per avergli concesso così tanto tempo da poterlo fare senza mobili... Attaccò l'accusa per aver inflitto una condanna a quattro mesi a Veck, uno dei principali colpevoli di un caso disgustoso. Parke ha coraggiosamente osservato: "L'anno scorso un ecclesiastico che si era trovato di fronte a un'accusa simile è stato condannato all'ergastolo per reati minori".

Gli articoli principali di Parke osservavano che i potenti e Hammond erano stati in grado di lasciare il paese e di sottrarsi alla giustizia perché "la loro incriminazione avrebbe incriminato *figure ancora più alte e distinte*".

Era un riferimento diretto a Eddy, ed Ernest Parke era fin troppo vicino alla verità. Doveva essere messo a tacere. Aveva fatto una dichiarazione che lo condannava a essere combattuto. Aveva nominato Lord Euston come cliente del bordello. All'inizio l'affermazione di Parke sembrava inattaccabile. Aveva non meno di sei testimoni che avevano detto di aver visto Euston entrare o uscire dall'edificio in diverse occasioni, uno dei quali aveva detto di aver avuto rapporti omosessuali con lui. I documenti del Director of Public Prosecutions confermano che Parke aveva ragione nelle sue affermazioni su Euston. John Saul, una prostituta, ha rilasciato la seguente dichiarazione, che è agli atti:

> Il giovane Duca di Grafton - cioè il fratello dell'attuale Duca - era un ospite abituale del locale di Hammond. È un uomo dall'aspetto molto alto e dai baffi chiari [si tratta ovviamente di Euston] [...] L'ho visto io stesso ieri sera. Lo conosco bene. Una volta è venuto con me da Hammond. Non è un vero sodomita. Gli piace giocare con te e poi "versarsi" sul tuo stomaco.

Saul non aveva alcun conto da regolare, e tutto da perdere, dicendo di aver visto Euston al 19 di Cleveland Street. E le sue parole non sembrano quelle di qualcuno che avrebbe maliziosamente infangato il nome di Euston. Se lo avesse fatto, l'avrebbe denunciata come "una vera sodomita" o, nelle sue parole preferite, "una pazza stagionata". È significativo che Saul abbia fatto questa dichiarazione il 10 agosto e che Parke sia stato informato dello scandalo solo a settembre: le ipotesi che Saul abbia reso una falsa testimonianza per conto di Parke sono quindi infondate. Saul stava dicendo la verità e il governo lo sapeva. Lo dimostrano diversi documenti - finora segreti - contenuti nel fascicolo del Director of Public Prosecutions: lettere di alti membri del governo coinvolti nell'insabbiamento, tra cui il Procuratore Generale e il Lord Cancelliere. Fu concordato che Saul non sarebbe stato perseguito per falsa testimonianza, cosa che certamente sarebbe avvenuta se avessero creduto che stesse mentendo. Nonostante ciò, Euston, su istigazione di un avvocato di nome Edward Henslow Bedford, citò in giudizio Parke con la falsa accusa di calunnia. E Saul fu liquidato dalla giuria come inaffidabile perché omosessuale! Il "giudice, gli avvocati, i testimoni e i querelanti subornati" descritti da Harrison stavano facendo il loro lavoro e Parke fu dichiarato colpevole di diffamazione. Venne condannato a un anno di prigione - e messo a tacere.

Il re Edoardo VII, padre di Eddy, aveva prescritto nel suo testamento che tutti i suoi documenti venissero distrutti dopo la sua morte. Le sue istruzioni furono seguite e i suoi documenti furono bruciati da Lord Knollys e Lord Esher. Il motivo per cui Bertie voleva che i suoi documenti fossero distrutti era che aveva condotto una vita così dissoluta che non voleva che i suoi segreti più oscuri fossero resi pubblici. Questo era comprensibile. Ma la Regina Alexandra fece una richiesta simile e tutti i *suoi* documenti furono cremati alla sua morte. Questo non è mai stato spiegato. Alexandra, come hanno detto molti biografi, era un esempio di virtù. È inconcepibile che potesse avere qualcosa da nascondere, a meno che la storia di Sickert non fosse vera. La distruzione dei suoi documenti inizia ad avere senso solo alla luce del racconto di Sickert su Cleveland Street, Jack lo Squartatore e la sepoltura dei fatti.

È necessario sfatare un mito.

I registri di Scotland Yard riportano centinaia di nomi, ma nessuno di essi fa riferimento a un sospetto serio, come dimostra il fatto che gli uomini arrestati, non appena dimostravano la loro identità, venivano rilasciati. Gli unici tre sospetti plausibili furono menzionati da Macnaghten, che prese la penna solo sei anni dopo gli omicidi. Egli menzionò un polacco, un russo (entrambi sconosciuti) e Montague John Druitt, nessuno dei quali era stato precedentemente citato nel caso. Gli stranieri non furono trovati e solo nel caso di Druitt si poté accertare la sua esistenza. Ma dove, nel 1894, Macnaghten si imbatté improvvisamente nel suo nome, essendo Druitt morto alla fine del 1888? Druitt non è menzionato da nessuna parte nel fascicolo, quindi non era certo un sospettato all'epoca degli omicidi. Convenzionalmente, era morto e non poteva rispondere all'accusa di essere l'assassino di Whitechapel. Walter Sickert vide Montague Druitt come un capro espiatorio e accusò Sir Melville Macnaghten, uno strumento della Massoneria, di aver costruito un caso contro di lui. Non spiegò come Druitt fosse caduto nella sua trappola: non lo sapeva. La complessa rete che ha portato Druitt nel caso e che ha permesso di farne un capro espiatorio, pronto a essere identificato con lo Squartatore al primo segnale di indagine, sarà descritta a lungo più avanti in questo capitolo.

Nel 1889, la polizia diffuse la voce che Jack lo Squartatore fosse annegato alla fine del 1888. Albert Backert, membro di spicco del Comitato di Vigilanza di Whitechapel, avrebbe ricevuto questa risposta nel marzo 1889 quando interrogò la polizia sulle sue indagini. Alti funzionari di polizia e membri del governo contribuirono all'accettazione generale della voce citandola nelle loro memorie. Sir Melville Macnaghten affermò in *Days of My Years* che lo Squartatore si era suicidato nel Tamigi. Sir John Moylan, sottosegretario agli Interni, scrisse: "È quasi certo che sia sfuggito alla giustizia suicidandosi alla fine del 1888."

Sir Basil Thomson, commissario aggiunto del CID, riteneva che il criminale fosse "un medico russo pazzo". Egli scrisse: "[...] l'uomo è sfuggito ai ferri suicidandosi nel Tamigi alla fine del 1888".

Due autori hanno recentemente fornito un'analisi dettagliata delle accuse contro Druitt: Tom Cullen in *Autumn of Terror* e Daniel Farson in *Jack the Ripper*. Entrambi i libri si basano su appunti privati apparentemente scritti da Sir Melville Macnaghten, *copiati* dalla figlia, Lady Aberconway, e *ricopiati dagli* autori. Purtroppo, in queste diverse versioni, le intenzioni originali di Macnaghten sembrano essere andate perdute, poiché le osservazioni utilizzate da Farson e Cullen differiscono in alcuni punti chiave dalle note ufficiali di Macnaghten conservate negli archivi di Scotland Yard. Né Farson né Cullen sono riusciti ad accedere a questi ultimi, per cui solo ora è possibile dimostrare che la base stessa del loro *caso* contro Druitt è fallace. Prima di esaminare gli errori fatali della loro teoria, è essenziale esaminare il contenuto completo delle note *ufficiali* di Macnaghten. Sono descritte come "confidenziali" e scritte di pugno da Sir Melville su carta bianca con il piccolo sigillo ellittico della Metropolitan Police:

> Il processo a cui si riferisce la storia sensazionale raccontata dal *The Sun nell'*edizione del 13 di questo mese, e nei giorni successivi, è quello di Thomas Cutbush, processato nella contea di Londra nell'aprile del 1891 con l'accusa di aver ferito dolosamente Florence Grace Johnson e di aver tentato di ferire Isabelle Frazer Anderson a Kennington. Fu dichiarato pazzo e condannato a essere imprigionato a discrezione di Sua Maestà.
>
> Questo Cutbush, che viveva con la madre e la zia al 14 di Albert Street, Kennington, fuggì dalla casa di lavoro di Lambeth (dopo esservi stato trattenuto per poche ore come pazzo) a mezzogiorno del 5 marzo 1891.

Fu nuovamente arrestato il 9. Poche settimane prima, nel quartiere si erano verificati diversi casi di accoltellamento e scazzottate e un individuo di nome Colicutt era stato arrestato, ma successivamente assolto per mancanza di identificazione. I tagli inferti agli abiti delle donne aggredite da Colicutt erano ben diversi dalla ferita inferta da Cutbush (quando colpì il signor Johnson), senza dubbio spinto da un desiderio di imitazione morbosa. Il passato di Cutbush è stato accertato dall'Ispettore Capo (ora Sovrintendente) [illeggibile], dall'Ispettore Race e da McCarthy del CID (quest'ultimo ufficiale era stato appositamente impiegato a Whitechapel all'epoca degli omicidi) ed è stato verificato che era nato e vissuto a Kennington per tutta la vita. Suo padre morì quando era molto giovane e lui fu sempre un bambino "viziato". Era stato impiegato come venditore e viaggiatore nel commercio del tè, e successivamente adescato da un servizio di elenchi nell'East End, periodo in cui era sano di mente. Probabilmente ha contratto la sifilide intorno al 1888 e da allora ha condotto una vita di ozio e accidia. Sembra che il suo cervello sia stato colpito e credeva che le persone stessero cercando di avvelenarlo. Scrisse a Lord Grimthorpe e ad altri, e anche al Ministero del Tesoro, lamentandosi di Dr Brooks, di Westminster Bridge Road, che minacciò di sparare per avergli dato delle medicine sbagliate. Si dice che studiasse libri di medicina di giorno e vagasse di notte, tornando spesso con i vestiti sporchi di sangue, ma si può riporre poca fiducia nei discorsi della madre e della zia, che sembrano entrambe di temperamento estremo. È stato impossibile ricostruire i suoi movimenti nelle notti degli omicidi di Whitechapel. Il coltello che gli è stato trovato addosso è stato acquistato a Houndsditch circa una settimana prima che fosse ricoverato nell'ospizio. Cutbush era un nipote dell'ex Commissario Generale.

Ora l'assassino di Whitechapel ha fatto 5 e solo 5 vittime. I suoi omicidi sono stati :

I. 31 agosto 1888. Mary Ann Nichols - in Buck's [sic] Row - trovata con la gola tagliata e con una (lieve) mutilazione addominale.

II. 8 settembre 1888. Annie Chapman, Hanbury Street: gola tagliata - stomaco e genitali gravemente mutilati e parte degli intestini messi intorno al collo.

III. 30 settembre 1888. Elizabeth Stride, Berner's [sic] Street: taglio alla gola, ma nessuna mutilazione; e, nella *stessa data,* Catherine Eddowes, Mitre Square: taglio alla gola e una mutilazione molto violenta, sia del viso che dell'addome.

IV. 9 novembre. Mary Jane Kelly, Miller's Court: sgozzata e tutto il corpo mutilato nel modo più orribile.

Quest'ultimo omicidio è l'unico avvenuto in una *camera da letto* e l'assassino deve avervi trascorso almeno due ore. Una fotografia della donna è stata scattata mentre giaceva sul letto, senza far capire che è impossibile immaginare la raccapricciante mutilazione.

Nel caso del *duplice* omicidio del 30 settembre, non c'è dubbio che il criminale sia stato disturbato da qualche ebreo mentre si recava in un locale (vicino al quale è stato trovato il corpo di Elizabeth Stride) e che sia ripartito, "*mordum satiatus*", alla ricerca di una nuova vittima, che ha trovato in Mitre Square.

Si noterà che la frenesia delle mutilazioni *aumentava* di volta in volta, così come, a quanto pare, il piacere e la gioia dell'assassino. Sembra quindi altamente improbabile che egli si sia improvvisamente fermato nel novembre 1888 e abbia ripreso le sue attività limitandosi a pugnalare una donna circa due anni e quattro mesi dopo. Un'ipotesi molto più razionale è che la mente dell'assassino sia completamente crollata dopo i suoi terribili eccessi a Millers Court, e che si sia immediatamente suicidato, o - forse - che le persone a lui vicine lo abbiano trovato così folle da essere internato in un manicomio.

Nessuno ha mai visto l'assassino di Whitechapel, sono stati sospettati molti pazzi, ma non è stato possibile fornire prove concrete per nessuno di loro. Posso, tuttavia, citare il caso di tre uomini che, più di Cutbush, avrebbero potuto compiere questa serie di omicidi:

1. Il signor M. J. Druitt, presumibilmente un medico di buona famiglia, scomparso all'epoca dell'omicidio di Millers Court e il cui corpo (che si dice sia rimasto in acqua per quasi un mese) è stato ritrovato nel Tamigi il 31 dicembre, circa sette settimane dopo l'omicidio. Era sessualmente deviato e, da informazioni private, sono quasi certo che la sua stessa famiglia pensasse che fosse lui l'assassino.

2. Kosminski, un ebreo polacco che viveva a Whitechapel. Questo individuo fu preso dalla follia dopo molti anni di piacere nei vizi solitari. Aveva un odio profondo per le donne, soprattutto per le prostitute, e una spiccata tendenza omicida: fu ricoverato in manicomio intorno al marzo 1889. I numerosi crimini attribuiti a quest'uomo lo resero un forte "sospetto".

3. Michael Ostrog, un medico russo e un detenuto spesso rinchiuso in manicomio come pazzo omicida. Il background di quest'uomo era dei

peggiori e non è mai stato possibile ricostruire il suo programma al momento degli omicidi.

Vediamo ora alcune delle dichiarazioni imprecise ed errate del *Sun*. Nell'edizione del 14 febbraio si afferma che l'autore dell'articolo era in possesso di una riproduzione del coltello con cui sono stati commessi gli omicidi. Questo coltello (che per qualche inspiegabile motivo era stato conservato dall'ispettore Race negli ultimi tre anni, invece di essere inviato al Magazzino delle proprietà dei prigionieri) è stato rintracciato e si è scoperto che era stato acquistato a Houndsditch nel febbraio 1891, due anni e tre mesi *dopo il* compimento degli omicidi di Whitechapel!

Inoltre, l'affermazione che Cutbush "passava parte del suo tempo a disegnare corpi femminili e le loro mutilazioni" si basa solo sul fatto che due *schizzi* di donne in atteggiamenti indecenti furono trovati strappati nella stanza di Cutbush. La testa e il corpo di uno di essi erano stati ritagliati da una stampa di moda, e le gambe erano state aggiunte per mostrare le cosce e le calze rosa di una donna nuda.

Nel numero del 15 febbraio si afferma che un *cappotto chiaro era* tra gli oggetti trovati nella casa di Cutbush e che un uomo con un cappotto *chiaro* è stato visto parlare con una donna in Back Church Lane il cui corpo è stato trovato con le braccia legate in Pinchin Street. Tutto ciò è assolutamente falso! Il 10 settembre 1889, il corpo nudo, con le braccia, di una donna fu trovato in un sacco sotto il ponte ferroviario di Pinchin Street: la testa e le gambe non furono mai trovate e la vittima non fu nemmeno identificata. La donna era stata uccisa almeno 24 ore prima che i suoi resti (che presumibilmente erano stati lasciati lontano dalla scena) venissero scoperti. Il ventre era stato squarciato e la testa e le gambe erano state tagliate nello stesso modo della donna i cui resti furono recuperati dal Tamigi a Battersea Park, Chelsea Quay, il 4 giugno dello stesso anno; e questi omicidi non hanno alcun collegamento con gli orrori di Whitechapel. Il mistero di Rainham del 1887 e il mistero di Whitehall (quando parti del corpo di una donna furono rinvenute nel sito dell'attuale Scotland Yard) del 1888 erano dello stesso tipo dei crimini del Tamigi e di Pinchin Street.

Dire che Cutbush ha pugnalato *sei* donne alle spalle è completamente falso - confonde il suo caso con quello di Colicutt.

La teoria secondo cui l'assassino di *Whitechapel* era mancino, o almeno "ambidestro", ha avuto origine da un'osservazione fatta da un medico che ha esaminato il corpo di una delle prime vittime; *altri medici non erano d'accordo con lui.*

Per quanto riguarda gli altri *quattro* omicidi attribuiti dal giornalista *del Sun* al mostro di Whitechapel:

1. Il corpo di Martha Tabram, una prostituta, fu scoperto in una tromba delle scale comuni a George Yard il 7 agosto 1888, con diversi *fori, probabilmente di una baionetta*. La donna, insieme a un'altra prostituta, era stata in compagnia di due soldati nella prima parte della serata. Questi uomini furono arrestati, ma la seconda prostituta non riuscì o si rifiutò di identificare il sospetto e i soldati furono quindi rilasciati.

2. Alice McKenzie fu trovata con la gola tagliata (o meglio, *pugnalata*) in Castle Alley il 17 luglio 1889; non furono raccolte prove e non furono effettuati arresti in relazione a questo caso. La *ferita alla gola era* della stessa natura di quella del caso n.º 3.

3. Frances Coles a Swallow Gardens, 13 febbraio 1891 - Thomas Sadler, un pompiere, fu arrestato e, dopo diversi rinvii, assolto. È stato accertato che a quell'epoca Sadler era salpato per il Baltico il 19 luglio 1889 e si trovava a Whitechapel la notte del 17. Era un uomo dal carattere indomito e totalmente dipendente da una dipendenza da alcol. Era un uomo dal carattere indomito e totalmente dedito all'alcol e alla compagnia di ignobili prostitute.

4. Il caso di una donna non identificata il cui busto fu scoperto il 10 settembre 1889 in Pinchin Street - di cui abbiamo già parlato.

L. Macnaghten, 23 febbraio 1894

L'importantissima pagina degli appunti di Macnaghten

Per esaminare l'affermazione di Farson secondo cui Druitt sarebbe l'assassino, è illuminante considerare alcune dichiarazioni che egli sostiene siano state fatte da Macnaghten:

> Nessuno ha mai visto l'assassino di Whitechapel (tranne, forse, il poliziotto che faceva il suo giro vicino a Mitre Square), e non è mai stato possibile portare prove di alcun tipo contro nessuno, anche se molti pazzi pericolosi sono stati sospettati una volta o l'altra. Elenco i casi di tre uomini contro i quali la polizia nutriva legittimi sospetti. *Personalmente, e dopo uno studio attento e ponderato, sono propenso a scagionare due di loro.*

La frase da me sottolineata in corsivo è fondamentale per la teoria di Farson secondo cui il terzo sospettato, Druitt, era nella mente di Macnaghten il vero assassino. Ma nei suoi appunti ufficiali di Scotland Yard, che devono essere presi più seriamente della copia di Farson di un'altra copia, Macnaghten scrisse (corsivo mio):

> Nessuno ha mai visto l'assassino di Whitechapel, sono stati sospettati molti pazzi, ma non è stato possibile fornire prove concrete per nessuno di loro. Posso, tuttavia, citare il caso di tre uomini che, *più* di Cutbush, avrebbero potuto compiere questa serie di omicidi.

Qui non c'è alcun desiderio di scagionare due di loro, ma solo i nomi dei tre uomini, *ognuno dei quali* potrebbe essere Jack lo Squartatore.

Farson e Cullen sostengono che un'accusa ancora più forte contro Druitt appare nella copia di Lady Aberconway degli appunti del padre. Anche in questo caso, nulla di simile appare negli appunti autentici. Secondo i nostri due autori, Macnaghten scrisse :

> [Ho sempre avuto un profondo sospetto sul primo [Druitt], e più approfondisco la questione, più i miei sospetti diventano forti. La verità, tuttavia, non si saprà mai, e in effetti, a un certo punto, se le mie congetture sono corrette, era sul fondo del Tamigi.

Queste parole non compaiono negli appunti originali. Nei suoi rapporti effettivi, Macnaghten non ha dichiarato di avere forti sospetti su Druitt. Druitt era solo una delle tre *possibilità*. Non c'era nemmeno il minimo accenno al fatto che la verità si trovasse in fondo al Tamigi.

Vediamo ora la menzione del sospetto n° 1, dove entrambi gli autori si discostano seriamente dai documenti autentici. La versione di Cullen e Farson è riprodotta a sinistra, mentre le note effettive di Macnaghten a destra:

N° 1. M. J. Druitt, un medico di circa 41 anni e di buona famiglia, scomparso all'epoca dell'omicidio di Miller's Court, il cui corpo è stato ritrovato nel Tamigi il 3 dicembre, cioè sette settimane dopo il suddetto omicidio. Si dice che il corpo sia rimasto in acqua per un mese o più - su di esso è stato trovato un abbonamento tra Blackheath e Londra. Da informazioni private non ho dubbi che la sua stessa famiglia sospettasse che quest'uomo fosse l'assassino di Whitechapel; si diceva che fosse sessualmente deviato.	1. Il signor M. J. Druitt, presumibilmente un medico di buona famiglia, scomparso all'epoca dell'omicidio di Millers Court e il cui corpo (che si dice sia rimasto in acqua per quasi un mese) è stato ritrovato nel Tamigi il 31 dicembre, circa sette settimane dopo l'omicidio. Era sessualmente deviato e, da informazioni private, sono quasi certo che la sua stessa famiglia pensasse che fosse lui l'assassino.

Le contraddizioni sono subito evidenti: negli appunti veri e propri non si fa menzione dell'età di Druitt; si dice che Druitt fu trovato nel Tamigi il 31 dicembre (il che è corretto). La versione di Cullen e Farson dice 3 dicembre, che non poteva essere sette settimane dopo l'omicidio di Kelly, avvenuto il 9 novembre: ci sarebbero state solo tre settimane e tre giorni tra le due date. Questo errore si ripete nell'edizione rivista del libro di Farson, dove la data del ritrovamento del corpo di Druitt viene nuovamente cambiata... al 13 dicembre! Le note attuali non fanno riferimento a un titolo di trasporto e la formulazione dei due testi è molto diversa nello stile. Pertanto, gli appunti utilizzati da Farson e Cullen come base per la loro accusa a Druitt sembrano essere *copie imprecise e difettose*. È impossibile stabilire se gli errori siano stati interpolati nella prima trascrizione di Lady Aberconway o in copie successive. Dopo tanti anni e con così tante versioni, non sorprende che siano emerse affermazioni che hanno poco in comune con i documenti originali.

Confortati dall'idea che Macnaghten sospettasse di Druitt e scagionasse gli altri due sospettati, Farson e Cullen si misero alla ricerca di prove.

La dimostrazione prodotta da Farson è gravemente lacunosa. Con pazienza e con l'aiuto di due ricercatori a tempo pieno, ha trovato un Dr Lionel Druitt elencato nel *Medical Directory* fino al 1887, dopodiché il suo indirizzo era in Australia. Lionel risultò essere un cugino di

Montague. Farson si imbatté anche nel certificato di morte del suo sospetto a Somerset House e scoprì che Druitt era un avvocato e non un medico come sosteneva Macnaghten.

Ha stabilito che Druitt è nato a Wimborne, nel Dorset, nell'agosto 1857. Nel gennaio 1870 entrò al Winchester College, dove dimostrò di essere dotato in tutte le materie. Fece rapidi progressi accademici, fu un membro attivo del club di dibattito ed eccelse nel cricket. Nel 1876 ottenne una borsa di studio per il New College di Oxford, dove si impegnò moderatamente. Si laureò nel 1880. Druitt si dedicò all'avvocatura e nel maggio 1882 fu ammesso all'Inner Temple. Fu chiamato all'avvocatura, davanti all'Inns of Court, nel 1885. Prese un appartamento al 9 di King's Bench Walk, che mantenne fino alla morte, ma sembra che abbia avuto poco successo come avvocato e alla fine divenne insegnante a tempo pieno in una scuola di Blackheath, dove insegnò almeno dal 1883.

La successiva "prova" di Farson sembra priva di valore, ma sembra essere la base della sua argomentazione. Egli afferma di aver ricevuto una lettera da un certo signor Knowles che diceva di aver visto in Australia un documento intitolato *L'assassino dell'East End. Lo conoscevo*. A quanto pare era firmato da un certo Lionel Drewett, Druitt o Drewery. Purtroppo, Farson non può restituire la lettera, perché - dice - è scomparsa insieme ad altri documenti relativi a Jack lo Squartatore in un archivio che qualcuno aveva preso in prestito e non ha più restituito. Farson non ricorda l'indirizzo di Knowles, quindi non è possibile rintracciarlo e interrogarlo sul testo di cui potrebbe essere a conoscenza. Ancora più frustrante è il fatto che Farson non abbia contattato immediatamente Knowles per porgli domande essenziali come: "Quando e dove ha visto questo documento?"; "Ne ha una copia?"; e, soprattutto: "Ha fatto il nome dell'assassino? In realtà, non fu posta alcuna domanda all'uomo che, secondo Farson, gli fornì una testimonianza *decisiva*.

"Il valore di questa lettera [di Knowles] per l'identificazione di Jack lo Squartatore non può essere esagerato", scrive, anche se non ha nemmeno l'indirizzo dell'uomo che l'ha scritta. La missiva fu in seguito inserita in un archivio rubato. Farson aveva però scoperto che la lettera rubata diceva che *L'assassino dell'East End. I knew him* era stato pubblicato da un privato, il signor Fell di Dandenong, una cittadina di montagna a circa 30 chilometri a est di Melbourne, nel 1890. Continua dicendo che se si potesse dimostrare che il documento è stato scritto da Lionel, cugino di M. J. Druitt, sarebbe più di una coincidenza e che Druitt sarebbe stato l'assassino. Sembra un salto prodigioso da ipotesi più che vaghe. Farson non considera più l'esistenza del documento solo come possibile, ma all'improvviso, senza la minima conferma, questa possibilità si è trasformata, nella sua mente, in un *fatto*, e sta già pensando: "Se riuscissimo a dimostrare che è stato scritto dal cugino di Montague...".

Un'altra importante ricerca un po' distorta è che Knowles avrebbe sostenuto che *The East End Murderer. I Knew Him* potrebbe essere stato scritto da un uomo chiamato Drewett o Drewery. Sembra che non sia stata fatta alcuna ricerca in questo senso; si presume tacitamente che il documento sia esistito, che sia stato scritto da Lionel Druitt e che tutto ciò che Farson deve dimostrare è che questo autore Lionel era anche Lionel il medico, cugino di Montague. Farson ci ricorda poi che il *Medical Directory* mostra che Dr Lionel Druitt si era trasferito in Australia nel 1887.

Nella sua edizione riveduta, Farson cita un corrispondente che afferma che il certificato di morte della madre di Druitt, che trascorse i suoi ultimi anni in un manicomio, recita: "Emily Knowles, presente alla morte, Manor House, Chiswick".

Senza prove più solide di questa coincidenza di cognomi ordinari, Emily Knowles viene associata all'odierno Mr Knowles, l'autore della lettera scomparsa, un'enorme impalcatura di congetture senza prove accettabili; Farson, a parte il nome, non sa nulla di più sulla Knowles. Il suo suggerimento è che Emily Knowles fosse una donna che si occupava di Druitt nel manicomio, e che avesse ottenuto informazioni preziose dopo l'ultima visita di Montague alla madre: "Fu comunicata da un membro della famiglia a Lionel, permettendogli di scrivere il documento in questione" (!).

A questo punto, Farson sembra convinto che l'assassino sia Druitt. Ma...

1. Non ha dimostrato che il documento a cui fa riferimento sia realmente esistito.

2. Anche se fosse così, non è stato dimostrato che Lionel Druitt ne sia l'autore.

3. Non ha preso in considerazione l'argomentazione secondo cui, se Montague fosse stato l'assassino, suo cugino difficilmente avrebbe voluto rendere pubblico il fatto. Inoltre, nell'improbabile caso in cui Lionel avesse cercato la notorietà grazie ai legami con lo Squartatore, non avrebbe pubblicato uno scoop in privato: i giornali e le case editrici

vi si sarebbero buttati a capofitto; e, in secondo luogo, se avesse cercato la notorietà, non avrebbe accettato di far pubblicare il suo libro in una città piccola e remota come Dandenong, dove il suo pubblico di lettori sarebbe stato esiguo.

4. Non ha considerato la possibilità che chi ha scritto il testo possa aver nominato qualcuno di completamente diverso. Farson non menziona nemmeno questa possibilità.

5. Non ricorda che migliaia di affermazioni sono state fatte da persone che sostengono di conoscere l'identità di Jack lo Squartatore, e *L'assassino dell'East End. I Knew Him*, anche se esistesse, potrebbe non essere di alcun interesse.

Nonostante ciò che molti *rumor* hanno strombazzato, Farson non offre alcuna prova concreta dell'esistenza del documento. Quello che ha prodotto è un pettegolezzo telefonico arabo che non sarebbe stato accettato in nessun tribunale, in cui si afferma che un criminologo dilettante di nome Maurice Gould ha detto di aver vissuto in Australia dal 1925 al 1932 e di aver incontrato due persone che sostenevano di conoscere l'identità del criminale. Le loro informazioni, si dice, provenivano da documenti appartenenti a un certo W. G. Fell.

Farson continua:

> Oggi Gould ammette che i dettagli sono offuscati dal tempo, ma ricorda che uno dei due uomini era un giornalista freelance di nome Edward MacNamara che "conosceva questo signor Fell di Dandenong che è morto nel 1935" e ha detto che Fell ospitava un uomo chiamato Druitt che gli ha lasciato documenti che provano l'identità dello Squartatore: "Era un uomo di chiesa. Fell di Dandenong che morì nel 1935" e disse che Fell ospitava un uomo di nome Druitt che gli lasciò documenti che provavano l'identità dello Squartatore: "Non se ne sarebbe separato senza un considerevole compenso, credo 500 sterline, che non avevo all'epoca e quindi *ciò che scrissi era a memoria dopo una rapida scrematura*" [corsivo aggiunto].

Non solo le informazioni di Farson, simili a conferme, sono scritte a più mani, ma è probabile che si basino su qualcosa scritto a *memoria* dopo una *rapida* scansione. Non ci è dato sapere come i due uomini incontrati da Gould in Australia sapessero già nel 1932 della morte di Fell nel 1935. Né ci viene detto che nei registri di nascita e di morte australiani non c'è traccia di un W. G. Fell scomparso tra il 1933 e il 1937, il che esclude la testimonianza di Gould.

Tuttavia, con quella che definì "doppia conferma per nome", grazie alla memoria disturbata di Gould e a un Knowles introvabile, Farson volò in Australia. Si spinse fino a Dandenong e, in una località chiamata Lang-Lang, sentì parlare di un commerciante di nome Fell. Purtroppo non era parente del nostro sfuggente stampatore.

Mentre Farson non fornì alcuna prova dell'esistenza del documento, la BBC - con tutte le sue possibilità e risorse - concluse che non era mai esistito e, così facendo, sembrò distruggere l'intero caso di Farson contro Druitt. In un telex a Humphrey Fisher, direttore dei documentari della Australian Broadcasting Commission di Sydney, Paul Bonner chiese informazioni su questo presunto documento. Il 9 aprile 1973, ricevette questa risposta dal ricercatore Leone Buchanan:

> Humphrey Fisher mi ha inoltrato la sua richiesta riguardante Dr Lionel Druitt e la pubblicazione di *The East End Murderer*. Lo conoscevo. Finora non ho avuto fortuna. Ho passato al setaccio le biblioteche di Sidney e ho trascorso tre giorni a Melbourne per controllare tutte le fonti disponibili: biblioteche, società storiche, criminologi, archivisti, collezionisti privati, editori e giornali. La pubblicazione di Druitt non è praticamente elencata nelle bibliografie australiane e da una ricerca sugli elenchi degli anni 1890 non risulta nessun W.G. Fell. Ho rintracciato la figlia e la nipote di Druitt, che non sono a conoscenza del soggiorno di Dr Druitt a Dandenong o di un suo articolo. Pare che all'epoca si trovasse in Tasmania.

Questo sembra demolire definitivamente la tesi di Farson. Se Dr Lionel Druitt si trovava in Tasmania nel periodo in cui Farson affermava che si trovava a Dandenong, allora non avrebbe potuto scrivere il documento - che, tra l'altro, sembra non essere mai esistito, perché se ce ne fosse stata traccia, sarebbe stato sicuramente scoperto durante la minuziosa ricerca di Buchanan. E, infine, sembra che lo stesso W. G. Fell non sia mai esistito!

L'unico lavoro pubblicato da Lionel Druitt in Australia è stato in realtà un articolo di quattro pagine sulle infezioni del tratto urinario in una rivista medica.

Come se fosse stato stabilito non solo che il documento esisteva, ma anche che Lionel Druitt ne era l'autore, Farson si chiede:

> Cosa poteva sapere Lionel per accusare suo cugino? Qui posso fornire un'altra prova fondamentale. Ho scoperto dal *Medical Directory* che Dr Lionel Druitt aveva uno studio a Minories nel 1879. Questo è il primo collegamento tra Druitt e l'East End di Londra, la cui assenza è stata

finora così sconcertante. Montague stava per lasciare Oxford in quel periodo, ma ritengo comunque questo collegamento più che casuale.

Tuttavia, Dr Lionel Druitt non aveva uno studio a Minories nel 1879 e non c'è alcuna menzione di lui nell'annuario medico di quell'anno. Il riferimento che confonde Farson appare in realtà nel *Medical Register*, una pubblicazione completamente separata. Questo riferimento nomina Druitt a Minories nel 1879. Ma questo significa al massimo che assisteva il medico che di solito esercitava a quell'indirizzo e che non vi rimase per più di qualche mese. Ciò è dimostrato dal fatto che il *Medical Directory* e il *Medical Register* per gli anni precedenti e successivi al 1879 indicano come indirizzo di Druitt il numero 8 di Strathmore Gardens, che era chiaramente la sua residenza permanente. Purtroppo, questo fraintendimento del legame di Lionel Druitt con i Minory è diventato la base per i successivi sviluppi della tesi di Farson. Egli insinua che Lionel, più anziano di Montague di quattro anni, "potrebbe aver sentito il dovere di prendersi cura del ragazzo quando entrambi erano a Londra". Ma non fornisce alcuna prova che Montague sia mai stato nell'East End, né che conoscesse suo cugino Lionel.

"È ragionevole supporre", ci dice Farson, "che Montague possa aver fatto visita a Lionel... È possibile che abbia anche vissuto lì dopo che Lionel se ne era andato, e che a un certo punto Lionel abbia trovato lì la base dei suoi sospetti".

Così, invece di produrre *prove* per collegare Montague all'East End, Farson cerca di convincerci della colpevolezza del suo sospettato affermando che "è ragionevole supporre" che abbia vissuto a Minories per nove anni dopo la partenza di Lionel, nonostante il fatto che Montague abbia mantenuto il suo alloggio al n. 9 di King's Bench Walk per tutto questo tempo. Un rapido controllo del *Medical Register* e del *Medical Directory* per ogni anno tra il 1879 e il 1889 mostra che in nessun momento Montague poté rimanere al n° 140. Era occupato permanentemente da medici. Prima J. O. Taylor e Thomas Thyne hanno consultato questo indirizzo, e poi Dr John Sell Edmund Cotman li ha succeduti. Nonostante l'affermazione di Farson, *non è ragionevole* ipotizzare un collegamento tra Druitt e i Minory, a meno che non si trovino prove.

Farson torna poi al criminologo dilettante Maurice Gould, che sostiene di aver parlato con un ex bibliotecario di Poplar, sull'Isle of Dogs, ai confini del territorio dello Squartatore. Gould viene citato come segue: "Lui [il bibliotecario] tirò fuori da un angolo della biblioteca un vecchio elenco - o è una lista elettorale? - che elencava un certo Mr. J. Druitt di Minories.

Farson racconta che in seguito ha cercato di trovare questo indizio, ma senza successo: "ulteriori indagini hanno rivelato che l'ex bibliotecario è morto".

Ancora una volta, il caso di Farson può essere ricondotto solo a una voce attribuita a un uomo morto. La prima metà del caso si basa su una lettera che non può restituire, scritta da un uomo introvabile. La seconda metà si basa sulla testimonianza non corroborata di un uomo morto. I vecchi bibliotecari muoiono, ma le liste elettorali e gli annuari sono ancora lì. Ho esaminato tutti gli annuari, compresi quelli dei Minori per i decenni 1870, 1880 e 1890, e il nome del signor J. Druitt non è menzionato in nessuno di essi.

Le argomentazioni a favore del collegamento tra Druitt e i Minories sono particolarmente brevi, ma Farson si spinge oltre per descrivere l'importanza di questa strada. Non si tratta semplicemente della sua posizione nell'East End, sostiene:

> Hanno un significato speciale nella storia dello Squartatore. Il 29 settembre 1888, lo Squartatore scrisse da Liverpool: "Attenzione: sarò al lavoro il 1 e il 2 del mese ai Minories a mezzanotte. Do alle autorità una seria possibilità, ma non c'è mai un poliziotto vicino ai luoghi dove sono al lavoro".

Cita poi un'altra lettera da Liverpool ricevuta dopo il duplice omicidio del 30 settembre:

> Quanto è stupida la polizia! Ho anche dato il nome alla strada in cui vivo.

Per quanto Farson possa pensare, queste lettere possono essere state scritte da una sola persona: Montague lo Squartatore. Ma anche questa idea è piena di punti deboli. Non ci sono prove che il vero assassino abbia scritto queste due lettere da Liverpool. Non ci sono prove che Druitt si sia mai recato a Liverpool o che abbia avuto qualche legame con essa. Se Farson avesse consultato gli archivi di Scotland Yard, saprebbe che contengono centinaia di lettere di burloni di tutto il mondo. Sono scritte in lingue diverse: molte citano una strada dell'East End e una notte particolare tra il settembre 1888 e la fine dell'anno. Si potrebbe dimostrare qualsiasi cosa con questa abbondante documentazione - a patto che, naturalmente, si accetti che lo Squartatore abbia scritto tutte le lettere ricevute dalla polizia e dalla stampa e che, tra un omicidio e l'altro, si sia spinto fino a Barcellona e a Filadelfia per spedire i suoi messaggi stravaganti.

Ma l'elemento più fuorviante delle due lettere di Liverpool è l'accostamento, da parte di Farson, delle ultime due frasi di una di esse con il riferimento alle Minorie dell'altra. "Quanto è stupida la polizia! Ho dato il nome della strada in cui vivo" viene citato per dare l'impressione che l'autore della missiva vivesse a Minories. Ciò che Farson non dice è che "la strada in cui vivo" si riferisce semplicemente all'indirizzo della carta intestata: Prince William Street, Liverpool!

Questa analisi del libro di Farson non trova alcuna prova che incrimini Druitt. Non risulta che Druitt fosse vicino alle scene dei crimini, né che si sia mai recato nell'East End. E non ci sono prove che Druitt avesse un movente per uccidere le prostitute.

Montague John Druitt non era Jack lo Squartatore. La verità è resa evidente dalla passione di questo avvocato per il cricket. Il primo omicidio, quello di Nichols, avvenne a Whitechapel all'inizio di venerdì 31 agosto. *Quel giorno*, Druitt stava giocando a cricket nel West Country. Il secondo omicidio, quello di Annie Chapman, avvenne intorno alle 4.20 di sabato 8 settembre. Sei ore dopo, Druitt stava giocando a cricket al Rectory Field di Blackheath per il Blackheath Cricket Club.

"Naturalmente, questo non confuta le accuse contro Druitt", scrive Farson, prima di suggerire timidamente: "Potrebbe confermare che i suoi nervi erano forti". E continua:

> Era certamente pragmatico, perché il viaggio da Spitalfields a Blackheath era breve e facile. Non c'è motivo per cui un uomo dovrebbe commettere un omicidio e poi non andare a giocare una lunga partita di cricket qualche ora dopo. Data l'eccessiva lentezza di questo sport, potrebbe addirittura considerarlo un modo per rilassarsi.

Nel discutere lo stato mentale dell'assassino, Farson ha evidentemente dimenticato la descrizione di un nervoso Druitt che mutila meticolosamente Chapman e poi va a giocare a cricket. Per prima cosa cita Dr Magnus Hirschfeld, autore di *Sexual Anomalies and Perversions*, che osserva:

> L'assassino sessuale non è consapevole del sinistro desiderio bestiale di uccidere che giace silenziosamente dentro di lui e che, purtroppo, si manifesta alla prima occasione.

Farson continua dicendo che Hirschfeld suggerisce che l'assassino sessuale è a malapena consapevole di ciò che sta facendo e che uccide in uno stato di ebbrezza sessuale. Cita poi Colin Wilson, il quale afferma che dopo l'omicidio pensa che l'assassino stesse soffrendo

> Sospetto che Jack lo Squartatore fosse schiavo della sua pulsione omicida, come un tossicodipendente, ma che si vergognasse sempre di se stesso. [...] Sospetto che Jack lo Squartatore fosse schiavo del suo impulso omicida, come un tossicodipendente, ma che si vergognasse sempre di se stesso.

Ecco il commento di Farson:

> Sono sicuro che Wilson ha ragione. A parte la questione dell'assunzione di responsabilità, questo non si oppone alle conclusioni di Hirschfeld, ma le spinge ancora più in là.

Ma questo è difficilmente conciliabile con la prima osservazione di Farson sul fatto che Druitt gioca a cricket solo poche ore dopo aver commesso un barbaro omicidio...

Nei capitoli finali, Farson ricama le parole di Sir Melville Macnaghten: "Da informazioni private sono quasi certo che la sua stessa famiglia pensasse che fosse lui l'assassino". Farson esamina questo fatto dal punto di vista del fratello di Montague, William Druitt, un avvocato di Bournemouth che testimoniò all'inchiesta su Montague. Farson scrive:

> Possiamo supporre che William, che rappresentava la famiglia, pensasse che il fratello avesse commesso gli omicidi. Ma perché? Il suo suicidio nel Tamigi non è di per sé una prova. Ma proprio nel punto in cui la pista sembra più tenue, vedo che è forte. William doveva avere le prove della colpevolezza di Montague. Inoltre, quella prova può essere stata decisiva; William non era in cerca di fama, anzi, difficilmente avrebbe attirato l'attenzione sui suoi sospetti senza una buona ragione. Allo stesso modo, la polizia non avrebbe accettato la sua testimonianza senza prove.

Dobbiamo ricordare che le note di Sir Melville Macnaghten non esprimono l'opinione della polizia nel suo complesso. Invece di "polizia", Farson avrebbe dovuto scrivere "Macnaghten". In secondo luogo, come dimostrano gli appunti *ufficiali* di Macnaghten, egli non *avallò* la dichiarazione della famiglia che Druitt fosse lo Squartatore. Si limitava a riferire i suoi sospetti, di per sé insignificanti. Molte famiglie avevano sospetti su uno dei loro membri, come dimostra il dossier

"Sospetti" di Scotland Yard. Questo non fa di tutti un Jack lo Squartatore. Infine, se la polizia avesse avuto delle prove, come sostiene Farson, Macnaghten le avrebbe senza dubbio incluse nei suoi appunti.

Farson cita la lettera trovata nella tasca di Druitt dopo la sua estrazione dal Tamigi, che è stata letta ad alta voce durante le indagini:

> Da venerdì sento che sto diventando malata come mia madre e che la cosa migliore per me è morire.

Ma questo non sostiene le accuse contro Druitt: le indebolisce. Un uomo che avrebbe commesso cinque barbari omicidi accompagnati da orribili mutilazioni nell'arco di 10 settimane si sarebbe mai preoccupato di sedersi e scrivere, settimane dopo l'ultimo omicidio, per dire che era preoccupato per il suo stato mentale *da venerdì*? L'idea che non si sia preoccupato neanche un po' tra il 31 agosto e il 9 novembre è quasi comica...

In un'edizione riveduta del suo saggio, Farson riconosce la possibilità che Druitt non si sia suicidato ma sia stato ucciso dalla sua famiglia. Il suo ragionamento è in parte corretto. Le tasche di Druitt erano piene di pietre. Un nuotatore raramente è disposto a scegliere una morte per annegamento, e una persona che non sapeva nuotare difficilmente avrebbe avuto bisogno di aggiungere peso. Ma Farson ritorna ai legami fittizi con i Minori e cita un corrispondente che dice:

> Questo significherebbe che loro [la famiglia di Druitt] lo hanno incaprettato - droghe? un'iniezione? - che avevano conoscenze mediche e quindi sapevano come procedere, e poi hanno portato il suo corpo senza vita fino al Tamigi per appesantirlo con delle pietre. Dai Minories al Tamigi: 200 metri? Giustizia è stata fatta, anche se ai margini della legalità.

Tuttavia, come abbiamo visto, Druitt non era in alcun modo collegato ai Minories. E, se lo fosse stato, n° 140 dove Farson sostiene che Druitt vivesse è molto più lontano dal Tamigi di 200 metri: è più vicino a 800. Sebbene il ragionamento secondo cui Druitt fu assassinato sia corretto, è difficile capire come la sua stessa famiglia abbia potuto istigarlo. Anche se i Druitt avessero vagamente saputo che Montague era pazzo da legare e che aveva commesso gli omicidi di Jack lo Squartatore, ucciderlo sarebbe stata sicuramente l'ultima cosa che avrebbero fatto. Se avessero preso qualche provvedimento, sarebbe stato quello di metterlo in manicomio, come sua madre. Ma se non è stata la sua famiglia a sparare a Druitt, chi è stato?

Sickert ha detto all'inizio che Druitt era stato usato come capro espiatorio, ma che non sapeva come fosse stato scelto. Se ciò fosse vero, gli attori del nostro schema avrebbero cercato il candidato migliore per assumersi la responsabilità degli omicidi. E Druitt, solo a Londra, nervoso e infelice, sarebbe stato una scelta perfetta. Naturalmente, sarebbe stato inutile portarlo in tribunale: la sua condanna sarebbe stata impossibile e la pubblicità che ne sarebbe derivata altamente pericolosa. Ma se si fosse suicidato e un biglietto trovato sul suo corpo avesse espresso la paura della sua follia, il caso sarebbe stato risolto.

L'Inner Temple dispone di documenti che dimostrano che Druitt mantenne il suo appartamento al 9 di King's Bench Walk fino alla sua morte. Ciò è confermato dall'annuario postale di Londra. È quasi certo che sia stato ucciso e che sia stato trasportato da *questo* indirizzo al Tamigi. La King's Bench Walk si estende fino al Victoria Embankment. Ma, senza fatti concreti, queste sono solo speculazioni che non hanno più valore delle affermazioni di Farson su Druitt. Se Druitt era un capro espiatorio, deve essere stato scelto come tale. Qualcuno, da qualche parte nella storia, deve averlo scelto. Se Sickert aveva ragione nelle sue affermazioni, deve esserci un legame tra Druitt e le altre parti del caso. Ma dove?

Esiste una serie di collegamenti che, presi uno per uno, possono essere eliminati come coincidenze. Insieme, formano un quadro...

1. Michael Harrison ha stabilito che il precettore e poi governatore del Principe Eddy, il canonico John Neale Dalton, fu educato a Blackheath nella scuola dove Druitt iniziò a insegnare. È impossibile dire se Dalton continuò ad avere un legame con questa istituzione e se vi esercitò una qualche influenza. Anche in questo caso, si può solo ipotizzare che, se lo avesse fatto, sarebbe stato responsabile di uno degli aspetti più sconcertanti della triste vita di Druitt: le sue misteriose dimissioni dalla scuola. Druitt insegnò lì per almeno cinque anni e fu licenziato poco prima della sua morte. Nessuno è riuscito a scoprirne il motivo.

2. Thomas Toughill, che ha sviluppato una propria teoria sull'identità dello Squartatore, ha stabilito un altro legame - anche se indiretto - tra Druitt e Eddy. Il fratello di Druitt prestò servizio nello stesso reggimento dell'artista Frank Miles e il fratello di Miles era uno scudiero di Eddy.

3. Miles è un secondo collegamento tra Druitt e Eddy: scopriamo che Miles abitava in Tite Street a Chelsea e che dall'altra parte della

strada, all'indirizzo° 9, viveva Sir Melville Macnaghten, il responsabile della comparsa del nome di Druitt nel caso Jack lo Squartatore.

4. Accanto alla casa di Miles, al 28 di Tite Street, si trovava l'artista Whistler, ex mentore di Walter Sickert, al quale faceva regolarmente visita.

5. Al 16 di Tite Street viveva l'ex amante omosessuale di Miles, Oscar Wilde - e Wilde era un altro amico intimo di Sickert, che Sickert vedeva spesso.

6. Hesketh Pearson riferisce nella sua biografia di Wilde che un altro illustre visitatore era solito fermarsi a casa di Wilde in Tite Street: il padre di Eddy, il Principe di Galles. A casa di Wilde si tenevano feste e Sickert, il padre di Eddy e Miles erano tra i frequentatori abituali.

7. Macnaghten era un potenziale ospite di queste stesse funzioni, anche se non è certo. Oltre al legame con Sickert in Tite Street, Macnaghten e Sickert erano membri del Garrick Club.

8. Ma un altro fatto lega Druitt alla famiglia reale. Dopo il clamoroso scandalo del divorzio Mordaunt, in cui fu coinvolto il Principe di Galles nel 1869, Lady Mordaunt fu sorprendentemente ritenuta pazza e ricoverata in manicomio per il resto della sua vita. Se fosse effettivamente pazza è oggetto di dibattito, ma il fatto è che il suo ricovero fu una fortuna per il Principe di Galles. I registri delle amministrazioni manicomiali mostrano che in tutto il Paese c'erano solo 12 pazzi di importanza o interesse tali da essere oggetto di rapporti regolari. Scorrendo i documenti e gli anni, non si può non notare un fatto: due nomi compaiono regolarmente insieme in questo breve elenco di internati: Lady Mordaunt e Mrs Ann Druitt, la madre di Montague.

9. Un'altra interessante connessione tra Druitt e Eddy è rappresentata dal migliore amico di Eddy, James Kenneth Stephen, che Harrison riteneva essere lo Squartatore. I fratelli di Stephen erano entrambi avvocati, come Druitt. Harry Lushington Stephen viveva al 3 di King's Bench Walk (Druitt era a pochi metri di distanza, all'indirizzo° 9) e Herbert Stephen era proprio di fronte all'appartamento di Druitt, al 4 di Paper Buildings.

10. Gli Stephen sono tutti pazienti di Sir William Gull, l'uomo che Sickert identifica come il principale responsabile del caso Jack lo Squartatore.

11. Druitt era circondato da persone che avevano stretti legami con il racconto di Sickert sugli omicidi dello Squartatore. L'undicesimo

collegamento ci porta oltre i dintorni civilizzati di King's Bench Walk e Paper Buildings, fino al 9 King's Bench Walk stesso. Diversi avvocati e procuratori condividevano il 9 di King's Bench Walk con Druitt: uno di loro era Reginald Brodie Dyke Acland, fratello del genero di Sir William Gull.

12. Il padre di Dyke Acland, Sir Henry Wentworth Acland, era il medico onorario del padre di Eddy e un intimo di Gull.

13. Acland era anche amico di Holman Hunt, il pittore preraffaellita i cui studi si trovavano in Cleveland Street.

14. L'ultimo collegamento è fondamentale. L'avvocato che fomentò la seconda parte dell'insabbiamento dello scandalo di Cleveland Street, Edward Henslow Bedford, viveva al 9 di King's Bench Walk, lo stesso edificio di Druitt. I registri dell'ordine degli avvocati mostrano che Bedford esercitò lì tra il 1867 e il 1898, e successivamente al 52 di Arbour Square, Whitechapel, vicino alla stazione di polizia locale. Durante la sua permanenza a King's Bench Walk fu due volte associato, ma tra il 1879 e il 1898, quando Druitt condivideva i locali, esercitò da solo. L'edificio non è grande: è una casa a tre piani - Bedford e Druitt senza dubbio si conoscevano bene.

Sembra più che una coincidenza che l'uomo che ha avuto un ruolo di primo piano nella seconda parte dell'insabbiamento vivesse allo stesso indirizzo del capro espiatorio della terza fase. Bedford era nella migliore posizione possibile per valutare Druitt, per indicarlo a coloro che tenevano le redini del complotto e anche per eseguire il suo assassinio.

In sintesi, un insieme eccezionale di fatti - tutti verificabili con documenti disponibili al pubblico - conferma che Druitt era un capro espiatorio, collegandolo a diversi aspetti del caso. Inoltre, stabilisce chiari collegamenti tra ogni fase della storia di Sickert, fasi che in precedenza sembravano non collegate. Druitt, Eddy, il Principe di Galles, J. K. Stephen, Sir Melville Macnaghten, Sir William Gull e tutti gli eventi di Cleveland Street sono collegati tra loro, proprio come sosteneva Sickert. E, cosa che ne sancisce definitivamente la credibilità: Sickert stesso ha legami con tutti loro.

Jack lo Squartatore, la soluzione finale

Sir William Gull

CAPITOLO IX

Tutte le strade portano a Dorset Street

Il fatto che l'ispettore Abberline si sia occupato sia del caso di Jack lo Squartatore che dell'indagine sul bordello di Cleveland Street rimane un mistero, ma ci sono altri elementi che collegano Cleveland Street - e la Famiglia Reale - agli omicidi dell'East End.

L'importanza di un legame tra la famiglia reale e Jack lo Squartatore è stata finora dimenticata: la Regina Vittoria si interessò con passione agli omicidi dello Squartatore. Non si trattava, tuttavia, di un interesse alimentato da un legittimo desiderio di giustizia e ordine. Vittoria aveva interessi specifici. In un anno in cui gli omicidi erano comuni in tutta l'Inghilterra, si interessò al *primo* omicidio dello Squartatore e ordinò al Primo Ministro di prendere provvedimenti per evitare conseguenze negative. Solo chi ha informazioni riservate può rintracciare l'inizio di una serie di omicidi in un singolo omicidio, soprattutto se il secondo non è ancora avvenuto. In un telegramma a Salisbury, Victoria gli ricordò: "Mi avevi promesso, quando si verificò il primo omicidio, di consultare i tuoi colleghi al riguardo.

Come dimostra questa nota indignata, a meno che la Regina non avesse ordinato al suo Primo Ministro di intervenire personalmente su ogni omicidio in Inghilterra - cosa che difficilmente avveniva - Vittoria sapeva che l'omicidio di Nichols, nel momento stesso in cui si era verificato, era il primo di una serie. Se avesse chiesto di intervenire *dopo la morte di Chapman*, la sua preoccupazione sarebbe stata comprensibile, perché allora era chiaro che lo spettro di un altro omicidio incombeva. Ma nel 1888 gli omicidi erano così comuni a Whitechapel che la sua preoccupazione specifica per Nichols è indice di una conoscenza più profonda. Gli omicidi erano talmente parte della vita dell'East End che quando una donna di nome Emma Smith fu aggredita da tre uomini e uccisa il lunedì di Pasqua del 1888, i giornali non si preoccuparono di riportarlo. Due testimoni che parlarono all'inchiesta per Kelly dissero di aver sentito il grido "Omicidio!", ma era così comune nella zona che entrambi lo ignorarono. Nel 1887, l'anno prima della furia dello Squartatore, solo a Whitechapel furono condotte quasi 500 indagini su morti misteriose. Cullen scrisse:

> Una lettura attenta dei giornali dell'epoca rivela un numero impressionante di notizie di donne aggredite o picchiate a morte, calpestate a morte, accoltellate, picchiate, inzuppate di vetriolo, sventrate o deliberatamente bruciate. Nell'anno precedente, solo nelle contee intorno a Londra si erano verificati 35 omicidi (76 se si include l'infanticidio) e di questi solo otto furono condannati, la maggior parte dei quali rimase irrisolta per sempre.

I crimini si susseguono a ondate e il 1888 fu la cresta dell'onda in termini di crimini di sangue, in particolare nell'East End dove si verificavano quotidianamente. A meno che la storia di Sickert non sia vera, è difficile spiegare la preoccupazione della Regina Vittoria per l'omicidio Nichols. All'epoca in cui la Regina chiese una risposta, si trattava di un omicidio apparentemente innocuo, senza nulla che lo distinguesse da una dozzina di altri omicidi avvenuti a Whitechapel nello stesso anno. Solo in seguito si scoprì che si trattava del primo crimine di Jack lo Squartatore.

Un ulteriore collegamento tra gli omicidi e Cleveland Street, che può essere provato, è stato menzionato dallo stesso Sickert. A cinquanta metri dalla baracca in cui Mary Kelly fu uccisa si trovava il Providence Women's Refuge, gestito da suore. Questo era il convento dell'East End dove Sickert disse che Kelly era stata prima di trasferirsi a Cleveland Street. Uno dei fondatori e membri del comitato direttivo era un avvocato di nome Edmund Bellord. Era socio dello studio immobiliare Perkins & Bellord, i cui uffici si trovavano esattamente in Cleveland Street. Possedevano importanti proprietà nella zona, tra cui la casa di Lord Salisbury a pochi passi da Fitzroy Square.

Forse il collegamento più importante tra West End e East End è stato fatto dalla stessa Mary Kelly. Durante l'inchiesta, l'uomo con cui aveva vissuto, Joe Barnett, ha dichiarato: "Quando lasciò Cardiff disse che sarebbe andata a Londra. A Londra andò per la prima volta in un appartamento da scapolo del West End. Un uomo di mondo le chiese di andare in Francia. Lei ci andò, ma mi disse che, poiché non le piaceva questo episodio, non si fermò a lungo. Ha trascorso lì circa due settimane.

Sebbene molti autori abbiano considerato questo fatto come nient'altro che una fantasia da parte di Mary Kelly, esso è comunque notevolmente coerente con la narrazione che Sickert ha predicato. Non solo sembra innegabile che l'appartamento da scapolo nel West End fosse lo studio di Sickert in Cleveland Street, ma Sickert ha anche affermato di aver portato Kelly a Dieppe, il che spiegherebbe i suoi viaggi in Francia con "un uomo di mondo".

Sickert sostenne che il suo coinvolgimento personale nel caso terminò a Cleveland Street, ma che sapeva chi erano gli assassini, il movente degli omicidi e come furono eseguiti. Riteneva che quattro delle vittime dello Squartatore si conoscessero tra loro, anche se non fornì alcuna prova a sostegno di questa affermazione. Eddowes, secondo lui, fu uccisa solo perché fu scambiata per Kelly. Non ne conosceva il motivo. Ha sostenuto che i quattro pettegoli - Kelly, Chapman, Stride e Nichols - stavano ricattando qualcuno in relazione agli eventi di Cleveland Street, anche se ancora una volta ha lasciato un vuoto nella sua storia non specificando chi. Questo ricatto ha attirato l'attenzione su queste prostitute e ha portato alla loro eliminazione.

Nessun teorico ha suggerito che *le* vittime si conoscessero tra loro, né tanto meno ha accennato a un'associazione tra quattro di loro. I loro corpi sono stati ritrovati in una vasta area che comprende Whitechapel, Spitalfields e Aldgate. A prima vista, non sembra esserci nulla che le colleghi, se non il fatto che erano tutte prostitute. Ma se alcune delle vittime si conoscevano tra loro, il caso potrebbe essere illuminato da una luce completamente nuova...

La prima osservazione - che sembra essere sfuggita ai commentatori - è che, sebbene i corpi delle vittime siano stati ritrovati in un'area che copre tre circoscrizioni diverse, essi vivevano in una piccola zona di Spitalfields. Quest'area corrotta comprendeva Dorset Street, che aveva la reputazione di essere la peggiore strada di Londra, dove la polizia andava solo in coppia, White's Row, Fashion Street, Flower and Dean Street e Thrawl Street. Erano tutte strade piccole; la più lunga (Fashion Street) era lunga solo 165 metri, mentre Dorset Street superava appena i 90 metri. Ecco l'immagine...

DORSET STREET. Annie Chapman viveva in una pensione ammobiliata condivisa all'indirizzo° 35. Mary Kelly abitava a 30 metri di distanza sullo stesso lato della strada, a Miller's Court, angolo° 26. Durante l'indagine su Kelly è emerso che prima di trasferirsi a Miller's Court era passata per un'altra pensione in Dorset Street. Non si sa esattamente quale. Oltre a vivere così vicini, Chapman e Kelly frequentavano entrambi lo stesso pub, il Britannia, all'angolo tra Dorset Street e Crispin Street. Questo indizio inedito non è stato scoperto perché l'indagine di Chapman si riferiva al pub come locale di Ringer, mentre quello di Kelly era descritto con il suo vero nome: il Britannia. Come dimostra la deposizione inedita di Caroline Maxwell, citata integralmente nel capitolo IV, il Britannia era di proprietà di Mrs Ringer e veniva chiamato dai locali "Ringer's".

FASHION STREET. Catherine Eddowes alloggiava spesso al numero 6 di°. Stride a volte alloggiava in una pensione ammobiliata nella stessa strada, ma il numero è sconosciuto. Fashion Street distava 45 metri da Dorset Street.

FLOWER E DEAN STREET. Mary Nichols visse per un certo periodo in una struttura chiamata "White House". Era a pochi metri da° 32, dove Stride dormiva regolarmente. ° 55, l'indirizzo principale di Eddowes, era appena oltre° 32. Flower and Dean Street era a meno di 90 metri da Dorset Street.

THRAWL STREET. L'abitazione di Nichols era° 18. Era vicino a° 6, l'indirizzo della sorella di Eddowes, che Eddowes vedeva regolarmente. Thrawl Street distava 165 metri da Dorset Street.

Considerando che a Whitechapel, Spitalfields e Stepney c'erano 233 pensioni comuni dove Jack lo Squartatore avrebbe potuto trovare le sue vittime, deve essere sicuramente significativo che abbia ucciso donne i cui indirizzi erano così vicini. Anche senza ulteriori prove, sembra altamente probabile che le vittime si conoscessero. Ma ci sono ancora altri indizi che puntano in questa direzione.

Timothy Donovan, un impiegato della pensione ammobiliata al 35 di Dorset Street, ha dichiarato all'inchiesta Chapman che Annie aveva vissuto lì per quattro mesi prima dell'omicidio, tranne che nella settimana immediatamente precedente, quando l'aveva vista poco fino a venerdì sera. La conosceva da 18 mesi.

L'indirizzo della terza vittima, Elizabeth Stride, è già stato indicato come Flower e Dean Street, e durante le indagini è emerso che aveva soggiornato anche a Fashion Street. In effetti aveva lasciato i suoi bagagli in entrambe le strade, ma questo è solo un aspetto della storia. La casa che si supponeva fosse l'indirizzo abituale di Stride era al 32 di Flower and Dean Street, ma Elizabeth Tanner, una rappresentante di questa pensione ammobiliata, ha testimoniato all'inchiesta su Stride:

> Ho visto il corpo del defunto all'obitorio del St George e l'ho identificato come quello di una donna che aveva soggiornato nella nostra casa *saltuariamente* negli ultimi sei anni [corsivo mio].

Da questa dichiarazione è chiaro che Stride trascorreva poco tempo a questo indirizzo. Ciò è rafforzato dal seguente dialogo tra il coroner Wynne Baxter e il signor Tanner:

IL MEDICO LEGALE. - Chi è [la defunta]?

TANNER. - Era conosciuta con il soprannome di "Long Liz".

IL MEDICO LEGALE. - Conosce il suo vero nome?

TANNER. - No.

La maggior parte delle pensioni di Spitalfields erano spaventosamente affollate, ma se Stride dormiva ininterrottamente all'indirizzo° 32, il signor Tanner avrebbe certamente conosciuto il suo nome. Se Stride non aveva effettivamente vissuto dove si pensava avesse vissuto finora, qual era il suo indirizzo? La risposta si trova in un altro estratto della deposizione della vedova Tanner:

IL MEDICO LEGALE. - Conosce le sue relazioni maschili?

TANNER. - Solo uno.

IL MEDICO LEGALE. - Chi è?

TANNER. - *Viveva con lui. Lo ha lasciato giovedì per tornare a stare nella nostra struttura, secondo quanto mi ha detto* [corsivo mio].

L'uomo con cui Stride viveva era uno scaricatore di porto di nome Michael Kidney. La testimonianza di Kidney conferma che Stride trascorreva la maggior parte del tempo con Kidney, non tra Flower e Dean Street o Fashion Street:

> Ho visto il corpo. È Long Liz. *La conosco da tre anni e ha vissuto con me per la maggior parte del tempo.* La lasciavo in Commercial Street quando andavo a lavorare. Mi aspettavo che fosse a casa, ma quando tornavo a casa vedevo che era andata e tornata. Era incline ad andarsene ogni volta che ne aveva voglia. In questi tre anni è stata lontana da me al massimo cinque mesi. Mi sono preso cura di lei come se fosse mia moglie. Era l'alcol a farla andare via. Ma tornava sempre. Non credo che mi abbia lasciato di giovedì per andare da un altro partner. Credo che le piacessi più di qualsiasi altro uomo. Non l'ho più vista finché il suo corpo non è stato identificato all'obitorio.

La testimonianza di Kidney ci mostra come l'indirizzo di Stride sia stato registrato come 32 Flower and Dean Street. Quando lo Squartatore la colpì, fu semplicemente colta dai suoi episodi di ubriachezza che la condussero in questo luogo. E l'alloggio temporaneo in cui scese fu preso come sua dimora permanente. A quei tempi i metodi scrupolosi propugnati da Conan Doyle nelle avventure di Sherlock Holmes non erano ancora stati adottati dai veri poliziotti; nomi, età e indirizzi erano allora considerati, con un certo disprezzo, come semplici formalità. Ma nomi, età e indirizzi possono arrestare gli assassini.

Long Liz Stride rimase lontana da Kidney solo per cinque mesi su tre anni, e quei cinque mesi furono terribili discese verso l'indipendenza da ubriachi. Tra il 1885 e la sua morte visse con Kidney per la maggior parte del tempo. Ma dove vivevano? Diversi autori hanno confuso le informazioni sul legame di Stride con Flower e Dean Street con il fatto che vivesse con Kidney, concludendo che vivevano insieme a Flower e Dean Street. Questo non è vero. Un fatto fondamentale emerso durante l'indagine su Stride non è stato notato fino ad oggi. Il *Daily News* del 6 ottobre riportava l'indirizzo di Michael Kidney al 35 di Dorset Street, *la stessa pensione in cui Annie Chapman aveva vissuto per quattro mesi prima della sua morte*. Era in questa pensione che Elizabeth Stride aveva vissuto con Kidney. Era l'edificio da cui era uscita pochi giorni prima del suo omicidio, proprio come la Chapman. *Entrambe le vittime avevano vissuto nello stesso edificio ed entrambe se ne erano allontanate nei giorni precedenti la loro morte.*

Un rapporto degli archivi segreti del Ministero dell'Interno, che riporta il riassunto del Coroner Baxter dell'inchiesta Stride, conferma la nostra conclusione: "Negli ultimi due anni il defunto aveva vissuto in una normale pensione in Dorset Street, Spitalfields, con Michael Kidney, uno scaricatore di porto".

Improvvisamente vediamo che tre delle quattro vittime dello Squartatore che secondo Sickert si conoscevano erano di Dorset Street. Due di loro vivevano nello stesso quartiere. Due di loro frequentavano lo stesso pub. Il fatto che si conoscessero sembra ovvio. La quarta vittima, che secondo Sickert apparteneva alla stessa cerchia, sebbene sia stata uccisa a un miglio di distanza in Bucks Row, viveva a meno di 100 metri dalle altre e probabilmente frequentava lo stesso bar. La versione dei fatti di Sickert comincia a prendere forma. In una metropoli delle dimensioni e dello stile dell'East End, è inconcepibile che un assassino casuale possa aver sparato a quattro donne che si conoscevano in luoghi distanti quasi 1.500 metri. È chiaro che, qualunque fosse il movente di Jack lo Squartatore, lui (o loro?) conosceva l'identità delle vittime. Non sorprende che così pochi autori abbiano sollevato questo punto: la maggior parte delle teorie si basa sull'ipotesi di un malato di mente che compie i suoi omicidi a caso.

Un altro elemento chiave della storia di Sickert è che l'ultimo obiettivo dello Squartatore era Mary Kelly. Nel 1867, si stima che a Londra ci fossero 80.000 prostitute. In effetti, questo numero era aumentato negli anni '80 del XIX secolo. Di queste 80.000, Jack lo Squartatore ne uccise cinque. Può essere stato un caso che due delle sue cinque vittime, le ultime due, si chiamassero "Mary Ann Kelly"? Le probabilità di un simile incidente sono astronomiche, anche se Kelly era un nome comune. Inoltre, la vera Kelly e la vittima che portava semplicemente il suo nome erano le uniche ad aver subito mutilazioni al volto. Nonostante la sua predilezione per la versione francese del suo nome, una fantasia perpetuata anche sul suo certificato di morte, la vera Kelly non era conosciuta da molti in Dorset Street come "Marie Jeanette". Come dimostrano le testimonianze dell'inchiesta, alcuni la chiamavano "Mary Jane", altri "Mary Ann". Può essere una coincidenza che Catherine Eddowes, che viveva a soli 50 metri dalla vera Kelly, abbia usato il nome "Mary Ann Kelly"? La Eddowes si faceva spesso chiamare "Kelly" perché viveva con un uomo di nome John Kelly.

Questo deve essere sicuramente l'anello mancante nella storia di Sickert, il motivo per cui Eddowes fu scambiato per Kelly e invece morì.

Dopo l'omicidio di Eddowes, lo Squartatore non colpì per più di sei settimane. Lei stessa aveva detto di essere Mary Ann Kelly e gli assassini pensavano di avere a che fare con la vera Kelly. I dettagli di questo omicidio, come le misteriose mutilazioni facciali, avvalorano questa idea, come vedremo nel capitolo X. Quando si resero conto dell'errore di identificazione, Kelly dovette essere eliminato e gli omicidi dello Squartatore entrarono nel loro crescendo finale e raccapricciante esattamente 39 giorni dopo l'esecuzione di Eddowes. Vedremo che anche questo ha un significato.

Tutte le strade di Jack lo Squartatore portano a Dorset Street. Dorset Street conduce inesorabilmente a Cleveland Street. Un'anziana suora del convento cattolico di Harewood Place, a pochi minuti a piedi da Cleveland Street, ebbe una storia interessante da condividere quando la BBC la intervistò nel 1973. Nel 1915 era novizia alla Providence, proprio di fronte al pub dove Kelly e Chapman trovavano clienti ogni giorno. Ricordava vividamente un'anziana suora che si trovava lì all'epoca degli omicidi dello Squartatore e che le disse che "se non fosse stato per la Kelly, nessuno degli omicidi sarebbe avvenuto".

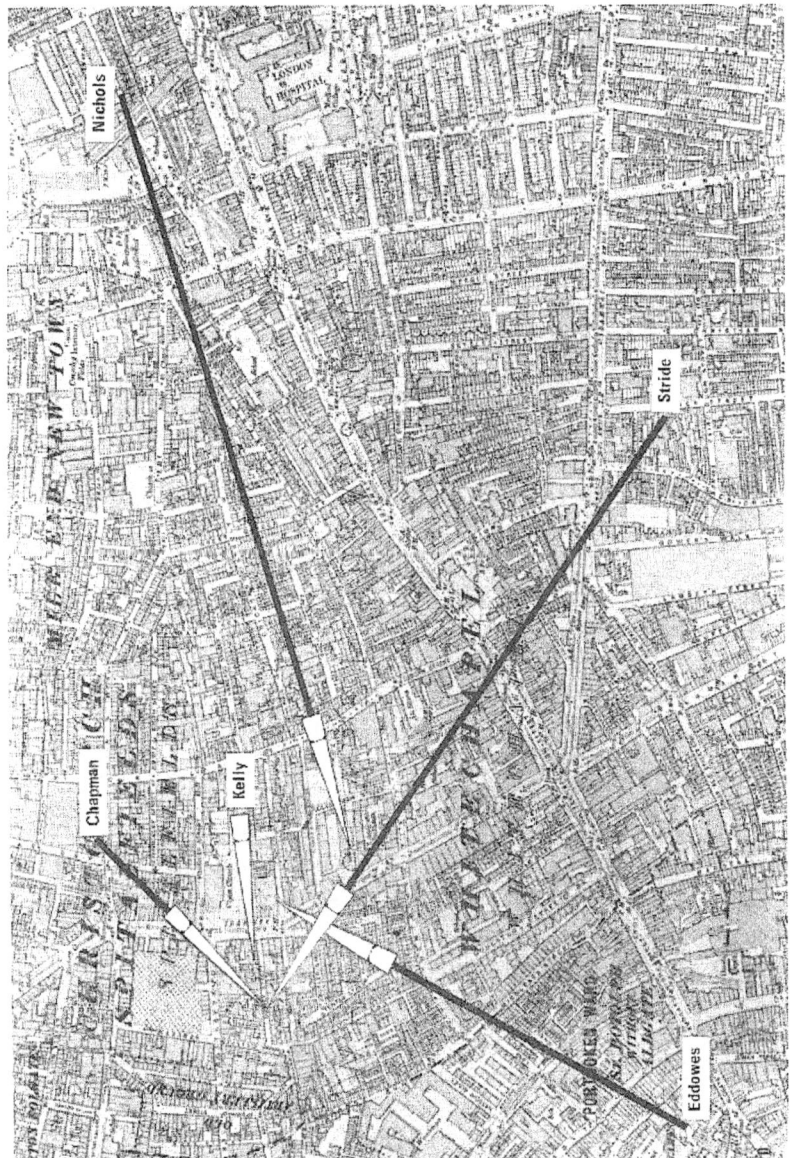

Tutte le strade portano a Dorset Street

CAPITOLO X

Gli assassini massoni

L'ipotesi che dietro gli omicidi di Jack lo Squartatore ci fossero i massoni è stata presentata pubblicamente per la prima volta in *Butchery*, il terzo episodio della serie Whitechapel Murders della BBC. Gli sceneggiatori Elwyn Jones e John Lloyd prestarono questa idea al loro poliziotto immaginario, l'ispettore capo John Watt. In questo modo, purtroppo, hanno tradito la verità per un effetto drammatico. Il dialogo tra Barlow e Watt sulla tesi della massoneria era separato da tre episodi (o tre settimane) dalla storia di Sickert, raccontata dal figlio nel sesto episodio. Tutto sembrava indicare che la storia di Sickert e l'accusa ai massoni non fossero collegate. In realtà, l'accusa ai massoni era parte integrante della storia di Sickert. Fu proprio in seguito a un'osservazione di Joseph Sickert che il ricercatore Ian Sharp si recò alla Biblioteca di Londra, in St James's Square, un pomeriggio del gennaio 1973, per verificare se esistesse un legame identificabile tra l'associazione più misteriosa del mondo e i suoi più enigmatici omicidi seriali. Gli indizi che aveva scoperto sembravano poter corroborare, o almeno combaciare, con l'intervento di sei minuti di Sickert. Jones e Lloyd hanno invece scelto di inserirli nella sceneggiatura come elemento separato della loro indagine, sacrificando il vero significato delle affermazioni di Sickert. La menzione dei massoni da parte di Barlow e Watt fu necessariamente limitata a pochi minuti. Questa brevità, oltre al fatto che l'idea fu presentata solo come una teoria aggiuntiva che emergeva da un flusso di congetture, mise la tesi in cattiva luce. È diventata improbabile come la contorta ipotesi di Donald McCormick secondo cui un membro di una setta russa, i *Khlyst*, avrebbe potuto sentirsi spinto a uccidere e mutilare le prostitute, e inconsistente come il suggerimento di Robin Odell secondo cui lo Squartatore era un sacerdote ebreo spinto dalle rigorose dottrine del Talmud a liberare il mondo dal vizio della prostituzione.

Avrebbe avuto più senso presentare questa teoria sui massoni con il genuino desiderio di spiegare chi fossero l'assassino o gli assassini e perché gli omicidi fossero stati commessi da massoni. Ma questa idea ha galleggiato come un relitto sui nostri televisori e, per la maggior parte di noi, è affondata nell'oceano delle idee dimenticate, il luogo dell'oblio a cui è destinato tutto ciò che è passato attraverso la comunicazione confusa della televisione.

La storia di Sickert ha risentito anche del formato della serie. Gli spettatori non avevano mai visto una programmazione così ibrida, con fatti inestricabilmente intrecciati alla finzione. Sapevano che Barlow e Watt erano creature dell'immaginazione di uno scrittore; molti si chiedevano se la loro indagine avesse o meno elementi di finzione. Per tutte queste ragioni, e per il fatto che la serie fu trasmessa nel bel mezzo dell'estate, quando tutti i network, di fronte a un pubblico ridotto, avevano l'abitudine di trasmettere la loro spazzatura, *Jack lo Squartatore* arrivò con un piagnisteo piuttosto che con un botto. Jones e Lloyd trascrissero le sei sceneggiature in forma di libro e *The Ripper File* fu pubblicato nel marzo 1975. Ma il piano dei massoni fu sempre separato dalla storia di Sickert e non fu più esaminato che in televisione.

L'affermazione di Walter Sickert secondo cui gli omicidi sarebbero stati ordinati da un gruppo di massoni fondamentalisti ed eseguiti secondo un rituale massonico è davvero un caso sensazionale. Se fosse vero, darebbe un colpo mortale a 85 anni di teorie caotiche. Come il resto della storia di Sickert, tuttavia, si tratta di un'affermazione gratuita e il pittore non ha fornito alcun inizio di prova. Se Sickert avesse mentito, questa sola affermazione avrebbe rovinato tutte le sue affermazioni. Ma questa idea, inizialmente infondata, è diventata la prova più forte delle indagini che egli aveva detto la verità. La dimostrazione presentata da Ian Sharp e dal sottoscritto dimostra che gli omicidi erano effettivamente massonici. Ancora una volta, una verità sembra sovrastare tutte le altre ipotesi sugli omicidi, perché nessuno degli altri sospettati - a parte il principe Eddy - era massone. E il caso contro Eddy, come è stato dimostrato, era infondato.

Indagare sui segreti della Massoneria è un compito impegnativo e difficile, ma è possibile. Ci sono state abbastanza rivelazioni affidabili su questa confraternita occulta da permettere al ricercatore coscienzioso di costruire un quadro accurato delle sue attività. Prima di esaminare gli innegabili legami tra la Massoneria e Jack lo Squartatore, è utile conoscere un po' lo sfondo e la natura della Massoneria.

È una società segreta mondiale che ha avuto origine in Inghilterra nel Medioevo. Si è sviluppata insieme a diverse altre corporazioni o società. La mancanza di artigiani altamente qualificati per il mercato edilizio significava che gli scalpellini, in particolare, dovevano viaggiare da un Paese all'altro per guadagnarsi da vivere. I muratori dovevano andare dove c'era lavoro. Viaggiavano da un paese all'altro per contribuire alla costruzione di magnifiche cattedrali e abbazie, la cui apparizione concludeva secoli di oscurità. Il loro mestiere era gelosamente protetto dagli intrusi. Gli apprendistati erano difficili da ottenere e rigorosi per chi li otteneva. I muratori si resero presto conto che la natura itinerante della loro esistenza li rendeva particolarmente vulnerabili. Per proteggersi dallo sfruttamento, formarono una sorta di organizzazione sindacale primitiva. Era un'epoca in cui molte professioni stavano creando corporazioni e, come i veri sindacati di 500 anni dopo, nessuna era nazionale. Ogni corporazione era limitata a una città o a un distretto e gli scalpellini si organizzavano in "logge" locali. Una peculiarità dei muratori, che ha avuto un'influenza significativa sul loro sviluppo, è che sia i datori di lavoro che i dipendenti potevano aderire alle logge. Poiché i muratori erano nomadi, la loro corporazione raggiungeva un grado di unità nazionale più elevato rispetto ad altri mestieri. Questo assicurava una maggiore uniformità delle condizioni di lavoro tra una regione e l'altra e, man mano che la forza dei muratori cresceva rispetto ad altre professioni, cresceva anche la loro determinazione a rimanere dominanti. Poiché un muratore non poteva lavorare in un solo luogo per tutta la vita, e poiché ogni loggia accoglieva costantemente muratori provenienti da altre province, l'aspetto esoterico delle loro abilità divenne più pronunciato. Le logge si accordarono per adottare segni segreti, parole d'ordine e strette di mano speciali, in modo che un muratore che arrivava in terra straniera potesse essere riconosciuto dai suoi confratelli come un vero artigiano.

Con il passare dei secoli, i liberi muratori, o liberi scalpellini, si trasformarono da corporazione in organizzazione sociale. Furono fondate logge all'estero, soprattutto in Francia. Col tempo, vennero ammessi alla confraternita anche rappresentanti qualificati di altri mestieri e, in seguito, membri di spicco di tutte le professioni della classe media e alta. Nel XVIII SECOLO, I massoni di erano in pratica legati ai loro predecessori qualificati solo dal nome e dalla forma del loro rituale. Era diventata una società segreta quasi religiosa, la cui adesione era estremamente difficile e molto desiderata da coloro che non potevano farne parte. I fratelli si aiutavano a vicenda nei loro affari e all'interno della società. In molte professioni era comune che un massone venisse promosso solo perché era un massone. Questa pratica è valida ancora oggi.

La leggenda e il mito erano ormai profondamente radicati nel lavoro quotidiano di questa associazione occulta, e le sue vere origini erano oscurate da un racconto fantastico e da una nascita nobile avvenuta 2.000 anni prima. Gli inizi della Massoneria sono oggi variamente attribuiti dagli iniziati all'Impero Romano, ai Faraoni, al Tempio di Salomone, alla Torre di Babele e persino all'Arca di Noè. Di tutti i miti inventati dalla Massoneria, la costruzione del Tempio di Salomone è il più sacro. La maggior parte del rituale segreto della Massoneria si basa su questo grande evento.

Nelle sue stesse parole, la Massoneria è "un particolare sistema di moralità, insegnato sotto il velo dell'allegoria per mezzo di simboli". Sostiene di essere un'organizzazione basata sulla pratica della virtù morale e sociale.

Sebbene ogni iniziato sia vincolato da un giuramento di segretezza che promette la morte a chiunque tradisca, la Massoneria può essere considerata abbastanza rispettabile nei suoi gradi inferiori. Bisogna riconoscere che i massoni sono tra i più generosi donatori in termini di filantropia. Diversi autori hanno spiegato che non si può essere massoni e cristiani allo stesso tempo, e la Chiesa cattolica ha affermato la scomunica di chiunque entri a far parte di questa fraternità, perché Roma ha proibito la massoneria e la considera "sovversiva e anticlericale". Ora, in alcune circostanze, i cattolici pensano di poter ottenere dai loro vescovi il permesso di diventare massoni, anche se in generale i cattolici continuano a guardare con sospetto a questa società segreta. In ogni caso, è solo quando un massone viene introdotto nei gradi superiori che diventa un vero pagano.

Quando i massoni avanzano verso le alte sfere, la loro divinità subisce un cambiamento fondamentale. Nessuno può diventare massone se non crede in un Essere Supremo. I massoni lo chiamano "il Grande Architetto", che ha creato l'universo con un movimento a compasso. Associato nei primi gradi al giuramento di onorare i precetti della Bibbia, questo dio è il surrogato benevolo di Yahweh e Allah; qualunque sia il suo nome, è un dio d'amore, il Padre Onnipotente. Passo dopo passo, la personalità di questa divinità cambia impercettibilmente, finché nelle alte sfere lo strambo dio dei massoni si chiama Jahbulon. Questa strana entità è un personaggio composto che prende in prestito da Yahweh, il Dio dei cristiani e degli ebrei, Osiride, l'antico dio-madre egizio dei morti, e Baal, il dio pagano che gli ebrei identificavano con il diavolo. Pertanto, anche se i massoni professano di onorare un solo dio, gli hanno dato tre personalità, una delle quali è diabolica. Sebbene sia inopportuno affermare che i Massoni sono adoratori del diavolo, essi danno comunque grande importanza a questo demone nel governo dell'universo, lo considerano uguale al Dio cristiano e gli rendono omaggio. Questa ambiguità religiosa è stata usata contro i massoni nella seconda metà del XIX SECOLO, quando Leo Taxil, un francese che da allora è stato smascherato come un bugiardo, affermò di avere prove inconfutabili dell'adorazione massonica del diavolo. Che la "prova" di Taxil fosse autentica o meno, le sue affermazioni erano basate sui fatti. Albert Pike, una delle principali autorità massoniche del XIX SECOLO e Gran Commendatore del Supremo Consiglio della Giurisdizione del Sud a Charleston, negli Stati Uniti, scrisse nel 1873 che, una volta raggiunta l'anzianità sufficiente per scoprire Jahbulon, ne fu turbato e disgustato:

> Nessun uomo o insieme di uomini può farmi accettare come parola sacra, come simbolo della Divinità infinita ed eterna, una parola ibrida, composta in parte dal nome di un dio maledetto, pagano e brutale, il cui nome è stato per più di 2.000 anni quello del diavolo.

Eppure è proprio questo che i massoni più importanti devono accettare, ed è questo il dio che onorano.

Nel primo grado, quello dell'apprendista ricevuto, l'iniziato giura, pena la mutilazione e la morte, di obbedire non solo ai precetti della Massoneria, ma anche a quelli della Bibbia e alle leggi del Paese in cui si trova la loggia. Più si sale nella gerarchia, più le leggi della Bibbia e della società vengono messe da parte: solo le leggi della Massoneria sono sacre. Dopo aver superato il cosiddetto "Arco Reale", un massone deve fedeltà solo ai suoi fratelli massoni.

Illustriamo questa progressione dall'essere membro della società all'essere esente dalle leggi comuni. Questo è un estratto dei giuramenti prestati per due gradi: quello di Maestro Massone (il più alto dei gradi inferiori) e quello di Massone dell'Arco Reale (il primo passo di una lunga ascesa verso il gradino finale: 33).

Nella cerimonia di iniziazione di un Maestro Massone, egli giura che i segreti ricevuti da un altro Maestro Massone, "che mi sono stati affidati come tali, rimarranno inviolabili e sicuri nel mio petto, come lo erano prima di essermi affidati, ad eccezione dell'omicidio e del tradimento, e di quelli lasciati alla mia discrezione"...

Così, fino al grado di Maestro massone, un iniziato ha il diritto di agire come un membro ordinario e responsabile della società e di denunciare alle autorità qualsiasi massone che possa essere coinvolto in omicidi o tradimenti. Ma questo non è più vero dopo l'Arco Reale. Durante la cerimonia di iniziazione di un massone dell'Arco Reale, egli promette "che i segreti di un fratello massone dell'Arco Reale, che mi sono stati affidati come tali, rimarranno inviolabili e sicuri nel mio petto come nel suo, *omicidio e tradimento inclusi*"...

Questo cambiamento fondamentale tra i livelli trasforma completamente la posizione del massone nella società. Ora gli viene concessa un'immunità maggiore di quella di un re o di un presidente. William Morgan, un massone americano, autore di *Freemasonry Exposed*, pubblicato nel 1826, disse:

> Il giuramento prestato dai massoni dell'Arco Reale non esclude l'omicidio e il tradimento; quindi, in virtù di esso, possono essere commessi tutti i crimini.

La verità completa è ancora più inquietante, perché nello stesso giuramento il massone dell'Arco Reale giura:

> Che aiuterò e assisterò un fratello Massone dell'Arco Reale se si trova in qualche difficoltà, e sposerò la sua causa, per quanto possibile, per sollevarlo, se è in mio potere, *sia che abbia ragione o torto*.

In questo modo, quando un massone passa all'Arco Reale, non è più solo obbligato, pena la morte, a tacere che un fratello massone è coinvolto in un tradimento o in un omicidio: *è anche obbligato ad aiutarlo a nascondere i suoi crimini*.

Sir Charles Warren, Commissario della Polizia Metropolitana all'epoca degli omicidi dello Squartatore, era uno dei massoni più influenti dell'isola. Nel 1861 aveva attraversato l'Arco Reale e da allora era stato obbligato ad aiutare qualsiasi massone di spicco a sfuggire alle pene dei peggiori crimini che potevano essere commessi. Nei 27 anni che intercorsero tra il passaggio all'Arco Reale e gli omicidi di Whitechapel, Warren divenne non solo uno dei massoni più potenti d'Inghilterra, ma uno dei più importanti del pianeta. Una loggia in Sudafrica prese il suo nome; in Inghilterra fondò la loggia di ricerca massonica Quatuor Coronati e fu Gran Sovrintendente del Supremo Gran Capitolo; nel 1891 divenne Gran Maestro Provinciale dell'Arcipelago Orientale.

Solo il suo rilievo all'interno della Massoneria sembra spiegare la sua nomina a Commissario della Polizia Metropolitana nel 1886, e anche il fatto singolare che il suo clamoroso fallimento in questo ruolo, riconosciuto dal governo, dalla stampa e dall'opinione pubblica, sia stato premiato con la nobiltà piuttosto che con il disonore. Così", scrive il nipote di Warren, Watkin Williams:

Ricevendo le decorazioni dell'Ordine di San Michele e San Giorgio e dell'Ordine del Bagno, mentre era ancora solo tenente colonnello di un reggimento, Warren raggiunse un record mai raggiunto prima e da allora raramente eguagliato, anche durante la Grande Guerra.

Tutto questo per essere il peggior commissario di polizia nella storia di Scotland Yard!

Ma Warren ha fallito nella sua missione? Sebbene questo possa essere il caso da una prospettiva normale, c'è un modo in cui la sua apparente incompetenza potrebbe essere un risultato degno di un cavalierato. Se gli omicidi di Whitechapel furono commessi secondo un rito massonico - e presto dimostreremo che lo furono - allora Warren rese un perfetto servizio ai massoni nascondendo i fatti. Alla luce delle prove fornite in questo capitolo, è persino ipotizzabile che egli sia stato nominato commissario solo per contribuire a coprire gli omicidi. Diverse sue azioni durante la carica avvalorano questa ipotesi. La prima è che costrinse il laico James Monro, capo del CID, a dimettersi *poco prima degli omicidi di Whitechapel*. Il secondo è che nominò l'anziano massone Sir Robert Anderson come successore di Monro alla *vigilia dell'assassinio di Nichols*. Anche lo strano comportamento di Anderson nell'assumere l'incarico, ampiamente descritto nell'ultimo capitolo, avvalora la nostra ipotesi. L'ultima azione di Warren che potrebbe far pensare che sia stato nominato solo per proteggere i massoni durante le buffonate di Jack lo Squartatore è che anche lui si è dimesso ed è prontamente scomparso dalle luci della ribalta *poche ore prima dell'omicidio di Mary Kelly*. È quasi come se sapesse che l'omicidio finale era imminente. La sua partenza precipitosa ha certamente permesso di distruggere tutti gli indizi lasciati prima che potessero essere utilizzati. Warren, infatti, non trasmise il messaggio delle sue dimissioni, e così il suo ordine che vietava a chiunque di entrare in una scena del crimine senza il suo permesso fu revocato solo nel pomeriggio del giorno della morte di Kelly, circa tre ore dopo l'arrivo della polizia sulla scena. Dalle 10:45 alle 13:30, gli agenti di polizia hanno camminato fuori dalla stanza di Kelly, in attesa di ordini da parte di Warren. Il comportamento del commissario durante gli omicidi, discusso in dettaglio più avanti in questo capitolo, supporta senza dubbio l'ipotesi che la sua unica funzione fosse quella di portare avanti un insabbiamento. Dopo le dimissioni, Warren si dedicò a tempo pieno alle sue attività massoniche.

Gli omicidi di Whitechapel non sono stati i primi ad essere attribuiti ai massoni. Ci sono prove che suggeriscono che Mozart sia stato avvelenato e molti ricercatori ritengono che i responsabili siano i massoni. Mozart era un massone, come la maggior parte dei cortigiani austriaci della fine DEL XVIII secolo. È noto che i principali massoni di Vienna erano furiosi per il fatto che Mozart avesse lasciato la loro confraternita alla fine della sua vita. Ed erano indignati per quello che vedevano come un tradimento dei loro segreti ne *Il flauto magico*. C'era sicuramente qualcosa di strano nella morte del compositore. Anche se l'autopsia avrebbe dimostrato che non c'erano tracce di veleno, fu stabilito che il corpo si gonfiò dopo la morte, dando adito a speculazioni su un possibile crimine. Ancora oggi, nessuno sa dove sia stato sepolto il corpo di Mozart. Doveva essere sepolto nel cimitero di San Marco, fuori Vienna. In modo insolito, il piccolo gruppo di parenti che partecipò al funerale tornò alle porte della città e non accompagnò la salma al cimitero. In seguito tutti confidarono che il motivo della loro ritirata era che pioveva e nevicava. Ma i registri dell'Osservatorio di Vienna mostrano che quel giorno era asciutto, piacevole e freddo. E non c'è traccia della tomba di Mozart in questo cimitero.

Forse il più famoso omicidio imputato ai massoni fu il misterioso assassinio di William Morgan, l'autore di *Freemasonry Exposed*. Dopo i disperati tentativi dei massoni di impedire a Morgan di pubblicare il suo libro - tentativi che includevano l'imprigionamento con accuse inventate (l'ombra di Ernest Parke incombe qui), il saccheggio della sua casa, il furto di documenti e le minacce alla sua vita da parte di coloro che sostengono di essere i pilastri della società - *Freemasonry Exposed* fu pubblicato comunque. Poco dopo Morgan fu rapito e messo a morte, secondo quanto riferito dai massoni. L'omicidio è avvolto nel mistero e ogni prova è stata freneticamente nascosta (!), ma l'indignazione nazionale contro la massoneria in America e la rapida ascesa di un potente movimento anti-massonico sembrano giustificati dalla testimonianza di persone vicine a Morgan.

È improbabile che si possa affermare con certezza che questi due omicidi siano stati commessi da massoni. Tutto ciò che è certo è che entrambi gli uomini sono morti prematuramente e che nutrivano antipatie nei confronti della fratellanza. Se si tratta di omicidi massonici, i massoni non sono responsabili nel loro complesso. In ogni caso (di ciò che si può stabilire a distanza di così tanto tempo), sarebbe stata opera di una sola loggia estremista, o di membri fanatici di diverse logge. Anche se nessun crimine potesse essere abbozzato con il consenso di *tutti i* massoni, tutti gli iniziati avanzati devono condividere la colpa, perché ogni massone che è passato attraverso l'Arco Reale ha deliberatamente contribuito alla creazione di una matrice ideale per il crimine e la violenza. La sua promessa di chiudere un occhio, ma anche di contribuire a coprire omicidi, tradimenti e qualsiasi altro crimine, rende più facile che un assassinio abbia luogo e che i colpevoli non vengano mai trovati.

Il velo di segretezza che circonda la Massoneria rende praticamente impossibile intuire qualcosa di più del suo funzionamento e dei suoi rituali. Ma la traduzione di alcuni documenti originali, apparentemente rubati a uno dei più influenti e alti dirigenti della Massoneria in Francia alla fine del secolo scorso, dà un'idea dei piani e delle ambizioni di alcuni dei suoi leader. Questi documenti furono raccolti e pubblicati per la prima volta in Inghilterra da Eyre & Spottiswoode nel 1920. I suddetti *Protocolli* sono espliciti: la loro ambizione è il potere assoluto, almeno quello dei massoni più anziani, e nulla - nemmeno la vita umana - può ostacolarlo. Sarebbe assurdo suggerire che questi documenti dimostrino che la Massoneria è demoniaca in toto, o che i massoni sono tutti pronti a conquistare il pianeta. Abbiamo dimostrato che, nei livelli più bassi, i massoni sono, nel complesso, normali cittadini rispettosi della legge, con scarsa conoscenza della fedeltà totale e delle spaventose richieste fatte agli iniziati di livello superiore. Ma con questi scritti fanatici scritti come "protocolli" da massoni di spicco, basta un cenacolo estremista o demente per applicarli alla lettera. Tra le centinaia di migliaia di massoni presenti in Inghilterra negli anni '80 del XIX secolo, questi gruppi di pazzi outsider avevano il loro posto. E fu un tipo di follia molto particolare a ispirare gli omicidi dello Squartatore. Ecco quindi alcuni estratti dei *Protocolli*:

    1. Il nostro motto dovrebbe essere: "Forza e ipocrisia".

    2. Solo la forza pura è vincente in politica, soprattutto quando è nascosta nel talento indispensabile agli uomini di Stato. La *violenza deve essere il principio*, l'astuzia e l'ipocrisia la regola di quei governi che non vogliono deporre le loro corone ai piedi degli agenti di una nuova potenza.

Il secondo protocollo descrive quasi esattamente il dilemma affrontato da Salisbury di fronte alla cattiva condotta di Eddy e al ricatto di Mary Kelly e dei suoi amici. Era circondato da "agenti di un nuovo potere" - socialisti, anarchici, repubblicani - e affrontò il problema, secondo Sickert, esattamente nel modo descritto nel protocollo. La violenza, infatti, divenne il suo principio, e l'astuzia e l'ipocrisia si combinarono in un soffocamento quasi perfetto.

3. Per raggiungere questi obiettivi, dovremo ricorrere a molte astuzie e artifizi.

Ancora una volta, nel campo degli omicidi dello Squartatore sono stati impiegati così tanti trucchi e dispositivi che nessuno poteva avvicinarsi alla verità dall'esterno (la posizione di tutti i ricercatori). Era necessario che Walter Sickert, dopo essere passato dall'interno di questa rete intricata, indicasse la strada da seguire e mostrasse che il ragno in agguato è in realtà una coorte di tarantole.

4. In politica, la chiave del successo sta nel grado di segretezza mantenuto per ottenerlo. Le azioni di un diplomatico non devono corrispondere alle sue parole. Per portare avanti il nostro piano mondiale, che è quello di raggiungere i fini desiderati, dobbiamo influenzare i governi dei gentili [termine massonico preso in prestito dagli ebrei per indicare i non massoni] attraverso quella che viene chiamata l'opinione pubblica, da noi predisposta per mezzo del più grande di tutti i poteri: la stampa, che, salvo alcune insignificanti eccezioni su cui non vale la pena di soffermarsi, è interamente nelle nostre mani. In breve, per dimostrare che tutti i governi gentili d'Europa sono in nostro potere, manifesteremo il nostro potere a uno di essi per mezzo di *crimini, di violenza*, cioè con un *regno del terrore*.

I documenti contenenti i *Protocolli* furono rubati 13 anni dopo gli omicidi di Whitechapel, ma non erano certo una novità, nemmeno nel 1901. Il regno del terrore descritto nel Quarto Protocollo si era già verificato al momento del furto dei documenti? Si *era forse verificato a Whitechapel nel 1888?* L'impatto di Jack lo Squartatore sulla popolazione dell'East End, e di fatto sull'intero Paese, è stato accuratamente descritto come un *regno del terrore*. E fu provocato dal *crimine*, dalla *violenza*. L'omicidio di cinque prostitute sarebbe stato commesso non solo per il già citato imperativo di autoprotezione, ma anche per dimostrare il notevole potere della Massoneria agli addetti ai lavori del mondo?

5. Dobbiamo appropriarci di tutti gli strumenti che i nostri avversari possono usare contro di noi. Dobbiamo trovare nelle sottigliezze e nelle finezze del linguaggio giuridico una giustificazione per quei casi in cui dobbiamo pronunciare sentenze che possono apparire troppo audaci e ingiuste, perché è importante esprimere queste sentenze in termini che appaiano come altissime massime morali, pur avendo un carattere giuridico. Il nostro regime deve circondarsi di tutte le forze della civiltà, in mezzo alle quali deve agire.

I massoni sono qui invitati a perdonare la manipolazione della legge per nascondere i propri metodi iniqui. È proprio questo atteggiamento, da parte di Salisbury e dei suoi compari, che ha permesso di accettare le indagini palesemente illegali su Mary Kelly e di deviare la giustizia nel caso del bordello di Cleveland Street.

> 6. [In politica, i governi e le nazioni si accontentano del lato apparente di ogni cosa. E come possono avere il tempo di esaminare il lato interiore, quando i loro rappresentanti pensano solo ai piaceri? [...] La nazione tiene in grande considerazione il potere di un genio politico; sopporta i suoi atti più audaci e li commenta così: "Che imbroglio, ma come è stato fatto bene e con che coraggio!".

In questo caso il codice massonico approva la frode e l'illegalità, a condizione che sia accompagnata da inganno o audacia, come i crimini dello Squartatore.

> 7. A tal fine, è necessario acquisire l'aiuto di agenti audaci e coraggiosi, capaci di superare tutti gli ostacoli che impediscono il nostro progresso.

Anche in questo caso, l'accento è posto sull'impavidità e sull'audacia, qualità che riassumono le azioni dello Squartatore e che stupiscono tutti coloro che vengono a conoscenza dei suoi crimini.

> 8. La polizia è di estrema importanza per noi, perché può *mascherare le nostre imprese, inventare spiegazioni plausibili* per il malcontento delle masse e punire chi si rifiuta di sottomettersi.

Tom Cullen, i ricercatori della BBC e io siamo giunti alla conclusione che la polizia aveva insabbiato la verità. Sir Charles Warren, descritto nella sua biografia come uno zelante scalpellino, ha indubbiamente *gettato un'ombra sugli* scalpellini cancellando i graffiti trovati su un muro dopo l'omicidio di Eddowes, e ha *inventato una spiegazione plausibile* per il suo inspiegabile comportamento.

> 9. Il prestigio del nostro potere richiederà l'inflizione di pene adeguate, cioè severe, anche nel caso della più insignificante violazione di tale prestigio, per un tornaconto personale.

Questa istruzione può essere considerata una replica esatta degli eventi descritti da Sickert. Kelly e le altre prostitute stavano ricattando (il "caso della più insignificante violazione di quel prestigio, per un guadagno personale"), e furono effettivamente punite severamente. La Massoneria richiede anche che, in determinate circostanze, un massone sia sepolto due volte, che muoia del suo più grande risultato. Come si vedrà nei prossimi due capitoli, questo è ciò che è accaduto a due degli uomini citati da Sickert come parte del trio omicida.

Il traduttore dei *Protocolli* ha affermato che si trattava di verbali tratti da un grande libro di note di lettura. A suo dire, erano firmati da massoni di altissimo livello (33).

Va ricordato che i *Protocolli* furono discussi fin dalla loro prima stampa. Hitler ne distorse il significato e sostenne che dimostravano l'esistenza di una cospirazione ebraica mondiale, per poi strumentalizzarli nel vano tentativo di giustificare il suo programma di sterminio. Soprattutto a causa delle atrocità naziste, molti autori hanno accusato i *Protocolli di* essere falsi. La controversia continua a infuriare e ci sono punti di forza da entrambe le parti.

Un punto importante da tenere a mente è che esistevano da molto tempo prima di essere pubblicati. E hanno una tale somiglianza con i fatti del caso Jack lo Squartatore che sembra innegabile la loro influenza. False o meno, frutto di menti fanatiche o meno, il fatto è che furono prese molto sul serio da migliaia di persone. Dimostreremo che Sir William Gull, incline al fanatismo e quasi certamente pazzo verso la fine della sua vita, era esattamente il tipo di massone di spicco che poteva prendere alla lettera i *Protocolli*, e lo fece per l'intero rituale e simbolismo della Massoneria. È della presunta condotta di Sir William Gull *come risultato* dei *Protocolli* e di altre tradizioni massoniche, non dell'autenticità di particolari documenti, che stiamo discutendo.

Naturalmente, anche ammettendo per un momento che non ci siano dubbi sull'autenticità dei documenti, sarebbe comunque ridicolo credere che essi costituiscano un codice che regola la vita di ogni massone. La maggior parte dei massoni non supera il terzo grado[11], quindi la stragrande maggioranza non aveva mai sentito parlare dei *Protocolli* prima della loro pubblicazione.

---

11 Gli iniziati al terzo grado sono chiamati "Maestri Muratori". Il nome dà l'impressione di una grande anzianità. Pochi Maestri o massoni al di sotto del terzo grado si rendono conto che il grado che considerano così avanzato è in realtà vicino al fondo della scala massonica, che passa questa soglia quando un massone attraversa l'Arco Reale. L'umile rango del Maestro può essere giudicato dai maestosi titoli concessi agli iniziati 30 gradi sopra di lui. I massoni più elevati, che si considerano con arroganza "la più grande organizzazione del mondo", portano titoli pagani come Grande Inquisitore Comandante, Valoroso e Sublime Principe della Segretezza Reale e il chiaramente blasfemo Principe di Gerusalemme.

Ma ciò che avrebbero comunicato a questi alti iniziati, che non solo li leggevano ma li prendevano sul serio, è affascinante e inquietante.

Si dice che i massoni approvino la violenza, il terrore e il crimine, purché siano fatti in modo *intelligente*. Un estratto delle note afferma che l'umorismo è della massima importanza e che i crimini più atroci possono essere commessi sotto il suo velo. L'unica lettera dello Squartatore forse autentica suggerisce che Jack lo Squartatore si comportava proprio in questo modo nelle sue imprese criminali, commettendo sordidi omicidi con maligno piacere. Se la supremazia della Massoneria si dimostra in pericolo, viene rafforzata da una dimostrazione di forza, da crimini violenti, perpetrati per dimostrare il continuo potere dei massoni agli occhi dei confratelli all'estero. Se l'influenza dei massoni ai più alti livelli del governo era minacciata dall'avidità di Mary Kelly, è coerente con i *Protocolli* che i crimini violenti siano stati diligentemente perseguiti per ristabilire l'autorità massonica in piena vista dei massoni. Kelly e i suoi compagni sarebbero stati soggetti alla punizione riservata a chi tradisce la fraternità. Questo è esattamente ciò che è accaduto.

È qui che i tre elementi principali della storia di Sickert - il pericoloso contesto politico, il comportamento dei membri della famiglia reale e la conseguente paura dei massoni per la propria sopravvivenza - convergono storicamente. Il padre di Eddy, il Principe di Galles, fu nominato Gran Maestro Venerabile il 28 aprile 1875. Con il passare degli anni e l'aggravarsi della situazione politica in Inghilterra per l'ordine costituito, è provato che i fratelli massoni del Principe si preoccuparono sempre più della sua vita dissoluta, che sembrava peggiorare anziché migliorare.

Nel 1881, il Principe ricevette una lettera firmata "Un massone", ma sembra essere più che altro opera di un organo rappresentativo della Gran Loggia. La missiva contiene un attacco sottilmente mascherato al suo comportamento e un avvertimento dei pericoli che potrebbe attirare sul trono e sui suoi compagni occultisti. La lettera - all'apparenza cordiale, amichevole e piena di ammirazione - diventa un'accusa amara e sarcastica alla luce della personalità del Principe. La condotta sulfurea del Principe di Galles era nota in tutta Europa e in America, ma la lettera dei massoni fa riferimento alla sua "fedina penale immacolata" e alla sua "vita sobria e virtuosa". In particolare, si afferma che:

> Scrivendo, caro fratello, difficilmente mi rivolgo a te come a un principe di Galles, perché molti dei nostri principi di Galles sono stati ubriachi, dissoluti, spendaccioni, pieni di debiti e senza più onore [una

descrizione perfetta di Bertie]; ma tu, caro fratello, invece di essere tale, sembri più rispettabile di un dotto membro della Royal Geographical Society, o di un serio membro della Worshipful Company of Fishmongers.[12]

Se Giunio[13] fosse vivo oggi, la sua penna non oserebbe ripetere le sue virulente critiche a un altro Principe di Galles. Giunio accusò Giorgio, principe di Galles, di abbandonare le braccia della moglie per le tenerezze del libertinaggio, di divertirsi di notte nella dissolutezza e di prendersi gioco delle afflizioni del popolo con un'ostentata dissolutezza. Ma la sua fedina penale immacolata, la sua vita sobria e virtuosa, devono ottenere il plauso anche del fantasma di Giunio. Siete un gentiluomo inglese, oltre che un Principe di Galles; un marito buono e gentile nonostante la vostra posizione; con voi, l'onore di vostra moglie è al sicuro dagli attacchi e sicuro di essere protetto. Le buffonate dei vostri predecessori sono state ben purificate e ridimensionate dai giornalisti contemporanei, e le piume del Principe di Galles non sono più (come il fleur-de-lys dei Borboni) l'ornamento araldico di una razza di principi *infedeli e immorali.*

L'ironia è evidente. Se c'era una qualità che mancava a Bertie, *non era* che l'onore di sua moglie fosse al sicuro dai suoi errori. Se avesse avuto una sola cattiva abitudine, sarebbe stata quella di lasciare le braccia della moglie per i piaceri della libertà. Tutto il paese sapeva della sua dissolutezza". Mentre il sarcasmo continuava, la lettera assunse un tono di avvertimento e arrivò a sottolineare che la Massoneria era più potente dei principi:

> Come laico eri adatto ad avvicinarti all'altare, perché la tua reputazione ti diceva sobrio e casto, di carattere nobile e generoso, magnanimo e onesto. Queste sono le qualità, o Alberto Edoardo, che nascondevano la tua infermità di principe, quando ti inginocchiavi nella nostra sala delle udienze. I confratelli che ti hanno aperto gli occhi alla luce [un'allusione alla benda con cui l'iniziato viene "ingannato"] hanno tralasciato il tuo titolo di Principe di Galles a favore del tuo già famoso umanesimo. La sua esistenza è un piacevole contrasto con quella del principe Giorgio di Galles. Ma poiché Lei è altrettanto diverso da quei principi i cui corpi vengono restituiti alla polvere, mentre la loro memoria rimane per gli

---

12 La "Worshipful Company of Fishmongers" è una corporazione medievale di Londra.

13 Junius è l'autore di una serie di lettere anonime pubblicate sul Woodfall's *Public Advertiser* di Londra tra il gennaio 1769 e il gennaio 1772. Si pensa generalmente che sia Sir Philip Francis (1740-1818).

storici un monumento di vergogna, Le scrivo, non come a un principe britannico, ma come a un fratello Maestro Muratore...

In effetti, non attribuisco alcuna importanza al vostro titolo di Duca nello scrivervi, perché quando vediamo le proprietà di un Duca di Newcastle nelle mani degli ufficiali dello sceriffo, il suo titolo oggetto di scherno per gli ufficiali giudiziari, e il nome del Duca di Hamilton un cancan familiare in Europa, è piacevole poter pensare che il Duca di Cornovaglia e Rothesay [uno dei molti titoli di Bertie] non è come questi altri duchi; *che questo duca non va a caccia di donne sbiadite, che non ha cornificato una dozzina di mariti,* che non è oberato di debiti, che - a differenza di quei duchi - non dissipa il suo oro in luride fogne, rimanendo sordo alle giuste richieste.

Il mio corsivo in questo brano indica gli estratti più incisivi e sarcastici, perché queste parole, apparentemente usate per elogiare Bertie, descrivono al meglio le sue dissolutezze. Poi arriva il monito a cambiare strada:

Sappiamo, fratello, che non saresti mai entrato nella più grande organizzazione del mondo, se fossi stato come loro. Ci sarebbe stato uno spergiuro se lo foste stato, uno spergiuro che, sebbene imperialmente onorato alle Tuileries, sarebbe stato disprezzato dall'operaio più umile.

Il principe sapeva che la più grande minaccia per l'ordine costituito, e quindi per i massoni, era l'operaio comune, che egli allontanava costantemente con il suo atteggiamento antisociale, e il cui comprensibile risentimento veniva trasformato in odio dai repubblicani.

Le scrivo come a un collega Maestro Massone, a un suo pari, purché sia fedele alla sua promessa massonica, perché lei è inferiore a me quando la dimentica. Ti scrivo come membro di un corpo che insegna che l'uomo è superiore al re; che l'umanità è al di sopra delle chiese e dei credi; che il vero pensiero è molto meglio della morte o della docile servitù.

[...] *Siete entrati nei massoni al momento giusto, perché la vera Massoneria diventerà più potente della monarchia. [In Inghilterra, anche in questo momento, siamo - se i portavoce dei nostri fratelli e della cultura hanno ragione - molto vicini a dimenticare l'utilità delle teste coronate* [...].

Gli autori anonimi continuano a richiamare l'attenzione del futuro re sulle famiglie reali europee recentemente rovesciate e a metterlo in guardia da un destino simile. In tutta la lettera, avvolta da un velo di bonomia dimostrativa, emerge chiaramente un sentimento: il Principe di Galles deve porre fine alla sua vita dissipata o il trono sarà rovesciato, *e questa è una minaccia per i massoni che non può essere sopportata.*

Passiamo ora ai legami espliciti tra Jack lo Squartatore e la Massoneria. La massoneria si basa su un particolare sistema di riti e simboli, e a ogni grado, oltre a giuramenti pagani e cruenti, l'iniziato deve compiere gesti specifici che indicano le pene per chi tradisce la sua promessa.

In fondo alla scala, al grado di apprendista ricevuto, una delle pene per la rivelazione di segreti massonici è lo sgozzamento da sinistra a destra. Il "gesto di punizione" dell'apprendista ricevuto è quindi un movimento della mano all'altezza del collo, da sinistra a destra. Per anni è stato universalmente accettato che quattro delle cinque vittime dello Squartatore fossero state sgozzate esattamente in questo modo. Purtroppo, dopo la pubblicazione nel 1939 di *Jack lo Squartatore di William Stewart. A New Theory* by William Stewart, i fatti relativi a Elizabeth Stride sono stati in qualche modo confusi. Stewart riteneva che gli omicidi fossero solo quattro, e per questo motivo ha erroneamente affermato che la gola di Stride fu tagliata nella direzione opposta a quella di Nichols, Chapman, Eddowes e Kelly. Ha scritto:

> In tutti gli omicidi dello Squartatore, la vittima è stata uccisa con la gola tagliata da sinistra a destra. Questa caratteristica dimostra da sola che l'omicidio di Elizabeth Stride non è opera di Jack lo Squartatore.

È difficile capire come Stewart sia giunto a questa conclusione, ma si sbagliava. Due documenti di Scotland Yard dimostrano in modo inequivocabile che la gola di Stride fu tagliata da sinistra a destra, esattamente come le altre vittime, e proprio nel modo imitato dall'apprendista.

La prima dichiarazione è di Dr Bagster Phillips, che ha esaminato i resti di Stride. Ha detto:

> Affermo che la donna è stata afferrata per le spalle, tenuta a terra e che l'autore si trovava alla sua destra quando l'ha colpita. Sono del parere che *il taglio sia stato fatto da sinistra a destra rispetto alla defunta.*

Il secondo, e più completo, dei due rapporti è in realtà una copia di un rapporto medico di quattro pagine proveniente dagli archivi del Ministero dell'Interno. È stato scritto da Dr Thomas Bond, chirurgo consulente della Divisione A della Polizia Metropolitana, che ha eseguito l'autopsia sul corpo di Kelly. Si tratta di una delle prove chiave sepolte durante le indagini sulla sua morte. In questo rapporto, Bond ha fatto riferimento agli omicidi precedenti. Ha incluso Stride quando ha dichiarato che :

> Nei primi quattro [omicidi], la gola sembra essere stata tagliata da sinistra a destra.

È così attestato un primo parallelo massonico: tutte le vittime di Jack lo Squartatore furono trucidate secondo un rituale massonico ancestrale.

Un'altra importante prova proveniente dagli archivi di Scotland Yard, non ancora pubblicata, è la dichiarazione del Dr Ralph Llewellyn, che esaminò il corpo di Nichols, secondo cui la sua gola era stata tagliata *dopo la* mutilazione dell'addome. Per un medico era molto facile stabilirlo. La dichiarazione di Llewellyn solleva una questione cruciale. Se la recisione dell'arteria carotidea non è stata fatta per uccidere la vittima, quale motivo poteva esserci per un'azione del genere? È innegabile che la ferita alla gola di Nichols sia stata inferta semplicemente a scopo simbolico. In *The Complete Jack the Ripper*, Donald Rumbelow ha sostenuto in modo convincente che le vittime dello Squartatore venivano strangolate e poi mutilate dopo la morte. La dimostrazione di Rumbelow rafforza la tesi che le gole venivano tagliate con un intento tutt'altro che pratico. È sicuramente significativo che questo atto facesse parte di un rituale massonico.

Le mutilazioni successive furono eseguite secondo un'altra tradizione massonica. Nessuno mette in dubbio che anche queste ferite siano state inflitte *post mortem*. Abbiamo dettagli precisi solo sulle mutilazioni di tre delle cinque donne: Chapman, Eddowes e Kelly. Per la prima vittima, Nichols, è stata fornita solo un'occhiata superficiale da parte di Dr Llewellyn al momento del ritrovamento, quindi non esiste una descrizione affidabile della forma precisa delle sue mutilazioni. Quando Llewellyn fece l'autopsia, il suo corpo era già stato spogliato e pulito dagli addetti dell'obitorio. Il corpo di Stride fu lasciato con un'incisione alla gola prima che potesse essere commessa qualsiasi mutilazione. Ma le ferite delle tre donne di cui lo Squartatore si occupò completamente e i cui corpi furono sottoposti ad autopsia presentano notevoli somiglianze - e straordinari parallelismi - con gli omicidi rituali della Massoneria. Un rapporto dell'epoca sul cadavere di Chapman diceva:

> Gli intestini, separati dai loro attacchi mesenterici, erano stati rimossi dal corpo *e posti sulla spalla del cadavere*.

E Dr Frederick Brown ha detto all'inchiesta Eddowes:

> L'addome era completamente esposto. L'intestino è stato in gran parte rimosso e *posto sopra la spalla destra*. Un pezzo di intestino è stato quasi staccato dal corpo e collocato tra il braccio sinistro e il corpo.

In risposta alle domande, Dr Brown ha ribadito che l'intestino è stato inserito nella spalla "in modo ponderato".

Era indubbiamente massonico. Gran parte del rito e dell'allegoria massonica si basa sul mitico assassinio da parte di tre apprendisti muratori - Jubelo, Jubela e Jubelum - del grande maestro Hiram Abiff, responsabile della costruzione del Tempio di Salomone. Dopo aver assassinato Hiram, gli apprendisti fuggirono, ma furono ritrovati vicino alla costa, a Giaffa, e furono a loro volta uccisi:

> *aprendo il petto ed estraendo il cuore e i visceri lasciati sopra la spalla sinistra.*

Questo è diventato il modo migliore per trattare con i maestri massoni traditori. La descrizione delle ferite di Chapman faceva parte di quell'elemento che Dr Bagster Phillips ha cercato disperatamente di nascondere durante le indagini.

L'elemento poco plausibile dell'omicidio di Nichols è che il suo sventramento non fu notato fino all'arrivo all'obitorio. Sembrerebbe che non fosse stata mutilata così gravemente come le vittime successive, ma, se i suoi organi vitali non erano stati lasciati alla spalla, era stata certamente "aperta" in modo propriamente massonico. E, secondo Dr Llewellyn, quando fu trovata a Bucks Row, le sue gambe erano entrambe distese, come se fosse stata stirata a fondo.

L'unica incongruenza è che il rituale massonico si riferisce alla "spalla sinistra", mentre gli intestini di Eddowes furono posti sulla spalla *destra*. Questa contraddizione potrebbe essere spiegata dal fatto che Mitre Square, dove Eddowes fu trovata, era il luogo più precario di tutti gli omicidi. Fu sgozzata con più attenzione delle altre vittime, a parte Kelly, e in meno tempo. La tempistica dell'omicidio richiedeva che non si perdesse un secondo per abbandonare il corpo. Nella fretta di disfarsi del cadavere in modo massonico, è possibile che il problema della scelta *della* spalla sia stato trascurato. Questo è molto probabile, perché - secondo Sickert - Gull rimase nella carrozza e l'abbandono effettivo del cadavere fu eseguito, secondo le istruzioni di Gull, da Netley.

Dr Brown ha parlato all'inchiesta Eddowes di un'altra mutilazione deliberata: "Un pezzo triangolare di pelle era stato rimosso da ciascuna guancia...". Questi due triangoli hanno un preciso simbolismo massonico. Il segno sacro della Massoneria è costituito da *due triangoli*, che rappresentano l'altare del Sacro Arco Reale.

Le somiglianze tra l'omicidio di Mary Kelly e un omicidio rituale massonico sono impressionanti, come mostra un'incisione di William Hogarth. *La ricompensa della crudeltà*, l'ultimo dipinto dei *Quattro stadi della crudeltà* di Hogarth, un'evidente caricatura della professione medica, mostra in realtà un omicidio rituale massonico in corso e presenta inquietanti somiglianze con le mutilazioni di Kelly. Hogarth era un massone e fu uno dei primi a denunciare la confraternita. Ci sono simboli massonici in molte delle sue incisioni, ma quest'opera in particolare è la più esplicita. Hogarth ha tracciato un parallelo massonico in questa produzione, raffigurando la vittima che *giace faticosamente* su un tavolo da dissezione con una vite sulla testa sollevata da corde e da una carrucola. Questa vite o punta è chiamata "Lewis": si riferisce al sostenitore Lewis di due degli elementi più importanti degli impedimenta massonici: la pietra grezza tagliata e le macerie perfette. Confrontate ora le ferite di Kelly, come descritte dal *Times*, con il destino della vittima di Hogarth:

> *La povera donna giace sulla schiena, completamente nuda [...].*

La vittima di Hogarth giace sulla schiena completamente nuda.

> *La sua gola era tagliata da un orecchio all'altro, fino alla spina dorsale [...].*

La vittima di Hogarth ha al collo una "corda di traino" massonica, che nel rituale massonico è chiaramente definita come il taglio della gola.

> *Gli vennero tagliate le orecchie e il naso, e il suo volto venne altrimenti tagliato fino a cancellare completamente i suoi lineamenti [...].*

La vittima di Hogarth viene mutilata in volto. Uno dei *tre* assassini massoni nella stampa sta tagliando un occhio con un bisturi, il che fa riferimento anche all'omicidio di Eddowes, in cui le palpebre venivano aperte.

> *Lo stomaco e l'addome sono stati aperti [...].*

Questo è il caso dell'illustrazione di Hogarth.

La parte inferiore del busto, compreso l'utero, è stata amputata [...].

Dai dettagli dell'incisione non è chiaro se manchi qualche organo (e, ovviamente, un uomo non ha l'utero), ma la parte inferiore del tronco è stata effettivamente aperta.

Anche il cuore di Kelly fu rimosso e la vittima di Hogarth subì lo stesso trattamento. Infine, in una versione dell'incisione, la mano sinistra della vittima è appoggiata vicino al petto, nella stessa posizione di Kelly. Ciò è confermato da una fotografia dei resti di Kelly negli archivi di Scotland Yard. Il braccio sinistro di Annie Chapman, l'unico altro omicidio in cui l'assassino ha avuto il tempo di disporre il corpo a suo piacimento, era nella stessa posizione. Il braccio *destro* di Elizabeth Stride giaceva vicino al suo petto. Un ultimo parallelo tra l'omicidio massonico raffigurato da Hogarth e il massacro di Kelly è che l'ultima vittima dello Squartatore fu scorticata alle gambe e ai piedi.

La ricompensa della crudeltà, di William Hogarth

Sickert ha detto che gli omicidi sono stati compiuti da tre individui. Hogarth rappresenta *tre* assassini massoni. Infatti, i massoni considerano il numero 3 un numero perfetto, e i finti omicidi massonici sono tradizionalmente eseguiti da tre massoni, in ricordo del mito di Jubelo, Jubela e Jubelum. *Tre* anni dopo la morte di Kelly, nel 1891, la Loggia Clarence and Avondale, intitolata al Principe Eddy, fu fondata nel Tempio massonico di Leytonstone, vicino al luogo in cui Kelly fu sepolto.

La maggior parte degli autori ha menzionato uno strano dettaglio sull'omicidio di Annie Chapman, ma non è mai stato spiegato adeguatamente. Alcuni ricercatori, come Farson che ne era confuso, hanno fatto pochi tentativi per spiegarlo. Altri non lo menzionano nemmeno e altri ancora, come Stewart, sostengono in modo poco plausibile che non aveva alcun significato. La sensazione di Farson su questo punto era vicina alla verità. Egli scrisse:

> Ancora più sconcertante era un particolare che sembrava inspiegabile, anche se non potevo fare a meno di pensare che fosse importante: due anelli di bronzo e alcune monete erano accuratamente disposti intorno ai piedi.

Farson ha giustamente attribuito importanza a questo gesto, ma si è fermato lì. La collocazione di anelli e altri oggetti vicino al corpo era un atto massonico, con un simbolismo speciale. Il bronzo è un metallo sacro per i massoni, perché Hiram Abiff era un artigiano del bronzo. Egli supervisionò la fusione delle due grandi colonne cave che si trovavano all'ingresso del Tempio di Salomone e che divennero il simbolo della Massoneria. Due anelli affiancati sono esattamente come due colonne cave di bronzo in sezione. Un altro aspetto massonico più evidente è che prima di ogni iniziazione, un massone viene spogliato dei suoi accessori metallici, come monete e anelli.

Qui, ancora una volta, emerge la trama. Gli anelli furono rimossi poco dopo il ritrovamento del corpo di Chapman e al medico legale Wynne Baxter fu detto che erano stati rubati dall'assassino. Questo è un altro punto che sembra essere sfuggito a tutti coloro che hanno scritto sullo Squartatore. A pag. 61 del suo libro, Rumbelow scrive:

Come se partecipasse a qualche elaborato rituale, l'assassino aveva deposto ai piedi della donna i due anelli che si era tolto dalle dita, alcuni *penny* e due *farthing* nuovi[14].

Eppure, 11 pagine dopo, nel riassumere ciò che il coroner Baxter disse nell'inchiesta Chapman, scrisse:

> Due cose mancavano dal corpo, ha detto. Gli anelli di Chapman, *che non erano stati trovati*, e l'utero, che era stato rimosso dall'addome.

Queste due citazioni sono contraddittorie, ma nessun autore ha finora evidenziato questa incongruenza, né tantomeno ha cercato di spiegarla. La prima domanda da porsi è: *gli anelli furono davvero deposti con le monete ai piedi di Chapman, oppure questa prima testimonianza è falsa?*

Non c'è stato alcun errore, come confermano le dichiarazioni della stampa al momento dell'omicidio. I gioielli e le monete furono visti e notati da diversi giornalisti. La prova più evidente è che furono visti dal primo giornalista ad arrivare sulla scena del crimine: Oswald Allen. In un articolo apparso sulla *Pall Mall Gazette* poche ore dopo la scoperta dell'omicidio, Allen scrisse:

> Una caratteristica curiosa di questo crimine è che l'assassino ha tolto alla vittima degli anelli di bronzo e questi, insieme ad altri piccoli oggetti presi dalle sue tasche, *sono stati meticolosamente deposti ai piedi della defunta.*

Come si spiega la successiva scomparsa di questi oggetti? La prima persona ad arrivare sulla scena dopo la polizia e i giornalisti fu Dr Phillips, che è già stato citato nel nostro Capitolo VIII come coinvolto nell'insabbiamento. Durante l'indagine Chapman ha tenuto a nascondere la natura massonica delle sue ferite. È la persona che più probabilmente ha occultato la prova degli anelli di bronzo.

A poche ore dall'omicidio di Chapman, la voce del grembiule di pelle si diffuse per la prima volta a Londra. Ad oggi è impossibile risalire alla vera fonte di questo rumor, che sembra essersi generato spontaneamente in vari luoghi dell'East End. È interessante notare che l'indumento massonico di base è il *grembiule di cuoio*. Questo

---

14 Si tratta di una moneta del valore di un quarto di un vecchio penny, ritirata dalla circolazione nel 1961 (N.d.T.).

indumento è in realtà fatto di pelle di agnello e i massoni lo chiamano sempre "grembiule di cuoio".

Questo legame così evidente tra gli omicidi di Whitechapel e i massoni ci riporta al massacro di Catherine Eddowes in Mitre Square. Anche in questo omicidio, infatti, il *grembiule* sembra essere importante. Un pezzo del grembiule della Eddowes fu tagliato dall'assassino. Non è stato strappato in preda alla frenesia, ma tagliato con precisione, con calma e deliberatamente. Perché è stato fatto? Se l'unica ragione per tagliare il grembiule era quella di pulire il sangue dalle mani o dal coltello dello Squartatore, allora quale buona ragione avrebbe potuto avere per impiegare così tanto tempo a tagliare un pezzo di stoffa? Altri elementi del suo abbigliamento ben imbottito avrebbero offerto un modo più semplice e veloce di pulirsi - ad esempio le sue voluminose sottovesti. Anche in questo caso, la spiegazione pratica non regge. Non c'era alcuna ragione pragmatica per questo comportamento. Ci troviamo quindi di fronte alla possibilità che il grembiule sia stato tagliato a scopo *simbolico*, così come i tagli *post mortem*, le mutilazioni postume e l'attento posizionamento di oggetti ai piedi di Chapman.

Il 39 è un numero significativo per i massoni, ottenuto moltiplicando il numero "perfetto", 3, con il loro numero "preferito", 13. Come ha potuto un uomo aggredire Stride poco prima dell'una di notte, ucciderla, percorrere quasi un miglio per trovare Eddowes, portarla a Mitre Square, sparrarle, disfarsi del suo corpo in modo più che meticoloso. Come è possibile che un uomo abbia aggredito Stride poco prima dell'una di notte, l'abbia uccisa, abbia percorso quasi un miglio per trovare Eddowes, l'abbia portata a Mitre Square, le abbia sparato, si sia sbarazzato del suo corpo in modo più che meticoloso e se ne sia andato in incognito, il tutto in 45 minuti? La spiegazione di Sickert, secondo cui Eddowes sarebbe stata prelevata in auto dai tre assassini, uccisa all'interno e poi lasciata a Mitre Square, sembra risolvere il problema.

Un'obiezione a questo argomento è che il veicolo sarebbe stato necessariamente sentito. Questo è vero, ma sentire non significa necessariamente notare o ricordare. Nei primi scritti sullo Squartatore, è stato suggerito che l'assassino fosse un "uomo invisibile", un tipo di individuo la cui presenza in strada sarebbe stata così ordinaria che difficilmente sarebbe stato notato. Un poliziotto, ad esempio, sarebbe svanito dal subconscio di una persona in questo modo. Lo stesso vale per il rumore di un'automobile. Naturalmente, nessuno ha riferito di aver sentito passare una carrozza su nessuna delle scene del crimine. Questo perché il rumore dei veicoli che passavano per le strade a tarda notte era così comune nell'East End a quel tempo, e così parte del tessuto della vita, che nessuno vi prestava attenzione. Come dimostrano le deposizioni dei testimoni in diverse inchieste, le strade erano percorse, a tutte le ore del giorno e della notte, da taxi, veicoli per le consegne e auto di negozianti e lavoratori del mattatoio. Bucks Row, dove i testimoni hanno esplicitamente dichiarato di non aver sentito nulla per tutta la notte, non è solo attraversata dai rumorosi carri dei lavoratori di notte: era anche proprio accanto a una linea ferroviaria. Nessuno di questi rumori è rimasto nella mente dei testimoni, e il rumore delle ruote dell'auto di Netley non poteva essere distinto da quello di qualsiasi carrozza di passaggio.

La visione di Sickert di questo accoppiamento fornisce una spiegazione plausibile per un altro aspetto sconcertante del caso: il fatto apparentemente inspiegabile che l'assassino o gli assassini infondessero abbastanza fiducia nelle loro vittime da indurle ad andare volentieri nella loro direzione. Dopo la morte di Chapman, nessuna prostituta, nemmeno quella che era allo stremo delle forze, sarebbe andata in una piazza buia con uno sconosciuto. Ma quando l'intero paese era in fibrillazione per un Jack solitario, un maniaco pericoloso rintanato nel buio, le ultime persone a essere sospettate sarebbero state due gentiluomini e il loro cocchiere che giravano per l'East End con la loro carrozza. È immaginabile il dialogo che avrebbe portato Eddowes alla luce e dissipato le sue paure:

- Buona sera a lei, signora. Non è certo il momento o il luogo adatto per stare da soli in questi giorni bui. Possiamo offrirle un passaggio a casa?

Le prostitute che infestavano l'evanescente mondo di Whitechapel erano raramente trattate come esseri umani, tanto meno come donne. Il problema di attirare le vittime nella carrozza sarebbe stato facilmente superato facendo leva sulla loro vanità e ricordando loro il terrore senza volto che si celava fuori di notte. Sarebbe stata una facile ironia convincere le donne che salendo in carrozza sarebbero state al sicuro da Jack lo Squartatore. Solo il fatto che gli omicidi siano avvenuti in un veicolo spiega perché sia stato trovato così poco sangue sulla "scena" di ogni omicidio.

Mitre Square era per Eddowes nella direzione sbagliata rispetto alla stazione di polizia di Bishopsgate, da cui era stata rilasciata dopo aver smaltito la sbornia. A quell'ora della notte, l'unica destinazione ragionevole sarebbe stata la sua pensione a Spitalfields. Che avesse intenzione di andare a Spitalfields è confermato dalle sue stesse parole all'uscita dalla stazione di polizia. Durante l'inchiesta, il carceriere George Hutt ha raccontato al rappresentante della polizia locale, il signor Crawford, che la Eddowes, mentre usciva, gli disse: "Troverò un bel rifugio a casa".

> CRAWFORD. - Suppongo che, con questo, tu abbia pensato che stesse tornando a casa?

> HUTT. - Si.

Il fatto che abbia finito per andare nella direzione opposta a quella in cui sarebbe dovuta andare verso Spitalfields è un ottimo indizio del fatto che sia stata rapita a Mitre Square. Ma perché? A prima vista, era l'ultimo posto che un assassino avrebbe scelto. Rumbelow ha descritto gli "enormi rischi" corsi dallo Squartatore per svolgere il suo lavoro in quel luogo:

> Mitre Square ha tre ingressi: uno da Mitre Street e passaggi da Duke Street e St James's Place. Su due lati della piazza c'erano dei magazzini, di proprietà di Kearley & Tonge, con un guardiano in servizio tutta la notte. Sul terzo lato, di fronte a quello in cui fu trovato il corpo, c'erano due vecchie case, di cui una non occupata e l'altra abitata da un poliziotto. Sul quarto lato c'erano tre case vuote. Di notte, ogni 15 minuti, la piazza era nel percorso di un poliziotto di pattuglia: all'1.30 il luogo era tranquillo al suo passaggio, all'1.45 aveva trovato il corpo.

Il *Times ha* pensato che :

> L'assassino, se non è pazzo, sembra non temere alcuna interruzione durante le sue atrocità.

Sebbene l'omicidio non sia avvenuto nella piazza ma all'interno della carrozza, Mitre Square rappresentava comunque un rischio enorme durante i pochi minuti che Netley impiegò per scaricarvi il corpo. Perché il luogo in cui Eddowes fu abbandonato, in cui furono corsi tutti questi rischi, era così importante?

Va ricordato che, secondo Sickert, gli assassini pensavano di aver trovato Mary Kelly e non Eddowes. Questo sarebbe stato l'ultimo omicidio, e quindi il più apertamente massonico. Mitre Square ha un significato massonico molto forte. In effetti, si può dire che sia il luogo più massonico di Londra, a parte il tempio principale della Gran Loggia. Mitre Square era letteralmente piena di riferimenti massonici. Il suo nome, per cominciare, era interamente massonico: *Mitre* e *Square*[15] sono gli strumenti di base del massone e svolgono un ruolo importante nel rituale e nel simbolismo massonico. Erano gli strumenti originariamente usati dagli scalpellini e, durante la cerimonia di iniziazione, l'apprendista viene presentato con gli strumenti di uno scalpellino e sfidato dal maestro: "Applichiamo questi strumenti alla nostra vita morale". In *The Builders. A Story and Study of Masonry*, Joseph Fort Newton ha descritto il *quadrato* come "un simbolo di verità". Il nome "Mitre Square" è apparso per la prima volta su una mappa del personale del 1840. Prende il nome dalla Mitre Tavern, un importante luogo di incontro per i massoni nei secoli XVIII e XIX.

Esistono altri due legami essenziali tra Mitre Square e la Massoneria. Nel 1530 fu teatro di un omicidio che imitava in molti modi il mitico assassinio di Hiram Abiff, alla base di gran parte del simbolismo della Massoneria. Come l'omicidio di Hiram, anche questo fu compiuto in un luogo sacro, poiché nel XVII SECOLO Mitre Square era la sede del Priorato della Santissima Trinità. Una donna stava pregando davanti all'altare maggiore del priorato, proprio come Hiram nel Tempio di Salomone prima del suo omicidio, quando fu aggredita da un monaco pazzo. Questi la uccise e poi si suicidò conficcandosi il coltello nel cuore. La scena del crimine, la vittima in preghiera e la morte violenta dell'assassino corrispondono all'evento leggendario al centro della tradizione massonica.

Questa singolare sacralità si consolidò due secoli e mezzo dopo, quando Mitre Square divenne il luogo di incontro dei massoni affiliati alla Loggia di Hiram. I legami con la massoneria erano così stretti che Mitre Square continuò a essere il centro di una fiorente attività massonica fino al XIX SECOLO. La Mitre Tavern, all'ingresso della piazza, divenne il luogo di incontro di altre due logge: la Union Lodge e la Jaffa Lodge. Quest'ultima è ancora una volta strettamente legata all'omicidio di Hiram, poiché fu vicino alla costa di Jaffa che furono trovati i tre apprendisti muratori. La prova che Mitre Square era particolarmente sacra per i massoni è data dai nomi delle logge che vi si riunivano. La *Hiram's Lodge* e la *Jaffa Lodge* hanno un legame speciale con il tema essenziale della Massoneria, più di qualsiasi altra loggia della Londra dell'epoca. Le ultime logge, più modeste, avevano nomi come Ark Lodge e Prosperity Lodge. Solo le logge più grandi si

---

15 Queste due parole hanno un doppio significato in inglese, poiché si riferiscono anche alla *piazza*.

riunivano a Mitre Square. A parte i fratelli della Hiram's Lodge e della Jaffa Lodge, Mitre Square era ancora un alveare di attività massoniche. A pochi metri di distanza, il *Tailor's Arms* in Mitre Street era il luogo di riunione della Loggia di Giuda.

Una delle logge più importanti del Paese, e quasi certamente quella a cui apparteneva Sir William Gull, era la Royal Alpha Lodge. Si riuniva quasi sempre nel West End, e in particolare al *King's Arms* in Brook Street (Mayfair), vicino alla casa di Gull al n.° 74. La loggia aveva solo due luoghi di riunione al di fuori del West End: il King's *Arms* e il King's *Arms*. La loggia aveva solo due luoghi di riunione al di fuori del West End: Leadenhall Street e... la Mitre Tavern, stabilendo così un legame diretto tra Gull e Mitre Square.

Il barbaro omicidio del 1530 potrebbe quasi essere visto come un collegamento tra l'esecuzione di Hiram e l'omicidio di Catherine Eddowes. Infatti, sebbene i paralleli massonici del primo omicidio di Mitre Square siano forti, i suoi dettagli ricordano anche il quarto omicidio dello Squartatore. In entrambi i casi, è stata una donna a cadere sotto i colpi di un assassino apparentemente folle, e in entrambi i casi la vittima è stata colpita con un coltello. Esistono quindi punti di contatto non solo tra l'omicidio di Eddowes e la morte di una donna sconosciuta nel 1530, ma anche tra questi due omicidi e la mitica esecuzione di Hiram Abiff. Sembra probabile che Mitre Square sia diventata un luogo così importante per i massoni proprio a causa della carneficina del 1530, e non è un caso che gli assassini che si nascondevano dietro l'identità solitaria di Jack lo Squartatore abbiano scelto Mitre Square come luogo per trovare il corpo della loro ultima vittima.

Hanbury Street, dove fu trovato Chapman, era un altro importante crocevia massonico. La Loggia Humber e la Loggia Stability si riunivano regolarmente al Black Swan e al Weaver's Arms, due locali in Hanbury Street, uno dei quali si trova accanto a° 29, dove fu trovato il corpo di Chapman.

Infine, la prova più convincente che tutti gli omicidi fossero di matrice massonica si può trovare seguendo le tracce del pezzo mancante del grembiule di Eddowes. Il panno, macchiato di sangue, fu trovato dall'agente di polizia Alfred Long nel corridoio delle Wentworth Dwellings, tipiche abitazioni di Goulston Street. Queste abitazioni sono state erroneamente identificate dagli autori precedenti come Peabody Buildings. Sopra il pezzo di stoffa sulla parete del passaggio c'era un messaggio in gesso. Il contenuto esatto del graffito rimane tuttora sconosciuto. La frase è stata riprodotta in modi diversi in quasi tutti i libri sullo Squartatore. Ma il Metropolitan Police Correspondence Register, una raccolta di lettere confidenziali ora conservata presso il Public Record Office, riporta la versione originale del messaggio. In una nota di Sir Charles Warren al sottosegretario permanente del Ministero degli Interni, Godfrey Lushington, si legge:

> Vi invio una copia dei graffiti lasciati sul muro di Goulston Street.

Come allegati, troviamo nel registro del Ministero degli Interni un documento, riproduzioni fotografiche. Questo mostra il testo esatto e il layout del messaggio, e c'è stato un chiaro tentativo di copiare lo stile di scrittura originale:

> Gli ebrei sono
> Uomini che
> Non sarà
> non accusato
> per niente

Prima della scoperta di questo graffito sul muro, Sir Charles Warren non si era quasi mai avventurato nell'East End. Il suono del messaggio lo spinse a lasciare Whitehall il più velocemente possibile. Il maggiore Smith della polizia cittadina, mai in buoni rapporti con Warren, aveva già deciso di intervenire. Venuto a conoscenza del messaggio di gesso, autorizzò l'ispettore McWilliam a inviare tre agenti a Goulston Street per fotografarlo. Lo Squartatore aveva finalmente lasciato un indizio.

Numeri da 108 a 119 Wentworth Dwellings, Goulston Street - il luogo in cui sono state trovate le iscrizioni murali. Sono state trovate appena dentro l'ingresso, sulla parete destra. Fino al 1975 gli studiosi di Jack lo Squartatore ritenevano erroneamente che questo edificio fosse stato demolito, poiché i graffiti sarebbero stati ritrovati nei Peabody Buildings. Richard Whittington-Egan scoprì la vera ubicazione durante le ricerche per il suo libro A Casebook on Jack the Ripper. *Fino ad allora non erano state pubblicate fotografie dell'edificio.*

L'omicidio era avvenuto nella giurisdizione della polizia di Londra, ma i graffiti sul muro erano di Warren. Quando la polizia cittadina arrivò con la sua ingombrante attrezzatura fotografica, Warren era già arrivato. Vietò loro di scattare fotografie e lo fece in un modo che non è stato adeguatamente spiegato o giustificato. Era l'unico vero indizio mai lasciato da Jack lo Squartatore. *Ma Warren la distrusse.* In seguito adduce la scusa che temeva lo scoppio di rivolte antisemite a causa del riferimento agli "ebrei". Anche se questo fosse vero, non spiega perché non permise agli agenti municipali di fotografare il messaggio. Le fotografie avrebbero fornito prove essenziali e i graffiti avrebbero potuto essere cancellati dopo essere stati fotografati. Questo non spiega perché non abbia accettato il consiglio di diversi poliziotti di alto livello presenti sul posto di cancellare solo la parola "ebrei". Non spiega perché non abbia semplicemente coperto il messaggio con una coperta. Dopotutto, si trovava all'ingresso di un edificio che poteva essere facilmente sigillato.

Cosa stava cercando di nascondere Warren? Che motivo aveva di distruggere così palesemente le prove? L'intero episodio rimane assurdo fino a quando non comprendiamo che c'è un solo motivo per cui un agente di polizia può fare di tutto per sconfiggere la giustizia: è quando il funzionario giura fedeltà a un maestro al di sopra di ogni giustizia. Abbiamo dimostrato che Warren era un massone avanzato e potente. Da tempo aveva giurato di aiutare un fratello massone in un omicidio o in un tradimento, seppellendo tutte le prove. Questo è chiaramente ciò che Warren stava facendo a Goulston Street. Ma cosa c'era in quel messaggio scarabocchiato che potesse far pensare a un massone? La risposta sta nel termine "*Juwes*". Non si trattava, come Warren cercò di convincere i critici e come molti scrittori hanno successivamente creduto, di una storpiatura della parola "*ebrei*". *I Juwes erano infatti i tre apprendisti massoni che uccisero Hiram Abiff e costituiscono la base del rituale massonico.*

È impossibile stabilire se alcuni degli individui meno noti del racconto di Sickert fossero o meno massoni. I personaggi principali lo erano sicuramente. Warren, Gull, Anderson e Salisbury erano tutti molto in alto nella gerarchia massonica. Salisbury, il cui padre era stato Vice Gran Maestro di tutta l'Inghilterra, era così importante che nel 1873 una nuova loggia prese il suo nome. La Loggia Salisbury si riuniva nel primo luogo di incontro massonico in Inghilterra, la sede dei massoni in Great Queen Street, a Londra.

Si può dubitare che gli omicidi dello Squartatore, il successivo insabbiamento e anche l'insabbiamento dello scandalo del bordello di Cleveland Street siano stati compiuti da un manipolo di massoni estremisti? Anche Lord Euston, la forza trainante della parte finale, piuttosto brutale, dell'operazione di Cleveland Street, era un massone di spicco. E, nonostante fosse considerato un cliente del bordello omosessuale, la sua carriera massonica fu brillante sulla scia dello scandalo. La virtù morale che i massoni dicevano di ritenere sacra era chiaramente di scarsa importanza quando Lord Euston fu nominato Gran Maestro dei massoni di spicco. La sua promozione non era un riconoscimento delle sue virtù: era il premio massonico per il servizio reso nel mettere a tacere Ernest Parke.

CAPITOLO XI

Sir William Gull

La maggior parte degli esperti dello Squartatore di fronte alla versione dei fatti di Walter Sickert reagisce con incredulità. La sensazione generale è stata riassunta da Colin Wilson, autore di *A Casebook of Murder*, che ha scritto dopo l'apparizione di Joseph Sickert in televisione: "Dal mio punto di vista, questa è la storia più improbabile che sia mai stata raccontata.

Da allora Farson e Rumbelow hanno fatto riferimento alle trasmissioni nei loro libri, come di sfuggita, e hanno confutato con un'unica obiezione sostanziale. Il loro argomento principale contro l'intera avventura di Sickert sembra essere: *Sir William Gull non poteva essere un membro attivo della saga dello Squartatore, poiché ebbe un ictus nel 1887.*

Ci sono ampie prove a sostegno dell'accusa di Sickert nei confronti di Gull. Prima di spiegare il lato positivo del caso, tuttavia, dimostriamo che l'unica obiezione al coinvolgimento di Gull negli omicidi è infondata.

La prova che ha dato origine all'idea errata che Gull fosse quasi paralizzato dopo il 1887 si trova nel *Dictionary of National Biography*. La voce relativa a Gull recita in parte:

> Nell'autunno del 1887 subì una paralisi che lo costrinse a interrompere l'attività; un terzo attacco ne causò la morte il 29 gennaio 1890.

Da questa citazione, sembra impossibile che Gull abbia fatto parte del trio di Jack lo Squartatore... Ma questo riferimento alle infermità di Gull è una semplificazione eccessiva, e altre fonti forniscono un resoconto molto migliore.

La verità va ricercata nelle parole di Dr Thomas Stowell, la cui fonte di informazioni era la figlia di Gull. Egli scrisse che Gull ebbe "un leggero attacco nel 1887". Quanto fosse lieve questo attacco lo dimostra il seguente estratto da *In Memoriam. Sir William Gull*, un affettuoso tributo a Gull, pubblicato poco dopo la sua morte:

> Si trovava allora [ottobre 1887] a casa in Scozia, con l'intenzione di tornare al lavoro quasi subito dopo le vacanze autunnali, e mentre camminava da solo nel suo parco fu colto da una paralisi. *Non perse conoscenza, ma sentiva solo un ginocchio e fu in grado di camminare fino a casa sua senza aiuto* [corsivo mio].

Non si trattò di un attacco grave, contrariamente alle insinuazioni del *Dictionary of National Biography*. Il cosiddetto "attacco" fu così lieve che Gull tornò a casa *a piedi*. Anche se smise di curare i pazienti nel 1887, continuò a condurre una vita attiva. Suo genero, Theodore Dyke Acland, ha spiegato in *William Withey Gull. A Biographical Sketch* che:

> Sir William svolse un ruolo importante nella vita pubblica del suo tempo. Dal 1856 al *1889* fece parte del Consiglio dell'Università e gradualmente si ritirò [corsivo mio].

Gull forniva religiosamente ogni anno informazioni personali attraverso moduli che venivano archiviati nel *Registro Medico*. L'ultima volta che apparve in questo registro fu nel 1889, quindi almeno fino alla fine del 1888 - quando fu completata l'edizione del 1889 - si considerava un medico attivo. Perché allora, se fino al 1889 stava abbastanza bene da poter far parte del consiglio dell'Università di Londra, nel 1887 rinunciò a praticare la medicina? Gli eventi successivi alla malattia di Gull sono riassunti nell'edizione del 1892 della *Biographical History of Guy's Hospital* di Wilks e Bettany:

> Sir W. Gull aveva avuto due o tre brevi malattie prima di quella che segnò l'inizio della sua patologia fatale, ma a quel tempo stava bene e si stava godendo il suo tempo in Scozia vicino a Killiecrankie, quando fu colpito da una *leggera* paralisi del lato destro e da afasia. Era l'ottobre del 1887. Si riprese quasi completamente e tornò a Londra, dove rimase per diversi mesi in condizioni di salute relativamente buone. Gli amici che lo visitarono non percepirono grandi differenze nelle sue condizioni e nelle sue abitudini, ma egli *confidò di* sentirsi un uomo diverso e di aver abbandonato ogni pratica. In seguito ebbe tre attacchi epilettiformi, *dai quali si riprese presto*, ma il 29 gennaio 1890 fu improvvisamente colto da apoplessia, cadde in coma e morì serenamente [corsivo mio].

Questo passaggio sottolinea la leggerezza dell'ictus di Gull nel 1887. L'osservazione di Wilks e Bettany sul fatto che gli amici di Gull non notarono quasi alcuna differenza dopo l'"ictus" del 1887 è un altro segno della sua benevolenza. Il loro resoconto di Gull che "dice" di sentirsi un uomo diverso suggerisce che potrebbe aver mentito alle persone per far loro credere che era troppo malato per continuare a praticare.

La verità sulla malattia di Gull nel 1887 è che egli soffrì di una lieve paralisi, ma non di un ictus nel senso comune del termine. Ma anche supponendo che l'attacco del 1887 sia stato un ictus, come egli affermava, era di natura così insignificante che difficilmente avrebbe potuto influenzare il suo stile di vita. Un ictus è un'improvvisa perdita di coscienza, di sensi e di movimenti volontari, solitamente causata dalla rottura di un vaso sanguigno nel cervello. Nessuno di questi sintomi era visibile in Gull. Esistono due tipi di ictus: acuto e minore. Dr Alan Barham Carter, esperto di questo tipo di malattie e autore di *All About Strokes*, definisce l'ictus minore come quello che si verifica "quando le sequele sono piccole, di estensione limitata e spesso reversibili, così che non c'è morte delle cellule [cerebrali]".

Dr Barham Carter ha spiegato che un uomo di costituzione normale può recuperare completamente anche da un ictus acuto, in cui le cellule cerebrali vengono distrutte in modo permanente. Gull era più di una persona normale. Uno scrittore lo ha descritto come un uomo di altezza media, ma "di grande forza e vigore", e il *Dictionary of National Biography rende* omaggio alla sua "grande resistenza". È tutt'altro che difficile accettare che un ictus così lieve come quello subito da Gull sia stato un ostacolo trascurabile nella vita di un uomo dalla forza *eccezionale*. È importante notare che la sua costituzione non era stata affatto indebolita dalla malattia. Per tutta la vita godette di ottima salute, ad eccezione di un attacco di febbre enterica.

Se Farson e Rumbelow avessero chiesto tutto questo, non avrebbero mai preso la malattia di Gull come un'obiezione alla sua partecipazione agli omicidi. Nessun autore ha intervistato Joseph Sickert prima di pubblicare le critiche al suo racconto audiovisivo di sei minuti. Alla luce di ciò, non si può biasimarli per aver tratto le conclusioni che hanno tratto. Non solo si trattava di una storia che sfidava l'impossibile riassumendo i fatti, in modo da tralasciare informazioni essenziali, ma molti aspetti della storia originale erano in realtà distorti in questo processo di miniaturizzazione. Così, gli spettatori hanno sentito :

> Lei [Mary Kelly] è stata uccisa per ultima, tra le cinque donne, in un modo che ricorda quello di un malato di mente.

Walter Sickert non ha mai fatto questa dichiarazione. Ha insistito sul fatto che tutte le vittime - tranne Eddowes - si conoscevano tra loro; che Nichols, Chapman, Stride e Kelly facevano parte di un sordido tentativo di ricatto; e che Eddowes è stato ucciso per errore, essendo stato scambiato per Kelly. Ma il difetto maggiore del programma è stata la mancanza di dettagli. Non è stato spiegato a sufficienza, ad esempio, che Sickert ha detto che gli omicidi - ad eccezione di quelli di Kelly e Stride - sono stati commessi in un'auto in movimento, e che quindi Gull avrebbe dovuto compiere solo lievi sforzi fisici per prendere parte agli omicidi. Sickert ha detto che Gull ha prima reso le vittime incoscienti dando loro dell'uva nera avvelenata. Poi, dato che erano immobili nella carrozza, poté eseguire le sue mutilazioni massoniche con l'aiuto di Anderson. Ciò significa che gli sforzi fisici di Gull erano insignificanti. John Netley si occupò poi del compito più faticoso di depositare i corpi in strada. Più di una volta fu assistito da Anderson, ma Gull non scese mai dall'auto.

L'ipotesi che Farson e Rumbelow confutarono - quella di un Gull solitario che si aggirava furtivamente nei vicoli dell'East End e massacrava le sue vittime da solo, per poi sparire a piedi - era ovviamente assurda. Ma Sickert non ha mai insinuato nulla del genere.

Se c'era qualche dubbio sulla capacità fisica di Gull di sedersi in un'auto ed eseguire il suo intervento su quattro donne nell'arco di 10 settimane, sarà utile tenere a mente le richieste fisiche e mentali molto maggiori fatte - non su base ad hoc come negli omicidi dello Squartatore, ma costantemente e sotto grande pressione - da pazienti che soffrono di uno o più ictus *acuti*. Per ribadire: nella peggiore delle ipotesi, Gull ha subito l'ictus più lieve che sia possibile subire senza che passi inosservato. Ridiamo la parola a Dr Barham Carter:

> Molti personaggi famosi sono stati colpiti da ictus, ma quelli che citerò qui sono tra coloro che hanno dato grandi contributi all'umanità dopo un ictus *acuto*, dimostrando che questa calamità non segna la fine della carriera di un uomo o di una donna.

Ha ricordato l'ictus acuto subito da Louis Pasteur:

> Il 29 dicembre Pasteur fu in grado di camminare senza aiuto e da allora la sua guarigione, piuttosto lenta, portò a un futuro straordinario. Il suo slancio e il suo entusiasmo non sembravano affatto diminuiti e negli anni successivi all'ictus formulò tutte le sue famose teorie sull'immunità e sulla vaccinazione.

Pasteur ha affrontato *anni* di intensi sforzi e duro lavoro per raggiungere i suoi risultati rivoluzionari, dopo un ictus *acuto*.

Dr Barham Carter parlava di Churchill:

> Si riprese molto bene dall'ictus [acuto] del 1949 e vinse le elezioni del 1951, diventando Primo Ministro. Nonostante *una serie di* ictus minori nel 1950 e nel 1952, e uno più grave nel 1953, gestì tutte le responsabilità della sua carica in modo ammirevole, e non c'è alcuna prova che a quel punto avesse perso anche solo un po' del giudizio e della grinta di sempre. Anzi, in quel periodo si assunse anche l'onere degli Affari esteri e fu molto felice nelle sue decisioni riguardanti le nostre relazioni con gli altri Paesi.

Nel 1953 Churchill aveva 79 anni, otto in più di Gull all'epoca degli omicidi di Whitechapel. Certamente le funzioni combinate di Primo Ministro e di Ministro degli Esteri richiedono più vigore e salute fisica rispetto al ruolo attribuito a Gull negli omicidi di Jack lo Squartatore, che furono distribuiti in un periodo di due mesi e mezzo. Se accettiamo che un uomo di quasi 80 anni possa essere Primo Ministro e Ministro degli Esteri dopo due ictus acuti e una serie di incidenti minori, dobbiamo convenire che un uomo di pochi anni più giovane sia in grado di essere un Jack lo Squartatore guidato dopo un ictus così lieve che non è nemmeno collassato...

Infine, sulla base della descrizione degli omicidi fatta da Sickert, il Dr Barham Carter ha dichiarato:

> Non c'è dubbio che un uomo di 72 anni fisicamente robusto e attivo, colpito da un ictus minore, avrebbe potuto condurre una vita perfettamente normale e commettere gli omicidi di Whitechapel nel modo descritto da Sickert.

Molti autori hanno affermato che Jack lo Squartatore era un medico. Dei 103 che hanno pubblicato teorie, che ho esaminato, più di un quarto sostiene che lo Squartatore fosse un medico o uno studente di medicina. La maggior parte delle teorie che ritengono che il responsabile degli omicidi sia un medico si basano sui commenti di Dr Ralph Llewellyn e Dr Bagster Phillips che, per le inchieste Nichols e Chapman, affermano che l'assassino doveva avere conoscenze di anatomia. L'opinione fu ampiamente accettata e il sospetto degli uomini di scienza in generale fu abilmente evocato da Dennis Halsted nel suo libro *Doctor in the Nineties*. Halsted era un medico del London Hospital di Whitechapel all'epoca degli omicidi e anche lui ha descritto la "grande abilità chirurgica" dimostrata dallo Squartatore. Il fatto che i medici fossero tra i principali sospettati all'epoca degli omicidi è confermato da un documento del Ministero dell'Interno dedicato alle accuse contro medici e agenti di polizia e dal gran numero di medici elencati nel fascicolo "Sospetti" di Scotland Yard.

Due medici che hanno esaminato il corpo di Eddowes - il chirurgo divisionale della polizia George Sequeira e l'ufficiale sanitario della City di Londra, Dr William Saunders - erano dell'opinione che non fossero state mostrate conoscenze anatomiche. Ma l'opinione che l'assassino *avesse* conoscenze chirurgiche è supportata da prove più specifiche di altri medici.

Durante l'inchiesta su Nichols, il procuratore distrettuale^r Llewellyn ha dichiarato: "L'assassino doveva avere anche una certa conoscenza generale dell'anatomia.

Dr Phillips ha commentato l'indagine di Chapman: "Ci sono segni di conoscenza dell'anatomia. Il corpo non è stato trovato intero e le parti mancanti provengono dall'addome. Il modo in cui questi organi sono stati estratti è una prova di conoscenza anatomica".

Il Lancet, la rivista dei medici, ha osservato che gli omicidi sono stati "ovviamente opera di un esperto - qualcuno, almeno, che aveva una conoscenza sufficiente dell'esame anatomico o clinico per essere in grado di rimuovere gli organi pelvici con un coltello".

Dr Frederick Brown, il chirurgo della polizia municipale che ha eseguito l'*autopsia* di Eddowes, è stato molto categorico: "Chiunque abbia compiuto questo atto doveva conoscere bene la posizione degli organi nella cavità addominale.

Brown non si discostò dalla sua posizione, nonostante il parere contrario di Sequeira e Saunders. Quando gli fu chiesto, continuò: "Per estrarre il rene occorreva una buona dose di destrezza e la conoscenza della sua posizione. Il rene potrebbe essere facilmente dimenticato, poiché è coperto da una membrana.

Quest'ultimo commento conferma finalmente che chiunque sia stato il responsabile degli omicidi dello Squartatore, aveva *una certa* conoscenza dell'anatomia, e probabilmente molta.

Tenendo conto di ciò, diversi teorici svilupparono le loro tesi intorno alla possibilità che fosse colpevole un chirurgo. Sickert, tuttavia, affermando che Gull era il capo del trio, andò contro l'opinione della maggioranza, poiché Gull era un medico. A prima vista, un medico sembra molto meno probabile di un chirurgo come autore degli interventi chirurgici letali dello Squartatore, e se Sickert avesse inventato delle storie sarebbe stato molto più credibile prendere un chirurgo come assassino.

Come sempre, le affermazioni più improbabili di Sickert sono confermate da un esame più attento.

Colin Wilson riporta in *A Casebook of Murder* che l'assassino francese Eusebius Pieydagnelle agì a malapena fino a quando la sua famiglia non lo costrinse a rinunciare a fare il macellaio (professione verso la quale era attratto dal fascino del sangue) per diventare avvocato - anche se fare a pezzi gli animali avrebbe soddisfatto completamente le sue pulsioni sadiche. Ciò mina le teorie sui chirurghi pazzi. La sete di sangue di un chirurgo pazzo si sarebbe placata nel corso del suo lavoro quotidiano.

In realtà, un medico è un candidato molto più plausibile, in quanto raramente avrebbe eseguito interventi chirurgici importanti. Anche se l'assassino avesse avuto qualche conoscenza di chirurgia, sembra ovvio - anche tenendo conto delle condizioni sfavorevoli in cui sono state eseguite le mutilazioni - che non avesse né l'esperienza né la formazione di un chirurgo. Il membro della società la cui abilità chirurgica deve sempre passare in secondo piano rispetto a quella del chirurgo è senza dubbio il medico.

William Withey Gull nacque nella parrocchia di St Leonard, a Colchester, il 31 dicembre 1816. Suo padre era John Gull, un umile proprietario di chiatte sul fiume Lea. William era il più giovane di otto figli, due dei quali morirono giovani. La famiglia si trasferì a Thorpe-le-Soken, nell'Essex, intorno al 1820. Poco dopo, il fratello maggiore di William ottenne una borsa di studio per il Christ's Hospital, ma l'orgoglioso John Gull la rifiutò, sostenendo che nessuno dei suoi figli avrebbe mai dovuto dipendere dalla carità.

John morì di colera a Londra nel 1827. In seguito, Elizabeth - la madre di William - allevò i figli come meglio poteva con mezzi limitati, insegnando ai suoi tre figli e alle sue tre figlie che "qualsiasi cosa si faccia, deve essere fatta bene". Il giovane William fu educato in una piccola scuola di paese, ma per tutta la vita sottolineò di aver ricevuto la sua vera educazione dalla madre, una donna di grande intelligenza e perspicacia.

Una delle sue citazioni preferite da bambino era:

Se fossi un sarto

> Sarei stato orgoglioso di
> Essere il migliore di tutti i sarti;
> Se fossi uno stagnino,
> Nessun altro armeggiatore
> Non si può aggiustare un vecchio bollitore meglio di me.

I bambini ricevettero una rigida educazione cristiana: Gull osservava tutte le feste liturgiche, si vestiva di nero durante la Quaresima e faceva mangiare alla sua famiglia pesce e budino di riso il venerdì.

Nel 1832 il signor Gull si trasferì con la famiglia a Thorpe, una proprietà vicino a Thorpe-le-Soken detenuta dalle autorità del Guy's Hospital di Londra. La parrocchia di Beaumont era adiacente a questa proprietà. Il suo vicario, il signor Harrison, era un nipote di Benjamin Harrison, il tesoriere del Guy's Hospital. Sembra che il vicario fosse molto affezionato al signor Gull e che uno dei suoi numerosi atti di affetto, nel suo comportamento altruista e cortese, fosse quello di accogliere William nella sua canonica per le lezioni in qualsiasi giorno. Durante questo periodo felice e tranquillo della sua infanzia, William sviluppò un fascino per la fauna selvatica. L'influenza di Harrison erose gradualmente il desiderio dell'adolescente di imbarcarsi e gli instillò la determinata ambizione di diventare medico.

Il suo motto degli ultimi anni non era ancora stato espresso a parole, ma la sua realtà era già parte integrante del suo carattere:

> Se il vostro obiettivo rientra nelle vostre possibilità,
> Assicuratevi di riempirlo, anche se in minima parte.

Una volta maturata l'idea di dedicarsi alla medicina, nulla riuscì a scoraggiarlo. Per un breve periodo fu inserviente in una piccola scuola rurale a Lewes, nel Sussex. Ma nel 1837, poco prima del suo 21° compleanno, incontrò finalmente Benjamin Harrison e fu assunto come allievo al Guy's Hospital. Gli furono assegnate due stanze dell'ospedale, uno stipendio annuale di 50 sterline e la possibilità di studiare. Deciso ad avere successo e a dimostrare la sua gratitudine ad Harrison, si applicò diligentemente agli studi e nel primo anno vinse tutti i premi possibili. Si laureò in medicina all'Università di Londra nel 1841, ottenendo la lode in fisiologia e anatomia comparata, chirurgia e medicina.

L'anno successivo Gull fu incaricato di insegnare le basi della medicina al Guy's Hospital e fu alloggiato in una piccola casa in King

Street con uno stipendio annuale di 100 sterline. Il suo zelo per la medicina prometteva una rapida promozione, così come la sua decisione - nello stesso periodo - di diventare massone. Nel 1843 fu nominato lettore di filosofia naturale al Guy's Hospital. Nello stesso anno divenne direttore di un piccolo manicomio per 20 pazzi, parte della stessa istituzione.

Tre anni dopo fu premiato con una medaglia d'oro per il suo dottorato all'Università di Londra, il più alto onore in medicina che l'Università potesse conferire. Nei 10 anni successivi fu docente di fisiologia e anatomia comparata al Guy's Hospital. In attesa di essere eletto Fuller Professor of Physiology presso la Royal Institution, divenne Fellow del Royal College of Physicians e medico senior del Guy's Hospital.

Nel 1848 Gull sposò Susan Ann, figlia del colonnello Lacy di Carlisle, dalla quale ebbe un figlio, Cameron, e una figlia, Caroline.

Il nome di Gull divenne famoso dopo il 1871, quando il Principe di Galles contrasse la febbre tifoidea a Sandringham. La Regina Vittoria era sicura che il suo medico preferito, Sir William Jenner, il medico del Re, avrebbe potuto curare suo figlio, ma Gull - allora sconosciuto - fu presentato alla Principessa Alexandra e Jenner diede solo un secondo parere. Il Principe guarì grazie ai rimedi di Gull e nel 1872 fu nominato baronetto e medico del Principe di Galles. In seguito divenne Medico Straordinario e poi Medico Ordinario della Regina Vittoria.

Di Gull è stato detto che "pochi uomini hanno esercitato una professione lucrativa con meno ansia di coglierne le ricompense pecuniarie". Questo è indubbiamente vero: Gull lasciò 344.000 sterline e terreni, un patrimonio senza precedenti nella storia della medicina e un successo materiale che raramente è stato eguagliato da medici successivi. Sir Edward Muir, secondo chirurgo della Regina e presidente del Royal College of Surgeons, morto nell'ottobre 1973, lasciò solo 87.000 sterline, una frazione minima della fortuna di Gull, se si considera che l'inflazione ha eroso il valore della sterlina dal 1890. Il Marchese di Salisbury, un uomo più potente di Gull, che non solo fu Primo Ministro dei Tories, ma anche l'ultimo di una lunga serie di ricchi Cecil che, come influenti ministri, hanno giocato un ruolo importante nel governo dell'Inghilterra fin dal regno di Elisabetta I, lasciò solo 300.100 sterline alla sua morte nel 1903. Secondo gli standard odierni, Gull, il figlio del proprietario della chiatta, sarebbe stato un multimilionario.

Gull aveva contatti precisi con influenti politici Tory, essendo amico di Disraeli e il medico più importante d'Inghilterra nel periodo in cui Salisbury era Primo Ministro. È certo che conosceva Salisbury. Il genero di Gull, Theodore Dyke Acland, era un intimo della famiglia Cecil e servì sia Gull che Salisbury, avendo firmato i certificati di morte di entrambi. Nella sua veste di medico del re, Gull avrà probabilmente sentito parlare del figlio illegittimo del principe Eddy.

Sorprendentemente, ci sono altre persone oltre a Sickert che puntano il dito accusatore contro Gull quando si riferiscono agli omicidi dell'East End. Ad esempio, sul Chicago *Sunday Times-Herald del* 28 aprile 1895 fu pubblicato un articolo dal titolo "La cattura di Jack lo Squartatore". L'articolo riportava la storia raccontata da un noto medico londinese, Dr Howard. Howard, con la lingua sciolta dall'alcol, affermò di essere stato uno dei 12 medici londinesi che parteciparono a un'inchiesta medica e a una commissione mentale su un collega medico coinvolto negli omicidi di Jack lo Squartatore. Ha detto:

> Jack lo Squartatore era nientemeno che un medico di grande fama e addirittura un uomo con una clientela della migliore società di West London.

> Quando fu assolutamente provato che il medico in questione era senza dubbio l'assassino, e la sua pazzia pienamente attestata da una commissione *di lunatico inquirendo*, tutti i partecipanti furono tenuti al segreto. Fino all'indiscrezione di Dr Howard, questa promessa fu rigorosamente mantenuta.

> Era un medico di grande fama, con una grande esperienza. Fin da quando era studente al Guy's Hospital, era sempre stato un ardente ed entusiasta vivisezionista.

Il rapporto prosegue dicendo che dopo l'inchiesta il medico (mai nominato) fu immediatamente relegato in un manicomio privato di Islington:

> e ora è il pazzo più intrattabile e pericoloso rinchiuso in questo istituto. Per spiegare al pubblico la scomparsa del medico, sono stati inventati una morte e un funerale falsi.

Nel buon giornalismo americano, l'articolo si conclude con :

> Nessuna delle sue guardie sa che quel pazzo furioso, che si lancia contro le pareti della sua cella imbottita e rende strazianti le lunghe veglie notturne con le sue urla stridenti, è il famigerato Jack lo Squartatore. Per

loro, e per gli investigatori in visita, è solo Thomas Mason, o il numero 124.

Pur tenendo conto del trattamento sensazionale che ogni storia di questo tipo era destinata a ricevere in America all'epoca, ci sono alcune prove. Ad esempio, esisteva un manicomio a Islington, il St Mary's Asylum, ma i suoi registri sono andati distrutti. Nel 1896 morì un "povero" di Islington di nome Thomas Mason, esattamente all'età che avrebbe avuto Gull se il suo certificato di morte risalisse a quell'anno.

È importante notare che Walter Sickert non ha mai parlato di questo ritaglio di giornale. È improbabile che ne fosse a conoscenza. Pertanto, *se si riferisse a Gull,* sarebbe una conferma totalmente indipendente dal suo racconto.

Il Dr Howard citato nell'articolo può essere solo il Dr Benjamin Howard elencato nel *registro medico* negli anni 1880-1890. Howard era un importante medico americano che viveva a Londra. Si era laureato in medicina a New York nel 1858 e il *Medical Directory* mostra che viaggiava spesso all'estero, a Parigi, Vienna e Berlino, oltre che negli Stati Uniti, il che è coerente con l'articolo, pubblicato in America nel 1895. Le ricerche su Howard hanno portato alla luce un fatto che si intravede nell'oscurità del caso dello Squartatore, un fatto che - ancora una volta - sfida troppo l'immaginazione per essere considerato una coincidenza. E se non è una coincidenza, significa che Walter Sickert aveva ragione. Infatti, l'indirizzo londinese di Dr Howard era il St George's Club di Hanover Square - e questa istituzione gestiva l'ospedale al 367 di Fulham Road, dove morì Annie Elizabeth Crook. Questo nuovo elemento dimostra come i massoni incaricati dell'operazione abbiano potuto ottenere l'incarcerazione di Annie Elizabeth. Se il medico Howard stava effettivamente denunciando Gull come Jack lo Squartatore, Howard diventa un collegamento diretto tra Gull e Annie Elizabeth. Howard, quasi certamente massone come molti suoi colleghi, potrebbe essere stato uno dei membri massoni del St George's Club complici della neutralizzazione di Annie Elizabeth dopo averla separata dal principe Eddy. Howard sarebbe stato quindi la scelta ideale per essere uno dei 12 medici necessari per istituire una commissione segreta di esperti su Gull - *se Gull era il medico di cui parlava,* cosa che non abbiamo ancora stabilito.

Poiché Howard non ha fatto il nome del suo Squartatore, è necessario identificare il sospetto ripetendo la sua dichiarazione punto per punto:

Era nientemeno che un medico di grande fama e un uomo con una clientela proveniente dalla migliore società di West London.

Nessuna affermazione potrebbe essere più vera su Gull. Era il medico della Regina e i suoi pazienti erano reali e nobili. Gull stesso amava vantarsi del fatto che il suo studio, al 74 di Brook Street a Mayfair (nel cuore del West End), aveva probabilmente più pazienti di qualsiasi altro medico.

> Da quando è diventato studente al Guy's Hospital, ha [...]

Come abbiamo dimostrato, Gull entrò al Guy's Hospital come studente nel 1837. Questo indizio restringe enormemente il campo delle possibilità, poiché solo un numero limitato di medici di spicco del West End studiò al Guy's Hospital.

> [...] era sempre stato un vivisezionista ardente ed entusiasta

Gull fu eccezionalmente schietto nella sua difesa della vivisezione, come testimoniato dalla sua testimonianza alla Royal Commission on Vivisection del 1875. Fu il più noto sostenitore della causa nel suo Paese e nel 1882 scrisse un articolo di 16 pagine su *The Nineteenth Century* in cui esprimeva il suo ardente sostegno alla pratica degli esperimenti sugli animali. Sostenendo che "il bene che possiamo ottenere per noi stessi con gli esperimenti fisiologici dovrebbe superare l'immoralità del processo" e che "le nostre suscettibilità morali devono essere superate e messe a tacere di fronte al guadagno", era un vigoroso sostenitore dell'infliggere dolore agli animali se questo avrebbe portato a un progresso per la medicina. In risposta all'accusa che il vivisezionista Claude Bernard avesse inventato un forno per poter osservare la "cottura di cani vivi", Gull scrisse:

> "Cucinare cani vivi! Che orrore e disgusto" sarebbe un'esclamazione naturale. Quale scopo può esserci dietro una cosa così crudele? Questo è ciò che vedremo.

E continuava a giustificare nei termini più enfatici questo e altri esperimenti per "la vita umana e il sollievo della miseria umana".

Il resoconto di Dr Howard riporta che il medico qualificato di Jack lo Squartatore aveva una moglie che gli sopravvisse e si fa riferimento a un figlio. Entrambi questi fatti sono verificati per Gull, che aveva anche una figlia.

Un altro punto importante è che lo Squartatore viene descritto da Howard come un medico del West End. Naturalmente, nel 1888 c'erano molti medici nel West London. Ma, tra tutti, solo uno scomparve - apparentemente per morte - poco dopo le avventure dello Squartatore. Si trattava di Sir William Gull. Questo fatto è ricordato negli scritti di un uomo che - curiosamente - cercava di dimostrare un punto di vista diametralmente opposto. William Stewart, nel suo libro *Jack lo Squartatore. A New Theory*, voleva stabilire che l'assassino *non poteva* essere un medico del West End. Scrisse:

> Ho compilato un elenco completo, attraverso il *Registro Medico*, dei medici residenti nel West End prima dell'agosto 1888, e ho delimitato la zona ovest di Londra con un quadrato.
>
> Nell'angolo in alto a sinistra del mio quadrato ho collocato Harlesden; in alto a destra Camden Town; in basso a destra Charing Cross; in basso a sinistra Hammersmith. Nell'elenco dei praticanti di quest'area ho aggiunto tutti quelli che lavoravano negli ospedali. Confrontando questo elenco con i necrologi dei medici dell'anno successivo al novembre 1888, ho scoperto che non mancava nessun nome tra i medici del West End. In altre parole, *tutti i* medici del West London che esercitavano prima degli omicidi erano vivi e attivi per almeno uno o due anni dopo.

Tuttavia, l'ultima affermazione di Stewart è sbagliata. Come abbiamo spiegato, si suppone che Sir William Gull sia morto nel gennaio 1890, solo 14 mesi dopo l'ultimo omicidio, quindi *non era vivo e attivo per un anno o due dopo gli omicidi*. Ci sono due possibili ragioni per l'errore di Stewart. La prima è che sia stato disattento; la seconda è che per qualche motivo non abbia incluso Gull nel suo primo elenco. La seconda possibilità è più probabile, perché la ripetizione dell'intera indagine di Stewart dimostra che, a parte l'errore su Gull, la sua conclusione era corretta. Nessun altro medico di spicco del West End morì negli anni successivi agli omicidi di Whitechapel. Quindi Stewart rende ancora più forte il caso contro Gull.

Egli lasciò Gull fuori dal suo primo elenco perché, sebbene cercasse di dimostrare che nessun *medico* del West End era Jack lo Squartatore, in realtà non esaminava tutti i medici, ma semplicemente tutti i *praticanti*. Poiché Gull era andato in pensione nel 1887, non poteva essere considerato un medico e per questo motivo Stewart non lo include nel suo elenco. Pertanto, imbattendosi nel necrologio di Gull, non lo ritenne rilevante. Ma anche se Gull era andato in pensione, continuava a vivere a Brook Street e poteva ancora essere considerato un *medico del West End*, secondo le parole di Howard.

Così, Stewart scartò accuratamente tutti i medici del West End attraverso una ricerca meticolosa, lasciando fuori solo una manciata di medici in pensione, tra cui Gull. Un controllo più approfondito dei registri rispetto a quello intrapreso da Stewart, e anche un controllo esaustivo delle voci del *Registro Medico* e dell'*Elenco Medico*, mostrano che, di questi pochi sospetti aggiuntivi, solo Gull è morto poco dopo gli omicidi. Questi risultati significano due cose. Insieme al fatto che tutti i dettagli del racconto di Howard portano a lui, dimostrano che Gull era certamente il medico identificato con Jack lo Squartatore nell'articolo di Chicago. E, cosa forse ancora più importante, dimostrano che se lo Squartatore fosse stato un medico, Gull sarebbe stato l'unico possibile sospettato.

Altri hanno accusato Gull di essere Jack lo Squartatore. È il medico citato in un'altra accusa: l'ormai famosa storia del sensitivo Robert James Lees che avrebbe identificato lo Squartatore grazie ai suoi poteri di divinazione e, dopo l'omicidio di Kelly, avrebbe condotto la polizia a un medico del West End, poi segretamente rinchiuso in un manicomio.

Non è necessario credere nella chiaroveggenza per riconoscere il valore del racconto di Lees. Se sia arrivato alle sue conclusioni con mezzi soprannaturali o naturali è oggetto di dibattito, e molti propenderanno senza dubbio per la seconda ipotesi. Ma il fatto che sapesse qualcosa - probabilmente grazie ai suoi stretti contatti con i tribunali - sembra innegabile. Il vero significato della storia di Lees diventerà presto chiaro, quando la sua testimonianza si rivelerà corrispondente in ogni dettaglio al racconto condiviso dalla stessa figlia di Gull.

Robert James Lees all'età di ottantuno anni

La principale obiezione alle affermazioni di Lees è che diversi analisti hanno sostenuto che esse non furono quasi rese pubbliche prima del 1931. Se avesse un qualche merito, l'argomentazione sarebbe valida: gli accenni alla storia avrebbero dovuto essere noti da molto prima. L'obiezione si infrange di fronte al fatto che il resoconto di Lees è apparso per la prima volta sulla stampa 36 anni prima di quanto i "jackologi" abbiano finora creduto. Fu pubblicato nella parte finale di un articolo del Chicago *Sunday Times-Herald* nell'aprile del 1895. Fino a quando Ian Sharp non l'ha scoperta per la BBC, la nota non era mai stata ristampata. Non compare nemmeno nella bibliografia completa dell'Association of Library Assistants sull'argomento: *Jack lo Squartatore o i misteri dell'East End*. L'articolo di Chicago è stato dimenticato in questo ammirevole repertorio, semplicemente perché è rimasto nell'ombra fino al 1973.

Anche nel 1895, sette anni dopo gli omicidi, questa non era la genesi della storia di Lees: era solo la prima volta che veniva stampata. La storia era stata ampiamente diffusa, almeno a Londra, a partire dal luglio 1889, nove mesi dopo gli omicidi. Ciò è confermato da una nota contenuta nel fascicolo "Lettere" degli archivi di Scotland Yard. È vero che la nota proviene da un eccentrico che si firma "Jack lo Squartatore", ma lo stato mentale dell'autore è irrilevante. Ciò che conta è la sua conoscenza. Il contenuto della lettera dimostra che la storia di Lees che aiuta la polizia a trovare Jack lo Squartatore era nota 33 anni prima di quanto sostenuto dai suoi critici. La lettera ricevuta da Scotland Yard il 25 luglio 1889 recita:

> Caro capo,
> Non mi avete preso, come potete vedere, con tutta la vostra astuzia, con tutti i vostri "Lees", con tutti i vostri polli.
> Jack lo Squartatore

Perché questa storia abbia acquisito una tale notorietà nel luglio 1889, deve essere stata raccontata (o fatta trapelare) poche settimane dopo l'omicidio di Kelly, il che corrisponde alla partecipazione di Lees alla caccia allo Squartatore nel novembre 1888, come sostiene il suo racconto.

Nonostante la storia sia stata in seguito esagerata, al punto che alcune versioni apocrife parlano di più di 20 omicidi, è possibile risalire alle sue fonti. Ho analizzato tutte le versioni superstiti della storia, eliminando le incongruenze e le invenzioni degli autori successivi e conservando solo gli elementi comuni. L'ho poi confrontata con la storia originale raccontata dallo stesso Lees, una storia molto diversa da quella

Jack lo Squartatore, la soluzione finale

che ci è giunta attraverso la stampa scandalistica. La storia originale proviene dalla pronipote di Lees, Mrs Emily Porter di Wembley, che conosceva molto bene lo "zio James", morto quando lei aveva 20 anni. Il resoconto che le ha fornito è quasi del tutto coerente con la storia che rimane dopo aver eliminato la glossa dei giornalisti.

Lees era un chiaroveggente molto rispettato. I suoi poteri divinatori erano così sviluppati che si dice che all'età di 19 anni fu invitato a mettersi in contatto con il defunto principe Alberto davanti alla regina Vittoria. Lees divenne il leader degli spiritualisti cristiani in Inghilterra. Fu vicino a Disraeli e lo assistette nei suoi ultimi giorni di vita. Gestì un centro spiritualista a Peckham, fu un importante socialista e un amico di Keir Hardie, in seguito leader del Partito Laburista.

La storia originale e diretta raccontata da Lees è che all'epoca degli omicidi dello Squartatore era all'apice dei suoi poteri. Un giorno stava scrivendo nel suo ufficio quando si convinse che il colpevole stava per commettere un altro omicidio. Si recò a Scotland Yard, ma non gli fu prestata molta attenzione, perché eccentrici e pseudo-detective infastidivano la polizia ogni giorno (vedi cap. XIV). Ma quella notte ci fu davvero un omicidio dello Squartatore. Lees fu talmente scioccato dall'accuratezza della sua visione che, su consiglio del suo medico, andò in vacanza all'estero. Un giorno, al suo ritorno, salì con la moglie su un omnibus londinese. All'improvviso cominciò a provare le strane sensazioni che avevano preceduto la prima visione. L'omnibus stava risalendo Notting Hill. Quando si fermò in cima, salì un uomo.

Lees si chinò verso la moglie e disse seriamente: "È Jack lo Squartatore.

La moglie ride e gli dice di smettere di scherzare.

"Non mi sbaglio", rispose, "lo sento.

L'omnibus percorse tutta Edgware Road e svoltò verso Oxford Street all'altezza di Marble Arch. A questo punto lo strano uomo scese e Lees decise di seguirlo. Dopo aver percorso metà di Oxford Street, Lees raccontò a un poliziotto ciò che aveva appreso in modo "soprannaturale", ma fu nuovamente accolto con scherno. Il poliziotto minacciò addirittura, ridendo, di "rinchiuderlo". Dopo aver raggiunto Apsley House, lo Squartatore - nervosamente - salì su un'auto e fu condotto rapidamente verso Piccadilly. Alla fine Lees trovò un ispettore di polizia disposto a prenderlo sul serio. Dopo l'ultimo omicidio del 9 novembre, Lees concentrò i suoi poteri sulla visione dell'uomo che aveva visto. Condusse l'ispettore in una casa nel West End, l'abitazione di uno dei medici più rinomati di Londra. Una volta entrato, l'ispettore parlò con la moglie del medico. Durante l'interrogatorio, la donna confessò di non credere che il marito fosse sano di mente. Era rimasta terrorizzata nel constatare che in ognuno degli omicidi di Whitechapel lui era assente. Una volta accusato, il medico ammise di essere stato squilibrato per diversi anni e che ultimamente non ricordava cosa avesse fatto in certi momenti. Il medico poteva essere ferocemente crudele in alcuni momenti ed estremamente gentile in altri. Disse che in una o due occasioni si era trovato seduto a casa come se si fosse risvegliato improvvisamente da un lungo torpore, e in un'occasione aveva trovato del sangue sui suoi vestiti, che aveva attribuito a un'epistassi. In un'altra occasione il suo viso era stato gravemente scorticato.

In questo caso, il resoconto di Lees è coerente con la testimonianza di Dr Howard, perché secondo Lees il medico fu mandato sotto falsa identità da 12 medici in un manicomio. Per nascondere la verità, fu annunciato che il medico era morto. Una bara fu riempita di pietre e il suo funerale provocò una grande commozione.

Sebbene Lees non faccia quasi mai il nome del medico che afferma di aver consegnato alla polizia, ci sono elementi nel suo racconto che puntano ancora una volta direttamente a Gull. Questi indizi, insieme al fatto che Lees stava chiaramente descrivendo lo stesso medico di Howard, che accusò Gull, ci assicurano che anche lui intendeva dire: "Sir William Gull è Jack lo Squartatore".

Gli indizi nella storia di Lees che portano a Gull sono...

1. Il percorso seguito dallo Squartatore in fuga da Lees - partendo da Marble Arch, percorrendo metà Oxford Street e scendendo verso Piccadilly - disegna un ampio sentiero con la casa di Gull al 74 di Brook Street quasi al centro. Pochi dei "medici più rinomati di Londra" vivevano in questa zona relativamente piccola, escludendo Harley Street.

2. Un altro elemento è da ricercare nella tempistica della scoperta del medico da parte di Lees. Questo avvenne poco dopo l'ultimo omicidio, il 9 novembre 1888. È singolare che Sir William Gull abbia scritto il suo testamento solo 18 giorni dopo questa data, il 27 novembre 1888. Cosa abbia spinto Gull a preparare il suo testamento in questo momento è difficile da sapere. Era passato più di un anno dall'ictus che lo aveva colpito nell'ottobre 1887 e da allora non aveva più avuto problemi. In effetti, secondo il suo certificato di morte, aveva avuto solo due ictus in tutto, il secondo dei quali gli fu fatale. Sarebbe stato

comprensibile se i suoi pensieri si fossero rivolti alla stesura delle ultime volontà poco dopo essersi ripreso dal primo ictus, ma non fu così. Per il resto del 1887 e per tutto il 1888 stette molto bene, ma pochi giorni dopo che Lees dichiarò di aver condotto la polizia da Jack lo Squartatore, Gull decise inspiegabilmente di pianificare la divisione del suo patrimonio dopo la sua morte...

3. Un terzo fatto riguarda la morte e il funerale fittizi del dottore, sia nella versione di Lees che in quella di Howard. Si dice che questo finto funerale abbia causato "grande commozione". Il funerale di Gull suscitò un tale scalpore che fu necessario organizzare una processione speciale, e tra il pubblico c'erano molti degli uomini più importanti di Londra: Lord Justice Lindley, Sir Joseph Lister, Sir Henry Acland, oltre al migliore amico di Gull alla fine della sua vita, Sir James Paget, secondo chirurgo della Regina Vittoria. Gull fu sepolto insieme al padre e alla madre nel cimitero della parrocchia di Thorpe-le-Soken. La folla si è radunata dai villaggi nel raggio di 20 miglia dal luogo di sepoltura e ha seguito il percorso della bara dalla stazione alla chiesa.

4. Il medico neutralizzato grazie a Lees viene descritto da quest'ultimo come un uomo a volte sorprendentemente affascinante, altre volte freddo e ferocemente crudele. Questo riassume perfettamente il carattere di Gull. Oscillava tra un'indole cordiale e benevola, in cui la gentilezza era all'ordine del giorno, e sbalzi d'umore in cui sembrava umano come un muro di pietra... Nel suo libro *Come morì Charles Bravo*, Yseult Bridges ha mostrato esattamente quanto Gull potesse essere duro di cuore:

> Dr Johnson, un uomo di età avanzata che aveva ottenuto un certo riconoscimento nella sua professione, era perfettamente ortodosso nel suo atteggiamento e nei suoi metodi, e quindi l'antitesi di Sir William Gull. Il primo, ad esempio, si asteneva dal dire al suo paziente: "Lei è intossicato", se non ne aveva una prova tangibile; o "Lei sta morendo", perché era contrario all'etica della professione.
>
> Ma quest'ultimo non ha esitato ad annunciare bruscamente entrambe le diagnosi. "Sotto la mia responsabilità e senza alcuna consultazione preliminare", ha dichiarato ai giudici [dell'inchiesta Bravo], "ho avvertito il signor Bravo che stava morendo.
>
> Charles si sforzò di rispondere. "Sto morendo?", chiese disperatamente a Sir William.

"Lei è molto malato e, con ogni probabilità, non le restano molte ore di vita, ma, naturalmente, ci sarà speranza finché vivrà".

"Davvero non c'è speranza per me?", disse ancora, come se non riuscisse a rassegnarsi al suo destino. Sir William sentì il cuore battere più forte. "È rimasta ben poca vita in te. In effetti, il vostro cuore è come morto[16].

Ma Gull fu elogiato per la sua cordialità nei confronti dei pazienti e il 31 gennaio 1890 fu pubblicata sul *Times* una lettera firmata "R.A." che descriveva come Sir William avesse curato un signore "privo di salute e di ricchezza". Gull gli diede un primo rimedio, che fallì, e poi lo esentò dal pagare la somma di 30 ghinee. Fu ampiamente criticato anche per un altro aspetto della sua natura. Un giorno rivelò i suoi tratti disumani in modo ancora più esplicito di Bravo. Ironia della sorte, questo episodio è raccontato in una delle biografie elogiative apparse dopo la sua morte: *In Memoriam. Sir William Gull*. Assistette un povero paziente malato di cuore e, dopo la morte dell'uomo, era estremamente desideroso di eseguire un'autopsia. Il permesso fu dato con grande difficoltà e con la condizione che nulla venisse "sottratto". Una sorella devota al defunto era presente durante l'esame per garantire questo. Invece di affrontare questa situazione più che delicata con tutta la delicatezza possibile, Gull tagliò deliberatamente il cuore del cadavere davanti ai suoi occhi, lo mise in tasca e disse: "Mi appello al vostro onore perché non mi tradisca".

E mentre lo faceva, se ne andò, con il cuore del fratello di questa donna sconcertata in tasca e il cadavere mutilato che giaceva davanti a lei sul tavolo di dissezione...

Senza essere troppo influenzati da Il *dottor Jekyll e il signor Hyde* di Robert Louis Stevenson, pubblicato due anni prima degli omicidi, è giusto dire che la "doppia personalità" è stata riconosciuta dagli psichiatri come una condizione abbastanza comune, oggi chiamata "schizofrenia". La condizione è comune tra coloro che hanno subito violente tensioni mentali ed emotive, anche se raramente raggiunge le proporzioni raccapriccianti descritte da Stevenson. Di tanto in tanto, tuttavia, si verifica un caso del genere, che dimostra come il personaggio del medico descritto da Lees non sia così incredibile come molti

---

16 Questo è stato spesso riportato in una versione ancora più spietata: "In realtà, sei già mezzo morto".

potrebbero pensare. Nell'ottobre 1974, un giovane sposo fu incarcerato da un giudice dell'Old Bailey per aver violentato una tata. La corte ha tenuto conto del fatto che l'imputato era un 24enne sposato, apparentemente felice e normale, ma che poteva "trasformarsi" in un brutale abusatore sessuale. Il suo avvocato ha detto alla corte che, a parte il fatto di aver toccato cinque donne, non era in alcun modo malvagio o cattivo. "Tranne quando la sua patologia prende il sopravvento, è un giovane perfettamente normale. Queste cose sono quasi totalmente fuori dal suo controllo. Ci sono altri casi di Jekyll e Hyde che vale la pena studiare: Edward Paisnel, la famigerata "Bestia del Jersey", e, più recentemente, Peter Cook, lo stupratore di Cambridge. Paisnel è stato condannato a 30 anni di carcere nel 1971 per 13 violenze sessuali su bambini: indossando una maschera grottesca e un costume eccentrico, aveva terrorizzato l'isola di Jersey per 11 anni, ossessionato dalla stregoneria e dalle atrocità di Gilles de Rais, il primo Barbablù. Nonostante il lato malvagio della sua natura, Paisnel era un uomo gentile e generoso che amava i bambini...

Come suggeriscono il suo comportamento durante l'autopsia e l'episodio Bravo, Gull non era un uomo normale. Pensava di essere governato dalle proprie leggi. Mostrava regolarmente scarsa considerazione per i sentimenti degli altri e non esitava a fare del male alle persone. Adattava le sue parole alle sue azioni, poiché uno dei suoi motti era: "La morale e la religione non hanno basi solide e vere".

Di lui è stato scritto: "Di tutti i mali, considerava l'ignoranza il peggiore.

Questo dà un'indicazione di come avrebbe potuto considerare una cameriera ignorante, Mary Kelly, che aveva osato mettere in pericolo se stesso e i suoi compagni massoni con la sua lingua tagliente. Da uomo arrogante, non si sarebbe piegato a nessuna autorità se non a quella della sua mente. Perciò, una volta pronto a trattare con Kelly nel modo che riteneva più opportuno, non avrebbe lasciato che nessun ostacolo gli si frapponesse. Molti pensavano che la sua sorprendente somiglianza con Napoleone andasse oltre il semplice aspetto. È stato detto di lui:

> Dopo essersi fatto un'opinione ed essere determinato a seguire una linea d'azione, la portava avanti senza esitazioni, senza preoccuparsi delle possibili conseguenze. Era incrollabile nel suo concetto di giusto e sbagliato, mai influenzato dai punti di vista e dalle opinioni degli altri. La sua penetrazione per verità che menti inferiori non erano in grado di percepire e di afferrare, e la lunga esperienza di come le sue grandi capacità lo ponessero generalmente in un rapporto migliore con le cose,

svilupparono in lui una fiducia assoluta nell'infallibilità del suo giudizio personale in certe questioni.

Gli "attacchi epilettiformi" di Gull citati da Wilks e Bettany sono significativi in questo caso. Questi non hanno nulla a che fare con l'ictus. Gli attacchi epilettiformi sono causati da una condizione mentale e sono caratterizzati da crisi in cui la vittima crolla svenuta e rigida e le mascelle si serrano. Dopo l'attacco, può verificarsi un periodo di disturbo piuttosto lungo in cui il paziente tende a isolarsi e talvolta a diventare violento, una condizione che riassume esattamente i sintomi avvertiti dal medico nel racconto di Lees.

Ma si può ancora sostenere che se Lees avesse davvero condotto la polizia a casa di Sir William Gull, dovrebbe esserci una registrazione negli archivi segreti. Ma abbiamo già dimostrato che c'è stato un insabbiamento. Tutti i documenti relativi a Lees e Gull avrebbero quindi dovuto essere tra gli elementi chiave da distruggere. Questo è esattamente ciò che sembra essere accaduto. Di tutto il materiale presente negli archivi riservati del Ministero dell'Interno e di Scotland Yard, solo un fascicolo è incompleto. Si tratta del fascicolo A49301 dell'Home Office, in cui si afferma che 33 dei 51 documenti erano stati distrutti o mancavano al momento dell'archiviazione del fascicolo nel 1893. È solo una coincidenza che questo sia il fascicolo contenente le accuse contro *medici* e agenti di polizia?

Due elementi rendono sospette le circostanze della morte di Gull, elementi che diventano comprensibili se applicati a un uomo che è stato segretamente rinchiuso in un manicomio quando tutti lo credevano morto. Essi non solo dimostrano che il medico dei racconti di Lees e Howard era Gull, ma confermano che tutto ciò che è descritto in questi racconti è realmente accaduto.

1. Nei suoi ultimi anni di vita, Gull fu assistito da tre medici: Dr Hermann Weber, Dr Charles Hood e suo genero Theodore Dyke Acland. Sebbene non esista una legge che vieti a un medico di dichiarare la morte di una persona cara, in genere si ritiene preferibile non farlo. Ciò è particolarmente vero quando un paziente è assistito da più medici, anche se solo uno è imparentato con lui, come nel caso di Gull. La buona prassi prevede che il certificato di morte sia firmato da un medico non imparentato con il defunto, perché in seguito si potrebbe insinuare che il paziente non sia morto per le cause addotte dal medico. I parenti sono considerati più propensi ad avere un motivo per falsificare un certificato di morte. Nel caso di Sir William Gull, il suo certificato di morte fu siglato, contrariamente alla prassi, dal genero. Le affermazioni secondo

cui Gull non sarebbe morto nel 1890 ma sarebbe stato ricoverato in un manicomio spiegherebbero questo singolare allontanamento dalle convenzioni.

2. Solo alla fine del 1888, poco dopo l'ultimo omicidio dello Squartatore, Gull scomparve effettivamente dalla scena. Questo contraddice il mito secondo cui era troppo malato per partecipare alla vita sociale dall'ottobre 1887 fino ad allora, e colloca il suo ritiro dalla vita sociale molto vicino alla data in cui Lees condusse la polizia da Jack lo Squartatore. Il motivo della sua scomparsa dalla vita sociale durante il 1889 è solitamente il fatto che quell'anno fu colpito da altri ictus. Si trattava di una menzogna. Il suo certificato di morte afferma definitivamente che non ebbe alcun tipo di ictus tra il primo del 1887 e il secondo due giorni prima della morte. Il certificato riporta come causa di morte:

> Emorragia
> Cerebrale
> Emiplegia
> 1 attacco 10 ott. 1887
> 2 27 gen. 1890
> Certificato da Theodore Dyke Acland
>
> M.D.

I fatti noti non sono coerenti con un uomo distrutto dopo il 1887. Rimase attivo per oltre un anno. Poi, senza alcun motivo apparente (e certamente non una malattia fisica), scomparve dalla società e la sua morte fu annunciata nel gennaio 1890. Ma i fatti sono *coerenti* con una collocazione sotto controllo dopo l'ultimo omicidio di Whitechapel. Sarebbe stato ovviamente troppo pericoloso annunciare la morte di Gull subito dopo gli omicidi. La coincidenza sarebbe stata ovvia e sarebbe stata notata, ad esempio, da Stewart. Un periodo di tempo ragionevole avrebbe permesso di ridurre i sospetti su Gull e, di conseguenza, sui suoi fratelli massoni. Ma il suo improvviso ritiro dalle luci della ribalta dopo l'omicidio di Kelly doveva essere spiegato. È stato quindi affermato che aveva subito altri ictus, un'affermazione che il suo certificato di morte afferma essere senza dubbio una pura invenzione.

Il nome con cui il medico fu dichiarato pazzo nel racconto di Howard - Thomas *Mason* - richiama la tradizione massonica secondo cui, in determinate circostanze, *un massone muore del suo più grande risultato*. Gull, ha detto Sickert, era nel suo elemento quando neutralizzava i piantagrane facendoli sembrare pazzi. Ora abbiamo una dimostrazione del tutto indipendente di quello che fu il destino di Gull stesso... Quale nome era più appropriato per un massone dichiarato pazzo di "Mason", un gioco di parole terribilmente coerente con l'umorismo evocato nei *Protocolli* massonici?

Le prove si accumulano lentamente. Il medico descritto da Howard è senza dubbio Gull. Dagli indizi contenuti nel racconto di Lees, possiamo capire che il medico a cui si riferiva è, ancora una volta, Gull. Il fatto che questi due individui abbiano rappresentato episodi diversi ma concordanti dello stesso dramma rafforza questa tesi. Il fatto che entrambi i loro racconti siano perfettamente coerenti con i fatti accertati e con le spiegazioni di Sickert - anche in questo caso ben distinte dagli altri - e che i dettagli degli ultimi giorni di Gull riportati in passato *non siano* coerenti con i fatti accertati, come le indicazioni sul suo certificato di morte, danno grande peso alle accuse contro di lui.

Per ottenere una condanna in un tribunale britannico, l'accusa deve essere provata oltre ogni ragionevole dubbio. Tuttavia, il banco più che affollato del processo a Jack lo Squartatore richiede più realisticamente una prova inequivocabile. Nel nostro caso contro Sir William Gull, possiamo finalmente avvicinarci a questa certezza a lungo attesa. Esistono prove del tutto indipendenti che la storia di Lees che coinvolgeva Gull era perfettamente accurata.

Si trova negli scritti di un famoso chirurgo ed esperto di Squartatori, Dr Thomas Stowell, Comandante dell'Ordine dell'Impero Britannico, Dottore in Medicina, Membro del Royal College of Medicine, ecc. Stowell disse di aver ricevuto delle confidenze da Caroline, la figlia di Gull:

> Era la moglie di Theodore Dyke Acland, M.D., Fellow del Royal College of Medicine, un tempo mio gentile superiore. Conoscevo entrambi intimamente e ho spesso goduto dell'ospitalità della loro casa di Bryanston Square per molti anni.

Che Stowell non stesse mentendo è confermato dal fatto che nel suo testamento Dyke Acland chiese che Stowell fosse nominato amministratore ed esecutore testamentario e gli lasciò un prezioso dipinto preraffaellita. Stowell era chiaramente un amico intimo della figlia di Gull e di suo marito. Ha continuato:

> La storia del signor Acland racconta che all'epoca degli omicidi dello Squartatore sua madre, Lady Gull, fu molto infastidita una notte dalla visita sgradita di un ufficiale di polizia, accompagnato da un uomo che sosteneva di essere un medium. Era irritata dalla loro faccia tosta: molte domande che sembravano insolenti. Lei rispondeva alle loro domande

con risposte evasive come: "Non lo so", "Non posso dirglielo", "Temo di non poter rispondere a questa domanda".

Poi Sir William stesso scese al piano di sotto e, in risposta alle domande, disse di aver sofferto di occasionali "vuoti di memoria da quando aveva avuto un leggero ictus nel 1887"; confessò che una volta aveva trovato del sangue sulla sua camicia.

La somiglianza tra questa storia e quella raccontata da Lees è sorprendente. Non c'è dubbio che venga descritto lo stesso evento. Certo, *sembra* esserci una contraddizione nel fatto che Lady Gull reagisca con risposte evasive e che la moglie del medico ammetta nel racconto di Lees di non ritenere il marito sano di mente. Ma la reazione iniziale della moglie nella versione di Lees deve essere stata esattamente la stessa di Lady Gull nel racconto di Caroline Acland; Lees stava descrivendo l'"interrogatorio" della moglie del dottore, ma non sarebbe stato necessario un interrogatorio approfondito se lei fosse stata disposta a rispondere alle domande. È inoltre chiaro che la spiegazione di Caroline Acland non racconta tutta la storia. Perché Lady Gull ha dato risposte *evasive*? Se le domande del sensitivo e dell'ispettore fossero state così impertinenti, sicuramente le avrebbe semplicemente respinte. Se Lady Gull è stata evasiva, significa che non voleva impegnarsi sul presunto coinvolgimento del marito negli omicidi. Se lui fosse stato completamente innocente, lei sarebbe stata tutt'altro che evasiva.

Caroline Acland ovviamente non sapeva nulla di più di quanto aveva detto a Stowell. Non aveva idea che la sua storia fosse poco più che un interessante racconto su due ridicole visite che i suoi genitori ricevettero all'epoca degli omicidi di Jack lo Squartatore. Amava profondamente suo padre e aveva persino chiamato suo figlio Theodore William Gull Acland, per cui suggerire che Gull fosse lo Squartatore sarebbe stata l'ultima cosa che avrebbe voluto.

La cosa più sorprendente dell'articolo di Stowell è che apparentemente cercava di dimostrare che lo Squartatore era Eddy, il Duca di Clarence. Citava la storia di Caroline Acland per sostenere la sua teoria secondo la quale Gull aveva del sangue sulla camicia dopo aver visitato Eddy dopo uno degli omicidi. Stowell studiò il caso di Jack lo Squartatore per molti anni prima di pubblicare le sue scoperte su *The Criminologist* nel 1970. Sebbene non abbia mai nominato il suo sospetto, se non con la lettera "S", è generalmente accettato che volesse far credere ai suoi lettori che stesse accusando il Principe senza dirlo realmente. Interrogato in televisione, fu irremovibile nel rifiutare di affermare concretamente che il suo sospettato fosse Eddy. Perché? Avendo diffuso una pletora di indizi che puntavano verso Eddy, non c'era motivo per cui rifiutasse di impegnarsi - a meno che, in realtà, non sospettasse affatto di Eddy! Ancora più interessante è il fatto che il 9 novembre 1970, 82 anniversario dell'omicidio di Mary Kelly, sul *Times* apparve una lettera di Stowell che negava di aver detto o anche solo pensato che Eddy fosse lo Squartatore. La stesura di questa curiosa e inspiegabile lettera deve essere stata l'ultimo atto di Stowell, perché il giorno successivo un breve dispaccio del *Times* annunciava la morte di Dr Thomas Stowell *il 9 novembre*. Secondo il figlio, Dr Thomas Eldon Stowell, i documenti e gli appunti che l'anziano aveva accumulato nel corso di una vita di studi sugli omicidi di Whitechapel furono distrutti, non letti, non appena morì.

L'ultima categorica affermazione del vecchio Stowell di non aver mai *pensato che* Eddy fosse lo Squartatore assume un nuovo significato alla luce di un altro passaggio del suo articolo: "È stato detto che in più di un'occasione Sir William Gull è stato visto nel quartiere di Whitechapel la notte di un omicidio". Ciò punta il dito direttamente contro Gull, ma Stowell pretende di spiegare questo fatto con un'ipotesi inconsistente: "Non mi stupirei se fosse lì allo scopo di certificare la follia dell'assassino" (!).

Nello stesso articolo, rivela che le voci contemporanee sugli omicidi affermavano con certezza che Gull era lo Squartatore. Leggendo attentamente, l'intero articolo di Stowell è chiaramente concepito per dare l'*impressione* che Eddy fosse il suo sospettato. Ma l'unica prova da lui fornita indicava Gull!

Poiché gli archivi del vecchio Stowell sono stati inspiegabilmente distrutti, non sappiamo dove abbia trovato le prove incriminanti contro Sir William Gull. Non è plausibile sostenere che Stowell abbia inventato queste prove, perché se fosse stato nel romanzo sarebbe stato molto più probabile che inventasse prove a sostegno delle sue accuse contro "S".

Sembra esserci un solo indizio sulla causa dello strano comportamento di Stowell dopo la scoperta delle accuse contro Gull. Si trova nel suo testamento:

> Lascio in eredità il mio abito massonico della Gran Loggia alla Loggia Chelsea [...] il mio abito del Capitolo Generale e i gioielli P.Z. al Capitolo Chelsea [...] e il resto dei miei libri e beni massonici alla Loggia Cornubia n° 450.

"P.Z." significa che Stowell era un Principe Zorobabel, il massone più importante di un gruppo di iniziati che hanno superato l'Arco Reale. La funzione essenziale di un Principe Zorobabel è quella di eseguire il rito finale della cerimonia che chiude un capitolo dell'Arco Reale. Nel fare ciò, le parole che Stowell avrà cantato potrebbero applicarsi al suo desiderio di mantenere la verità sulla complicità di Gull negli omicidi di Whitechapel:

> Compagni, non ci resta altro da fare che, secondo l'antica tradizione, rinchiudere i nostri segreti al sicuro, unendoci in un atto di Fedeltà, Fedeltà, Fedeltà, Fedeltà.

Per il segreto massonico scoperto da Stowell, c'era una sicurezza maggiore di quella di nasconderlo sotto una velata accusa del principe Eddy?

Ora è difficile dire cosa abbia realmente motivato Stowell a scrivere il suo articolo. Sebbene sembrasse volere che tutti pensassero che Eddy fosse l'assassino, è chiaro dal contenuto del suo studio e dalle sue scarse scuse per la presenza di Gull a Whitechapel che forse voleva incriminare *Gull* senza assumersi la responsabilità di accusarlo direttamente. Nel suo modo misterioso e particolare, Stowell stabilì nuove prove contro Gull. La prima prova è che Gull non era morto quando si supponeva che lo fosse, il che avvalora ulteriormente le tre dichiarazioni indipendenti secondo cui Gull era il medico inviato al manicomio sotto falso nome. Stowell disse a Colin Wilson di aver trovato nelle carte private di Gull un'indicazione che "S" non era morto di polmonite come riportato nel 1892, ma di sifilide. Questo è piuttosto notevole, poiché si suppone che Gull sia morto due anni prima, nel 1890, nel qual caso non avrebbe saputo molto della morte di 'S'! Questa strana dichiarazione di Stowell potrebbe essere un'altra accusa criptica di Gull, che spiega con il suo metodo che "Sir William non era morto nel 1890"?

Uno sguardo più attento al curioso atteggiamento di Stowell apre un'altra possibilità. Il suo articolo potrebbe essere stato concepito non per *coprire la* colpa di Gull, ma per rivelarla in modo tale che egli non potesse essere ritenuto responsabile dai suoi superiori massonici.

In un'intervista rilasciata dopo la pubblicazione del suo articolo, Stowell ha spiegato di non aver voluto fare il nome del suo sospettato perché non voleva mettere in imbarazzo la famiglia del colpevole, a cui doveva molto. Stowell non aveva alcun rapporto con la famiglia reale e probabilmente non *doveva* loro nulla. Ma era strettamente legato alla famiglia di Sir William Gull, nella persona di Caroline Acland e di suo marito. Un altro elemento a sostegno dell'idea che stesse puntando il suo timido dito contro Gull è la seguente affermazione, presa in prestito dalla sua analisi:

> A sostegno di questa fantasia [che l'assassino fosse un medico], non era insolito per i pettegoli indicare uno dei più rinomati membri della professione dell'epoca - e forse di tutti i tempi - Sir William Gull, baronetto, dottore in medicina, membro del Royal College of Physicians e della Royal Society.

Michael Harrison risponde a questa enigmatica accusa come segue:

> Al contrario, si potrebbe pensare che attaccare uno dei più illustri medici del suo tempo sarebbe stata la cosa più sciocca da fare.

Questa analisi è accurata, ma non è sufficiente. Uno studio completo del caso Jack lo Squartatore non trova voci di questo tipo. Fino all'agosto 1973, tre anni dopo l'articolo di Stowell, Gull non era stato denunciato pubblicamente come lo Squartatore. Da allora, solo Sickert lo ha fatto. Cosa voleva dire Stowell? Avendo vissuto una valanga di discussioni e speculazioni sullo Squartatore a partire dal 1970, è ora difficile ricostruire lo stato d'animo dei lettori nel momento in cui Stowell pubblicò il suo saggio che accusava "S". Nel novembre 1970 non si era mai parlato del principe Eddy o di Gull in relazione agli omicidi dello Squartatore. Pochi li avevano sentiti nominare. Stowell fece poi un'affermazione completamente falsa, secondo la quale "non era insolito che i pettegoli indicassero... Sir William Gull".

La conclusione inevitabile è che Stowell, facendo una dichiarazione deliberatamente falsa su un uomo che non era mai stato menzionato pubblicamente nel caso, stava di fatto accusando quell'individuo. La denuncia di Gull era velata dalla cosiddetta attenzione di Stowell per Eddy solo per confondere i superiori massonici di Stowell. Ma chiunque abbia una conoscenza approfondita del caso Jack lo Squartatore può vedere che stava accusando Sir William Gull.

Un riassunto della nostra dimostrazione finora mostra che Sir William Gull era un massone influente, che soffriva di attacchi mentali durante i quali si dice che si comportasse in modo strano e persino violento; che sono state inventate molte bugie intorno alla sua morte per farla apparire naturale; che era lui stesso un uomo imprevedibile ed erratico; che è stato visto a Whitechapel nelle notti degli omicidi; e che, secondo la sua stessa ammissione, si è svegliato a casa trovando sangue sulle sue cose.

È stato identificato come Jack lo Squartatore da Walter Sickert, Dr Benjamin Howard, William Stewart, Robert James Lees, Dr Thomas Stowell e persino da sua figlia Caroline.

Sir William Gull aveva un legame personale con le prostitute dell'East End. Il *Dictionary of National Biography*, nella sua voce su Gull, lascia questo commento di sfuggita: "Era un intimo di James Hinton". Questa innocua affermazione nasconde fatti che sono essenziali se considerati alla luce delle accuse di Sickert contro Gull. Gull era più che un buon amico di Hinton. Fino alla morte di Hinton, nel 1875, fu il suo migliore amico per tutta la vita. Erano così amici che nel 1878 Gull fu scelto per scrivere l'introduzione alla biografia e alla corrispondenza di Hinton. In questa prefazione disse: "Sono passati ormai vent'anni dall'inizio dei nostri rapporti. Le opinioni comuni su importanti argomenti umani ci hanno avvicinato molto.

È interessante che Gull abbia scelto come suo migliore amico e confidente un uomo ossessionato dalle *prostitute di Whitechapel*. La sua ossessione si manifestò nel 1839-40, quando lavorava come commesso in un'azienda di vendita all'ingrosso di tessuti di lana nel cuore di Whitechapel. Questa esperienza, scrive il suo biografo Ellice Hopkins, "affondò nel suo giovane cuore con una forza crudele, e la degradazione delle donne lo possedette come una disperazione metafisica". Per tutta la vita, continua Hopkins, Hinton fu "completamente pazzo" per la prostituzione.

Nel 1855 era un compagno abituale di Gull e si vedevano ogni mattina, "bighellonando, intenti a discutere, per le strade quasi deserte di Londra". A quel tempo Gull era medico assistente al Guy's Hospital, appena fuori London Bridge, sulla riva sud del Tamigi, in un luogo che consentiva di raggiungere a piedi l'East End. È possibile che Hinton, con la sua ossessione per Whitechapel e le sue creature degradate, abbia usato alcune di queste passeggiate mattutine per condividere con l'amico "importanti questioni umane"? Avrebbe portato Gull negli stessi vicoli dove le prostitute vagavano ubriache nell'oscurità, gli stessi in cui Jack lo Squartatore avrebbe eliminato queste miserabili donne nel 1888. Per alcuni anni, prima di trasferirsi a Brook Street, Gull ebbe uno studio al numero 8 di Finsbury Square, al confine tra il centro di Londra e l'East End. Conosceva intimamente il territorio di caccia dello

Squartatore e, con ogni probabilità, era dotato di una conoscenza personale ed estremamente appassionata della vita e dei caratteri delle prostitute di Whitechapel.

È impossibile dire quanto Gull potesse essere coinvolto nell'ossessione di Hinton. Anche se la ragione per cui creò Jack lo Squartatore era massonica, è possibile che nella sua mente squilibrata ci fosse anche un elemento che assomiglia a quello che fu descritto dal *Times* come "un fanatico con l'orgoglio di aver ricevuto dall'alto la missione di estirpare il vizio per mezzo dell'omicidio".

Non lo sapremo mai.

La tomba del gabbiano a Thorpe-le-Soken

Nel marzo 1974 ho visitato il cimitero della parrocchia di Gull a Thorpe-le-Soken, nell'Essex. Si suppone che condivida la tomba con la moglie. Per coincidenza, la sua lapide reca la stessa iscrizione del muro del Working Lads' Institute di Whitechapel, dove si svolsero le prime due indagini sullo Squartatore: "E ciò che il Signore richiede da voi è che facciate giustizia, amiate la misericordia e camminiate umilmente con il vostro Dio". Questo era il riferimento biblico preferito da Gull. La tomba mi è stata mostrata da un gentilissimo maggiordomo, un servitore della chiesa di 66 anni, il signor Downes. Prima di lui, suo padre era stato un maggiordomo nello stesso luogo e ricordava che suo padre gli aveva raccontato che quando era un ragazzo aveva percorso 30 chilometri dalla loro casa di Clacton con una folla di paesani in lutto per partecipare al funerale di Gull.

Le osservazioni di Downes, mentre guardavamo la tomba, ricordavano la storia di Dr Howard, secondo cui il famoso medico dietro Jack lo Squartatore era stato rinchiuso in un manicomio mentre venivano inscenati una finta morte e un funerale. Downes non aveva idea del motivo del mio interesse per Gull, quindi rimasi sbalordito quando disse: "È una tomba grande, circa tre metri e mezzo per tre, troppo grande per due persone. Alcuni dicono che ci sono più di due persone sepolte lì. Questa tomba è abbastanza larga per *tre* persone".

Rimase in silenzio per un momento, poi disse pensieroso: "Le fosse di sepoltura per due persone non sono normalmente così ampie.

Poi, a mezza voce, ha pensato: "Naturalmente è *possibile che* qualcun altro sia sepolto qui, ma non sappiamo chi.

Insistetti per avere maggiori informazioni, ma lui cambiò subito argomento, non perché sembrasse sapere qualcosa di macabro, ma perché teneva Gull in grande considerazione. Gull era l'unica celebrità che Thorpe-le-Soken poteva vantare, e Downes non voleva nemmeno prendere in seria considerazione la possibilità che potesse essere successo qualcosa di "non proprio corretto". Ma anche se non sapeva nulla di inquietante sulla sepoltura o sul legame tra William Gull e lo Squartatore, le sue confidenze erano quelle di un uomo onesto che si trovava di fronte a uno strano fenomeno: una tomba per due persone grande abbastanza per tre.

È provato che Gull era il medico a cui si riferivano Howard e Lees e che fu internato in un manicomio con il nome di Mason. Allo stesso tempo, fu organizzato un finto funerale e una bara piena di pietre fu posta nella sua tomba. Ma cosa accadde quando Gull morì davvero? O fu sepolto da qualche parte con il nome di Mason, oppure fu fatta giustizia e fu sepolto segretamente nella tomba che gli spettava, occupando il terzo posto.

Negli ultimi anni, Sir James Paget - un altro massone - fu il compagno e l'amico più stretto di Gull. Paget era il secondo chirurgo della Regina Vittoria. Ricordiamo che, esaminando l'operazione intrapresa per sedare l'episodio Annie Elizabeth Crook-Prince Eddy, era difficile capire come - dopo la sua incarcerazione - Annie fosse stata trasferita da un ospizio all'altro senza alcuna normale procedura amministrativa o formalità. La spiegazione è la comoda presenza, nell'ufficio dei tutori che si occupavano di Annie Elizabeth, di un certo reverendo Henry Luke Paget. Il reverendo Paget era uno dei membri eletti del Consiglio di tutela di St Pancras, da cui Annie Elizabeth dipese per la prima metà dei suoi 31 anni di permanenza in istituto. Dei tutori, solo uno avrebbe potuto organizzare il trasferimento di Annie Elizabeth in modo da derogare alle regole. Paget fu vicario, poi decano di campagna, di St Pancras, quindi divenne vescovo suffraganeo di Ipswich (1906), vescovo suffraganeo di Stepney (1909) e vescovo di Chester dal 1919 al 1932. Soprattutto, era figlio di Sir James Paget, grande amico di Gull. A giudicare dal suo background familiare e seguendo l'esempio dei membri più importanti della gerarchia ecclesiastica inglese dell'epoca, è quasi certo che fosse un massone, anche se la Gran Loggia ha rifiutato di permettermi di accedere ai suoi archivi per verificare questa e altre ipotesi.

* * *

Due punti importanti sono stati sollevati nei mesi successivi alla consegna del libro all'editore. Poiché il manoscritto finale era già nelle mani dello stampatore, non è stato possibile apportare modifiche al corpo del testo, per cui le nostre nuove prove sono state inserite qui, alla fine del relativo capitolo, in fase di revisione.

Nel 1975, Richard Whittington-Egan scoprì in una libreria di Londra una lettera scritta a mano da Dr Benjamin Howard, la cui testimonianza si rivelò a sostegno della storia di Sickert. La lettera, riprodotta in A Casebook on Jack the Ripper *di Whittington-Egan, era indirizzata al quotidiano* The People, *che aveva pubblicato un articolo basato sulla storia del Chicago* Sunday Times-Herald. *Nella lettera, Howard negava di essere a conoscenza della testimonianza che gli era stata attribuita e negava persino di trovarsi in America nel momento in cui le sue rivelazioni sarebbero state fatte. Whittington-Egan conclude che questa smentita elimina la versione attribuita a Howard.*

Al contrario, Dr Howard difficilmente avrebbe riconosciuto di essere stato ubriaco e di aver infranto il suo solenne giuramento di segretezza sui procedimenti di una commissione medica massonica. Ritengo perfettamente possibile che Howard abbia negato con forza questo tradimento dei segreti massonici. E, sebbene Whittington-Egan si congratuli sinceramente per aver trovato questa lettera, la sua esistenza non è affatto sorprendente.

Il secondo punto, forse casuale ma comunque degno di nota, potrebbe fornire l'identità dell'ispettore di polizia che Lees condusse allo Squartatore. La famiglia di Lees era originaria di Bournemouth. Quando andò in pensione, l'ispettore Abberline si trasferì a

Bournemouth. Questo fatto di per sé non sorprende: Bournemouth era, e continua ad essere, una città popolare per chi cerca una pensione confortevole. L'aspetto interessante è che Abberline morì nel 1928, dopo aver nominato un certo Nelson Edwin Lees come suo esecutore testamentario. Non sono riuscito a stabilire se Nelson Edwin Lees avesse qualche legame con il medium Lees. Se così fosse, e questa sembra una forte possibilità considerando la coincidenza del luogo e la relativa rarità del nome, la storia di Lees ne esce rafforzata.

CAPITOLO XII

L'abominevole cocchiere

John Netley, il secondo membro del trio dello Squartatore di Sickert, è un uomo senza volto. È l'unico personaggio nominato da Sickert che sia veramente sconosciuto. In quanto tale, è una delle migliori prove della veridicità della storia. Finora, l'esame dell'intero racconto di Sickert si è rivelato accurato. Se il vecchio pittore avesse mentito su chi fosse coinvolto negli omicidi, il punto più debole della sua storia sarebbe stato sicuramente John Netley, la misteriosa figura di cui nessun "jackologo" aveva mai sentito parlare prima.

Ricordiamo la descrizione che Sickert fa di Netley e del suo ruolo nella vicenda.

Questo giovane fu presto coinvolto nella vicenda: andava a prendere Eddy in un luogo prestabilito e lo accompagnava ai suoi incontri segreti con Sickert e Annie Elizabeth in Cleveland Street. Netley non era un servitore ufficiale del palazzo, ma aveva un'auto propria. Sickert non spiegò come avesse conosciuto Eddy. Al punto d'incontro, Eddy scendeva dalla carrozza reale e saliva sul veicolo di Netley, per sviare eventuali servitori principeschi che avessero avuto l'ordine di tenere d'occhio la sua carrozza.

Quando Gull e i suoi fratelli massoni estremisti organizzarono l'eliminazione delle prostitute minacciandole di ricatto, Netley fu invitato a partecipare all'operazione. Secondo Sickert, la coercizione non era necessaria. Sickert pensava di non essere lontano dalla verità quando disse che, essendo Netley un uomo piccolo - un fatto a cui era molto sensibile - avrebbe fatto qualsiasi cosa per alimentare il suo *ego* e raggiungere uno stato in cui non si sentiva uguale agli altri uomini, ma superiore. Era disposto a partecipare a qualsiasi progetto, anche detestabile, per raggiungere i suoi scopi. Era spaventosamente ambizioso e, sebbene fosse un donnaiolo inarrestabile, si diceva che avesse intrapreso attività omosessuali con ricchi invertiti per aiutarlo a raggiungere in qualche modo le vette che immaginava. Quali vette? A

Sickert questo interessa poco. Non sapeva se Netley fosse un massone, ma che lo fosse o meno, era disposto a fare qualsiasi cosa pur di aiutare questa società segreta nel suo interesse. Sickert era sempre sorpreso che Netley fosse così insensibile al fatto di essere disprezzato da coloro che lo usavano per *i loro* scopi.

Gli assassini lo arruolarono, in primo luogo perché era già coinvolto nel caso, e in secondo luogo perché conosceva Cleveland Street e i suoi abitanti. Pensavano che sarebbe stato prezioso per condurre le prime indagini discrete nel quartiere dopo la scomparsa di Kelly. Infine, era un uomo della classe operaia e sarebbe stato efficace e poco visibile nel condurre le sue indagini, utilizzando un ritratto di Kelly, nell'East End.

Durante gli omicidi, Netley ha guidato i suoi complici nell'East End con la sua auto. Mentre lui guidava, i due assassini massoni compivano le loro malefatte nella relativa oscurità del veicolo. Poi Netley deponeva i corpi delle vittime dove venivano trovati. Questo vale per Nichols, Chapman e Eddowes; Kelly fu uccisa nella sua camera da letto e Stride fu uccisa dove fu trovato il suo corpo.

Walter Sickert non sapeva cosa fosse successo a Netley dopo gli omicidi. Sapeva solo che questo abominevole cocchiere aveva in qualche modo maturato l'idea che vendere il proprio corpo a ricchi omosessuali non fosse più la strada migliore per raggiungere il potere. Forse perché aveva dato un'occhiata alle attività della massoneria, ora desiderava legarsi a massoni influenti, piuttosto che ai loro burattini nell'aristocrazia. Ci riuscì e scambiò la sua fedeltà a Eddy con quella della Massoneria senza il minimo scrupolo, in linea con il suo atteggiamento durante gli omicidi. Questa creatura ripugnante e ripugnante, il cui principale attributo era il suo complesso di inferiorità, si mise alla caccia solitaria di Alice Margaret, la figlia di Eddy e Annie Elizabeth. Al culmine degli omicidi dello Squartatore, secondo Sickert la ragazza fu investita dall'auto di Netley a Fleet Street o sullo Strand. Stava per morire, ma dopo diversi mesi di ricovero in ospedale (St. Bartholomew) si riprese.

L'incidente si ripeté nel febbraio 1892. Questa volta Netley guidò la sua carrozza in Drury Lane proprio mentre Alice Margaret stava attraversando la strada con un parente più anziano che riuscì ad aiutarla a fuggire. In questa occasione la bambina non rimase gravemente ferita, perché era fuori dalla traiettoria delle ruote quando lo spigolo dell'auto la colpì. È stata portata in ospedale priva di sensi, ma ne è uscita dopo un giorno, dopo essere stata curata per una commozione cerebrale. La donna che l'aveva accompagnata descrisse in seguito a Sickert il conducente del furgone. Lui capì subito che si trattava di Netley. Con sardonica soddisfazione raccontò al figlio che, dopo aver investito Alice Margaret in queste circostanze, l'auto andò a sbattere contro un paracarro, danneggiando una ruota. Incapace di rimettere in moto la macchina e desideroso di non essere fermato, Netley fu visto saltare fuori dall'abitacolo e, nella confusione che aveva provocato, corse attraverso la folla verso il ponte di Westminster, con diversi passanti all'inseguimento. Nonostante la sua piccola taglia, Netley era il più veloce e perse i suoi inseguitori molto prima di raggiungere il Tamigi. Sickert seppe in seguito che, per qualche ragione sconosciuta, Netley si gettò nel fiume dal molo di Westminster e annegò. Questa fu la fine di Netley, disse il vecchio pittore, e l'ultimo capitolo del mistero di Jack lo Squartatore fu chiuso.

È stato difficile fare ricerche su Netley. Tanto per cominciare, non c'erano prove della sua esistenza.

Dopo sei settimane di ricerche, Karen de Groot ha scoperto il certificato di nascita di Netley. Nacque nel maggio 1860 a Kensington e fu battezzato John Charles Netley. Il certificato dichiarava che era figlio di un autista di omnibus, il che rendeva quantomeno probabile che sarebbe diventato qualcosa di simile. Era un'epoca in cui seguire le orme del padre era più comune di oggi.

Anche se un uomo può non aver fatto nulla per tutta la vita, una cosa è quasi certa: deve lasciare una traccia della sua nascita e una della sua morte. John Netley è indubbiamente esistito. Ora era il momento di esaminare l'elemento più concreto del racconto di Sickert su Netley: il suo presunto suicidio nel Tamigi nel febbraio 1892.

Ma, secondo i registri di Somerset House, nessun John Netley morì nel 1892; e nessun decesso del genere - è stato poi dimostrato - si verificò nel 1891 o nel 1893. La polizia del Tamigi non ha registrato alcun suicidio per tutto il febbraio 1892.

Non c'era nulla che assomigliasse a una spiegazione, finché Karen de Groot non trovò questo succinto resoconto nell'*Observer* del 7 febbraio 1892:

> Ieri, poco prima dell'una, un tentativo di suicidio dal molo di Westminster. Un giovane ben vestito si è tolto gli stivali e il cappotto, li ha nascosti sotto un sedile della sala d'attesa, si è gettato in acqua e si è allontanato di qualche metro. Salvato dal signor Douglas, il capitano, ha

reagito. Portato al Westminster Hospital, ha fornito il nome di *Nickley*, ma si è rifiutato di lasciare il proprio indirizzo.

Questo episodio combacia così bene con le affermazioni di Sickert da sembrare più di una coincidenza. Il tentativo di suicidio riportato dall'*Observer* ebbe luogo nello stesso luogo e nello stesso mese in cui Sickert disse che Netley si era gettato nel Tamigi. È vero che l'uomo salvato dal capitano si chiamava Nickley e non Netley. Ma a parte l'ovvia somiglianza tra i due nomi, c'era anche il fatto che il nome *Nickley* era fittizio. All'epoca non esisteva nessuno che si chiamasse Nickley, certamente non qualcuno che potesse essere descritto come un giovane uomo. Supponendo che il "giovane ben vestito" dell'articolo dell'*Observer* avesse un'età compresa tra i 14 e i 35 anni, ho controllato gli 84 registri delle nascite della Somerset House che coprono tutti i mesi tra il 1857 e il 1878, ma nessun Nickley è nato in quel periodo. I registri saltano quasi invariabilmente da Nickless a Nicklin. Il nome *Nickley* non compare nemmeno nel *Dictionary of British Surnames*. Lo strano atteggiamento del giovane che ha dato questo pseudonimo (così simile a Netley) e che si è rifiutato di dare il suo indirizzo, è coerente con il fatto che avesse qualcosa da nascondere, come era più che certo per Netley. Il "tentativo di suicidio di Nickley" corrisponde onestamente al presunto suicidio di Netley; la conclusione che si tratti dello stesso atto è irresistibile. Il fatto che Sickert abbia creduto che Netley fosse annegato è comprensibile: questa parte della storia è ovviamente basata su ciò che qualcun altro gli aveva raccontato. I registri dell'ospedale di Westminster, dove "Nickley" fu portato, sono andati perduti, quindi è impossibile confermare l'episodio se non con la nota dell'*Observer*.

La strada da percorrere è ancora lunga. Non abbiamo ancora stabilito che Netley fosse un tassista o che avesse a che fare con Cleveland Street e gli omicidi di Whitechapel; anche i due attentati alla vita di Alice Margaret non sono ancora stati provati; e se Netley non è morto nel Tamigi nel 1892, quando è morto?

Sembra che non ci sia traccia dei due attacchi al bambino. I registri della polizia e dell'ospedale, essendo sopravvissuti a due guerre, erano inutili. Per molto tempo è sembrato impossibile verificare la storia dei due incidenti, finché una copia dell'*Illustrated Police News* di sabato 6 ottobre 1888 ci è venuta in soccorso. Si ricorderà che Sickert sosteneva che il primo attentato alla vita di Alice Margaret era avvenuto in Fleet Street o nello Strand all'apice degli omicidi dello Squartatore. Il rapporto dice che:

> Poco dopo le 16 di lunedì pomeriggio [due giorni dopo il "doppio omicidio"] una bambina è stata investita da una carrozza in Fleet Street, di fronte all'Anderton Hotel. La bambina è stata messa in un'auto e portata all'ospedale St Bartholomew in stato di incoscienza con una ruota sul corpo. Data la gravità delle ferite, è improbabile che la giovane vittima si riprenda.

Ancora una volta, sebbene non vengano fatti nomi, la storia è troppo coerente con la versione degli eventi di Sickert per essere una semplice coincidenza. L'ora e il luogo dell'incidente sono esatti. Sickert ha affermato che Alice Margaret è quasi morta a causa della collisione. Questo è confermato dalla nota. Infine, afferma che la bambina fu portata all'ospedale St Bartholomew, esattamente come la bambina riportata nell'articolo.

Le nostre lacune cominciano a colmarsi, ma non abbiamo ancora idea di cosa sia successo a Netley dopo le dimissioni dall'ospedale in seguito al suo tentato suicidio nel 1892.

Qui è interessante ricordare il contenuto delle leggi massoniche descritte nel nostro Capitolo X. I *Protocolli* stabiliscono che un massone deve, in determinate circostanze, morire del suo più grande successo. Abbiamo dimostrato che Sir William Gull, nel suo elemento quando si trattava di far passare per pazzi i piantagrane per conto dei massoni, fu lui stesso trattato in questo modo e internato con il nome di Thomas *Mason*.

Miracolosamente, nelle sue ricerche, Karen de Groot ha scoperto che quando Netley morì, fu in un tale "incidente" che anche lui sembra essere finalmente caduto vittima di coloro che desiderava disperatamente servire. Infatti Netley, i cui principali successi in nome della Massoneria sono stati quelli di portare in giro gli assassini massoni con la sua auto, e poi di usare l'auto nei tentativi infruttuosi di eliminare Alice Margaret, è *morto sotto le ruote del suo stesso veicolo*. L'"incidente" si verificò solo nel 1903: tuttavia, sembra che un evento simile si sia verificato intorno al 1897, ma egli si riprese. L'elemento sorprendente di questa storia è il luogo della morte di Netley. L'idea improbabile di un uomo che muore sotto le ruote della *propria auto* è abbastanza difficile da accettare. Ma quando apprendiamo che è morto a *Clarence* Gate (Regent's Park), il ricordo del contorto umorismo massonico che ha caratterizzato la neutralizzazione di Gull non può essere bandito dalla nostra mente.

La notizia della morte di Netley fu pubblicata su due giornali locali. Il *Marylebone Mercury and West London Gazette* del 26 settembre 1903 riportava:

SCONTRO MORTALE NEL PARCO

Mercoledì pomeriggio il medico legale Danford Thomas ha tenuto un'inchiesta sul corpo del 43enne John Netley.

È stato dimostrato che il defunto era un dipendente dei signori Thompson e McKay, valletti della Great Central Railway Company. Domenica pomeriggio stava guidando uno dei loro furgoni a due cavalli lungo Park Road (Regent's Park) quando una delle ruote della carrozza ha urtato una pietra ed è stato scaraventato a terra dal suo sedile. Mentre il defunto giaceva a terra, uno dei cavalli lo colpì alla testa e una ruota finì sul suo corpo. Non aveva una frusta intorno a sé.

Dr Norris, di 25 Park Road, ha dichiarato di essere stato chiamato e di aver visto il defunto che giaceva morto sulla strada vicino a Clarence Gate. Aveva gravi ferite alla testa. La morte, dovuta alla frattura del cranio, è stata istantanea. La giuria ha emesso un verdetto di morte accidentale.

Il *Marylebone Times del* giorno precedente riportava che il padre di Netley aveva dichiarato che il figlio era caduto da un veicolo circa sei anni prima, ma si era completamente ripreso dalle conseguenze dell'incidente.

Il fatto che Sickert fosse a conoscenza di una falsa versione della morte di Netley è un'ulteriore conferma del fatto che stesse dicendo la verità. Se Sickert era un burlone che aveva creato una storia sensazionale per tenersi in vista (cosa non necessaria per un uomo considerato il più grande pittore inglese dopo Turner), allora sarebbe stato sotto pressione per ottenere i dettagli giusti, e avrebbe certamente usato la morte a Clarence Gate per "vendere" la sua storia.

La verità su Jack lo Squartatore è già stata talmente oscurata da assurde speculazioni che è pericoloso allontanarsi dai fatti certi. Ma ci sono inevitabili lacune nei nostri dati, che ora possono essere individuate. Ad esempio, solo una speculazione informata può aiutare a spiegare la morte di Netley. Se fosse stata davvero massonica, perché i suoi ex padroni avrebbero voluto sbarazzarsi di lui? La risposta deve sicuramente risiedere nei ripetuti tentativi di Netley di accattivarsi il favore dei massoni con atti oltraggiosi come l'attentato alla vita della giovane Alice Margaret. Il suo "aiuto", a parte il suo coinvolgimento nelle avventure dello Squartatore, non era richiesto e senza dubbio avrà scandalizzato i gerarchi massoni in nome dei quali pensava erroneamente di agire. Il fatto che nel 1903 non fosse più che un cocchiere suggerisce che la sua fortuna aveva subito una battuta d'arresto. Anche lui ha commesso il terribile errore di cercare di ricattare i massoni con la sua conoscenza degli omicidi dello Squartatore?

CAPITOLO XIII

Sinceramente, Jack lo Squartatore

*"Non sono un macellaio,
Non sono un ebreo,
Nemmeno un marinaio straniero,
Ma io sono il tuo amico felice,
Sinceramente vostro, Jack lo Squartatore".*

Questo "strano verso", così descritto da Sir Melville Macnaghten, è una delle comunicazioni più gustose ricevute da Scotland Yard durante il regno del terrore dello Squartatore. A questo punto, è importante dare un'occhiata spassionata a questa accozzaglia di corrispondenza inviata alla polizia e alla stampa da ogni angolo del mondo. È stato stimato che Scotland Yard ricevesse quasi mille lettere alla settimana al culmine degli omicidi. La maggior parte proveniva da persone che davano consigli su come catturare lo Squartatore. Altre centinaia provenivano da eccentrici con un perverso senso dell'umorismo, che inviavano brevi biglietti scortesi firmati "Jack lo Squartatore".

Quasi tutte le teorie pubblicate finora si sono basate su molte di queste lettere come provenienti dall'assassino. Le missive sono arrivate da tutto il mondo in ogni stato, dimensione e forma possibile. Alcune erano in buste normali, altre in buste fatte a mano, altre ancora su cartoline, se non scarabocchiate in stile telegramma. Erano in tutti gli stili di scrittura possibili, a volte molto raffinati, altre volte alla maniera di persone istruite che giocavano a fare gli analfabeti, quando non erano veri e propri burloni di bassa lega. L'unico denominatore comune alla stragrande maggioranza di queste corrispondenze è la frase ad effetto - "Caro Capo" - e la firma - "Jack lo Squartatore".

Questo per imitare le prime due parole ricevute. Dal fatto che la seconda, una cartolina, si riferiva al contenuto della prima, una lettera sporca, si è concluso che provenivano dallo stesso autore. La calligrafia differisce notevolmente, ma poiché il secondo messaggio è stato ricevuto prima che il primo fosse pubblicato, è quasi certo che entrambi provengano, se non dallo stesso individuo, dallo stesso gruppo di persone.

Ho esaminato attentamente il contenuto dell'archivio "Lettere" di Scotland Yard e ritengo che solo una delle centinaia di lettere ricevute possa essere davvero di Jack lo Squartatore.

Se è vero, questo neutralizza molte teorie precedenti sullo Squartatore, compresa l'elaborata ipotesi di Harrison che accusava il tutore del Principe Eddy, James Kenneth Stephen. La tesi di Harrison si basa quasi interamente sul confronto tra la poesia di Stephen e lo "stile" individuato nella cosiddetta corrispondenza dello Squartatore. Egli cita poesie, cartoline e lettere come opera di Jack lo Squartatore che sono indubbiamente di autori diversi.

Donald Rumbelow era vicino alla verità quando scrisse:

> Poche delle lettere firmate "Jack lo Squartatore", o che si suppone provengano da lui, sono di reale interesse - in effetti, un processo di selezione spietato ne lascia solo due.

In realtà, Rumbelow considerava autentici *tre* messaggi, ma i primi due provenivano dalla stessa mano, da cui il numero due. Si tratta della lettera spedita il 28 settembre e della successiva cartolina, proveniente dallo stesso gruppo di burloni, ricevuta dopo il duplice omicidio. Il secondo atto di fiducia di Rumbelow è la lettera *"Dall'inferno"* ricevuta il 16 ottobre. La prima lettera è importante perché è stata la prima a utilizzare il nome di Jack lo Squartatore:

25 settembre 1888

Caro capo,

Continuo a sentire che la polizia mi ha preso, ma non mi prenderà presto. Ho riso di gusto quando hanno detto di essere sulla strada giusta. Questa storia del grembiule di pelle è solo un grande scherzo. Io sono a caccia di puttane e non smetterò di squartarle finché non mi avranno rinchiuso. Bel lavoro, il mio ultimo lavoro. Non ho nemmeno dato alla ragazza il tempo di strillare. Come potrebbero prendermi adesso? Amo il mio lavoro e voglio farlo ancora. Presto sentirete parlare di me e dei miei giochetti divertenti. Ho conservato un po' di liquido *rosso* in una bottiglia di birra dal mio ultimo lavoro per poterci scrivere, ma è diventato denso come colla e non posso usarlo. L'inchiostro rosso andrà bene, credo. *Ah ah.* Il prossimo lavoro taglierò le orecchie alla signora e le manderò agli agenti di polizia, tanto per divertirmi. Tieni questa lettera sotto il braccio finché non avrò finito di lavorare, poi tirala fuori. Il mio coltello è così bello e affilato che voglio usarlo subito se si presenta l'occasione. Buona fortuna.

Cordiali saluti,
Jack lo Squartatore

Non ti preoccupare se uso un soprannome.

Poi, nell'angolo destro dello spazio rimanente:

Non sono riuscito a postare questo messaggio finché non mi sono liberato di tutto l'inchiostro rosso sulle mani. Davvero una sfortuna. Dicono che ora sono un medico. *Ha ha*.

La cartolina ricevuta dopo il duplice omicidio diceva:

Non stavo scherzando, caro vecchio capo, quando ti ho dato la dritta. Domani sentirete parlare del lavoro di Saucy Jacky con un doppio evento, questa volta il numero uno ha scricchiolato un po' e non sono riuscito a finire subito. Non ho avuto il tempo di tagliare le orecchie alla polizia, grazie per aver conservato l'ultima lettera fino al mio ritorno al lavoro.

Jack lo Squartatore

Le ultime due frasi sono riferimenti diretti al contenuto della prima lettera, che non era ancora stata pubblicata al momento della ricezione di questo secondo messaggio. Rumbelow ritiene che sia opera dell'assassino per lo stesso motivo della maggior parte dei principali ricercatori sull'argomento. Ha scritto:

La seconda lettera fu spedita il 30 settembre, il giorno del "doppio evento". [...] I fatti del "duplice omicidio" erano appena noti fino alla pubblicazione sui giornali del giorno successivo, lunedì 1 ottobre, e per almeno 24 ore dovevano essere rimasti confinati a Whitechapel e in parte del centro di Londra. Solo l'assassino poteva sapere che non era riuscito a finire il suo lavoro sulla prima vittima e aveva avuto il tempo di "tagliargli le orecchie".

Pochi autori appassionati dello Squartatore hanno prestato sufficiente attenzione ai dettagli. La maggior parte ha preso in parola i propri predecessori, senza preoccuparsi di verificare personalmente i fatti fondamentali. Da qui il persistente errore - risolto nel capitolo IX - sull'indirizzo delle vittime. Questo atteggiamento spiega anche uno dei maggiori fraintendimenti sugli omicidi, ovvero che la cartolina "*Saucy*

Jacky" sia stata spedita domenica 30 settembre, quando solo l'assassino poteva conoscere i dettagli degli omicidi.

Donald McCormick, Tom Cullen, Robin Odell, Daniel Farson e Donald Rumbelow affermarono erroneamente che la cartolina era stata spedita domenica 30 settembre. Se qualcuno di loro avesse guardato il timbro postale, avrebbe visto la scritta "OC1", il che significa che la cartolina potrebbe essere stata spedita lunedì 1 ottobre, quando tutti i dettagli del duplice omicidio erano universalmente noti. Ciò sembra essere confermato dal dipartimento dei registri delle Poste, che riporta che nel 1888 le cassette delle lettere venivano ritirate ogni domenica. Ciò significa che qualsiasi lettera spedita di domenica doveva essere annullata in quel giorno, quindi se il messaggio "doppio evento" fosse stato spedito di domenica, come ci viene chiesto di credere, sarebbe stato quasi certamente annullato "30 settembre".

L'altra lettera selezionata da Rumbelow era indirizzata a George Lusk, presidente del comitato di vigilanza di Whitechapel istituito per pattugliare le strade dopo l'omicidio di Annie Chapman. Alla lettera era allegato un pezzo di rene, in cui si leggeva:

Dall'inferno,

Signor Lusk
Signore,
Ti ho mandato metà del *rin* che ho preso da una *donna consarvata* per te *l'altra metà* l'ho fritta e mangiata era molto *buona*. Potrei mandarti la *cotoletta* insanguinata che l'ha presa se solo *aspettassi* ancora un *po'*.
    Firmato   Prendimi quando
                         è possibile
                        Signor Lusk

Si noti che questa lettera, presumibilmente autentica, non è firmata "Jack lo Squartatore". Questa missiva più di ogni altra ha scatenato il panico nell'East End, quel regno del terrore tanto caro ai massoni. Non credo che sia stata scritta da un analfabeta, anche se l'autore si è preoccupato di farlo sembrare tale. Un analfabeta sarebbe stato più propenso a scrivere *"coûteau"* piuttosto che *"couto"*, o *"atendez"* piuttosto che *"attandez"*. E chi crede che "plus" si scriva *"plusse"*, probabilmente saprà che il suono *"pouré"* è reso come "pourrait", che l'autore ha scritto correttamente.

La lettera "dall'inferno" dello Squartatore

Si ritenne che il pezzo di rene allegato alla lettera fosse una prova decisiva del fatto che la comunicazione provenisse davvero dall'assassino o dagli assassini. La prima reazione della stampa, prima di qualsiasi esame adeguato, fu quella di dire che si trattava del rene di un cane o che la lettera era stata scritta da uno studente di medicina burlone. Ciò che alla fine convinse molte persone che la lettera doveva essere dello Squartatore fu il risultato, molto pubblicizzato, dell'autopsia del rene effettuata da Dr Openshaw, curatore medico del London Hospital Museum. Dr Openshaw avrebbe detto che si trattava di un rene "pieno di gin", come quello che si sarebbe potuto trovare in un alcolizzato (come molti suoi coetanei, Eddowes era un'alcolizzata), che era stato asportato nel giro di tre settimane (Eddowes era stata uccisa due settimane e due giorni prima che il rene fosse ricevuto da Lusk) e che attestava uno stato avanzato del morbo di Bright (il rene rimanente nel cadavere di Eddowes era esattamente nelle stesse condizioni). Ciò che sembrava una prova decisiva del fatto che questo rene di Eddowes fosse finito era il fatto che con i resti erano rimasti due centimetri di arteria renale. L'arteria renale doveva essere lunga quasi sette centimetri e mezzo e due centimetri e mezzo di arteria erano con il rene indirizzato a Lusk.

Chiunque sia convinto che l'identità dell'assassino sia stata rivelata in una teoria già nota, deve solo eliminare dalla propria mente le "prove" di tutta la corrispondenza, a parte la lettera a Lusk, per vedere che il caso contro la maggior parte dei sospettati è stato sconfitto.

L'autenticità della lettera di Lusk sembra essere confermata dalle conclusioni di un esperto di grafologia canadese, C. M. MacLeod, che nel 1968 scrisse su *The Criminologist*: "Se ci fosse un solo vero Jack lo Squartatore, propenderei per l'autore del Campione 1 (la lettera a Lusk).

Ma se questo è vero, chi ha scritto la lettera? Più di un assassino ha usato la macabra identità di Jack lo Squartatore. L'identità dell'autore deve essere trovata con la stessa analisi della calligrafia. Il signor MacLeod ha scritto:

> Avrei cercato questo assassino tra uomini come i cocchieri, che potevano avere una buona scusa per essere ovunque e in qualsiasi momento. Avrei cercato un uomo molto promiscuo, a cui piaceva mangiare e bere; che poteva attrarre le donne della classe delle sue vittime con un irresistibile fascino animale. Direi che era in realtà un omosessuale represso (come suggeriscono i segni nello spazio in basso verso il lato sbagliato della lettera) e si presentava come un "vero uomo"; un tipo esuberante che era un frequentatore di bar e denigrava le donne come oggetti da usare e scartare.

Affermando inoltre che "il nostro autore era capace di concepire qualsiasi atrocità e di eseguirla in modo organizzato", MacLeod potrebbe essere accusato di essere un ripensamento. Ma il suo identikit della personalità dell'assassino, basato sulla sua calligrafia, è notevole e fuga ogni dubbio su chi abbia scritto la lettera "*dall'inferno*". È una descrizione perfetta di Netley.

CAPITOLO XIV

Pazzo e misogino

Nonostante tutti i flagelli che lacerano la società moderna, è improbabile che un ampio campione di umanità - in qualsiasi grande città - riveli un gran numero di pazzi, misogini o maniaci sessuali. Guardando a Jack lo Squartatore da una prospettiva contemporanea, sembrerebbe ragionevole pensare che se un uomo ha un odio profondo per le donne, *questo* dovrebbe *da solo* metterlo tra i primi sospettati. La maggior parte della simpatia che la teoria di Michael Harrison ha suscitato si basa sul fatto innegabile che James Kenneth Stephen odiava le donne. Ecco alcune battute di Stephen:

> Se tutto il male che le donne hanno fatto
> È stato messo e arrotolato in un fascio,
> La terra non poteva sopportarlo,
> Il cielo non poteva avvolgerlo,
> Non poteva essere illuminato o riscaldato dal sole;
> Una tale massa di male
> Mistificare il diavolo
> E gli avrebbe dato molte anime mentre la ruota del tempo avanza.

Poiché la misoginia è un fenomeno raro al giorno d'oggi, sembra possibile sostenere che chiunque condivida l'avversione di Stephen per il sesso femminile sia inevitabilmente un potenziale Squartatore. Tuttavia, questa argomentazione cade a fagiolo di fronte alle prove contenute nel dossier "Sospetti" di Scotland Yard. Questo rivela che nel 1888 pazzi, maniaci sessuali e misogini erano comuni.

Il libro raccoglie diverse storie straordinarie e fornisce una splendida descrizione del mondo in cui operava Jack lo Squartatore, oltre a una visione inquietante degli effetti che gli omicidi di Whitechapel ebbero su molte menti. Un esempio eclatante è il rapporto di cinque pagine scritto da un uomo che si reca a Scotland Yard il giorno di Santo Stefano:

Vorrei attirare la vostra attenzione sull'atteggiamento di Dr Morgan di... Street (Houndsditch) nei confronti degli omicidi. Ma il mio sospetto è che si occupi soprattutto dell'ultimo omicidio, che è stato commesso in un interno.

Tre settimane fa ero all'ospedale di Londra, in un reparto privato (Davis), con un certo Dr Evans, che soffriva di tifo ed era solito essere visitato quasi ogni sera da Dr Davies, quando gli omicidi erano un argomento di conversazione abituale.

Dr Davis [sic] ha sempre insistito sul fatto che l'assassino fosse un uomo dalla potenza sessuale molto debole, che poteva essere eccitato solo da una forte stimolazione, come la sodomia. Era irremovibile sul fatto che l'assassino prendesse le donne da dietro - in effetti, *per ano*. All'epoca non aveva molte più informazioni di me sul fatto che l'autopsia aveva rivelato che lo sperma era stato trovato nel retto della donna, mescolato alle sue feci [questo è completamente falso].

Molte cose, che sembrerebbe inutile scrivere, mi sembrano collegarlo al caso: per esempio, è un misogino. Benché sia un uomo di statura vigorosa e (dai tratti del suo viso cereo) di imperiose passioni sessuali, chi gli è vicino *presume* tuttavia che non abbia mai toccato una donna.

Una sera, quando erano presenti cinque medici, discuteva tranquillamente della questione e combatteva la sua tesi secondo cui l'assassino non agiva per ottenere campioni (matrici) di utero, ma che - nel suo caso - si trattava di lussuria omicida e desiderio sessuale - cosa non sconosciuta ai medici. Egli recitò l'intera scena (in un modo che *terrorizzò molto* i cinque medici): prese un coltello, "incise" una donna immaginaria, le tagliò la gola da dietro; poi, quando la donna era ovviamente sdraiata, la fece a pezzi e la sgozzò tutta in uno stato di totale frenesia.

Prima di questo spettacolo avevo detto: "Dopo che un uomo ha fatto una cosa del genere, dovrebbe esserci una reazione in lui, e dovrebbe crollare, e subito essere preso dalla polizia, o attirare l'attenzione dei curiosi a causa del suo esaurimento...". Il Dr D... dice: "No! Dopo la crisi starebbe benissimo e sarebbe mite come un agnello. Ve lo dimostrerò!". Poi iniziò la sua recita. Alla fine si fermò, si abbottonò la giacca, si mise il cappello in testa e lasciò la stanza in assoluta calma. Il suo volto era certamente pallido come quello di un morto, ma questo era tutto.

Solo pochi giorni fa, dopo essere stato informato dal direttore della *Pall Mall Gazette* che l'*ultima* donna uccisa era stata sodomizzata, ho pensato: *come faceva a saperlo? La* sua interpretazione era la più vivida che avessi mai visto. Henry Irving era, al confronto, un dilettante. E un'altra cosa... Sosteneva che l'assassino non voleva degli uteri campione, ma li prendeva e li tagliava nella sua follia, essendo gli *unici organi solidi* che la sua presa incrociava nell'addome delle vittime.

Posso dire che Dr Davies è stato per qualche tempo medico residente all'ospedale londinese di Whitechapel, che ultimamente ha preso casa in Castle Street (Houndsditch), che ha vissuto per diversi anni nel quartiere degli omicidi e che annuncia l'intenzione di partire presto per l'Australia se non avrà presto successo con la sua nuova clientela.

Roslyn D'O Stephenson

P.S. Ho sollevato la questione con uno pseudo-detective di nome George Marsh, 24 Pratt Street, Camden Town, con il quale ho stipulato un accordo (allegato), per condividere qualsiasi ricompensa che possa derivare dalle mie informazioni.

R.D'OS

P.-P.-S. Posso essere trovato in qualsiasi momento tramite il signor *Prince Albert* Islands a St Martin's Late - in pochi minuti - vicino a dove vivo, ma non voglio dare il mio indirizzo.

R.D'OS

A questa testimonianza è allegato un foglio strappato datato 24 dicembre 1888:

> Con la presente accetto di restituire a Dr R. D'O Stephenson (noto anche come "Morte improvvisa") la metà di qualsiasi ricompensa o compenso ricevuto come risultato delle sue informazioni sul collegamento di Dr Davies con un omicidio premeditato.
> Roslyn D'O Stephenson MD
29 Castle Street WC
Corsia di San Martino

Ci si può solo interrogare sulla sanità mentale dell'autore di questo singolare documento. A parte il contenuto dubbio dell'accusa, ci sono così tante stranezze che è difficile sapere da dove iniziare l'analisi.

Le incongruenze iniziano con il fatto che Dr Roslyn D'O Stephenson (è questo il suo vero nome?) non era ovviamente disposto a fornire l'indirizzo del suo sospettato, poiché fa riferimento a "Dr Morgan Davies di... Street (Houndsditch)". Ma in seguito stravolge le sue intenzioni spiegando che Dr Davies ha trovato una casa in *Castle Street*, colmando così la sua lacuna... In un post scriptum accenna poi al fatto di aver fatto un accordo con un uomo per il quale ha ovviamente poco rispetto, definendolo "uno pseudo-detective". Esprime poi il desiderio di non dare il proprio indirizzo, ma allega un accordo *in cui è specificato il suo domicilio*. L'indirizzo in sé è curioso, poiché si tratta di Castle Street, ma nella zona di Whitechapel e non di Houndsditch. L'accordo allegato alla dichiarazione è assurdo, in quanto si tratta di una promessa di pagamento di denaro a Dr R. D'O Stephenson... ma firmata dallo stesso Dr R. D'O Stephenson! La situazione diventa ancora più comica quando, qualche carta più avanti nel fascicolo, scopriamo un'altra testimonianza, questa volta del "socio" di Stephenson. È stata rilasciata la vigilia di Natale. La dichiarazione è stata raccolta dall'ispettore J. Roots di Scotland Yard:

> Il signor George Marsh, commerciante di ferro (ora disoccupato da due mesi) di Pratt Street 24, Camden Town, è arrivato qui alle 19:00 e ha rilasciato la seguente dichiarazione.
>
> "Circa un mese fa, al *Prince Albert* (Upper St Martin's Lane), ho incontrato un uomo di nome Stephenson e mi è capitato di discutere con lui degli omicidi di Whitechapel. Da allora l'ho visto lì due o tre volte alla settimana e ogni volta abbiamo parlato degli omicidi in modo confidenziale. Ha cercato di dirmi come avrei potuto catturare il nostro uomo. Gli ho risposto semplicemente che avrei fatto la mia parte e che prima o poi l'avrei preso. Gli dissi che ero un detective dilettante e che stavo cercando il colpevole da settimane. Mi spiegò come erano stati commessi gli omicidi. Disse che erano stati commessi da un misogino in questo modo:
>
> "L'assassino convinceva una donna a entrare in un vicolo buio o in un appartamento e, per eccitarsi, la "scopava" e contemporaneamente le tagliava la gola con la mano destra, stando in piedi sulla sinistra.
>
> "Stava mimando la scena. Quindi, sono dell'opinione che sia l'assassino dei primi sei casi, se non dell'ultimo.
>
> "Oggi Stephenson mi dice che l'assassino è Dr Davies di Houndsditch (non conosco il suo indirizzo, anche se ci sono stato) e che voleva vedermi. Ha stilato un accordo per dividere la ricompensa per l'arresto di Dr Davies. So che questo accordo non ha alcun valore, ma era per ottenere la sua scrittura. Lo feci ubriacare, pensando di ottenere altri indizi, ma non ci riuscii, perché andò a trovare Dr Davies e anche Mr Stead della *Pall Mall Gazette* con un articolo per il quale voleva 2 sterline. Scrisse questo articolo sulla *Pall Mall Gazette in* relazione ai

graffiti sugli ebrei. Ha ottenuto 4 sterline per l'articolo. Ho visto lettere di Mr. Stead in suo possesso su questo argomento; anche una lettera di Mr. Stead che rifiutava di dargli soldi per trovare l'assassino di Whitechapel.

"Stephenson mi ha mostrato una dimissione di un paziente dal London Hospital. Il nome 'Stephenson' è cancellato e quello di Davies è scritto con inchiostro rosso. Non conosco la data.

"Stephenson si trova ora nella pensione ammobiliata al 29 di Castle Street, St Martin's Lane, da tre settimane. La sua descrizione è la seguente: 48 anni, 1,70, viso pieno, carnagione giallastra, baffi folti - color topo - cerati e tirati su, capelli castani tendenti al grigio, occhi infossati. Di solito indossa un monocolo per guardare i nuovi arrivati. Vestiti: abito grigio e cappello di feltro color castagna - tutto ben indossato; aspetto militare: dice di aver partecipato a 42 battaglie: modi gentili.

"Il contratto che mi ha dato prevede che io collabori con voi e fornisca tutto l'aiuto necessario alla polizia.

"Stephenson non è un ubriacone: è quello che io definisco un *bevitore abituale* e una *spugna*: può bere dalle 8 del mattino fino all'ora di chiusura, rimanendo comunque fresco".

Nonostante la nota marginale di Roots in cui si afferma che l'accordo di Stephenson è allegato, non ve n'è traccia nel fascicolo. C'è un ultimo resoconto su questo episodio: uno schizzo di Roots sulla personalità di Stephenson, realizzato dopo la sua visita a Scotland Yard il giorno di Santo Stefano. Sotto il titolo "Omicidi di Whitechapel, Marsh, Davies e Stephenson", Roots afferma:

In merito alla dichiarazione del signor George Marsh, del 24 di questo mese, sul probabile coinvolgimento di Dr Davies e Stephenson negli omicidi di Whitechapel.

Devo riferire che Dr Stephenson è venuto qui questa sera e ha scritto la testimonianza allegata dei suoi sospetti contro Dr Morgan Davies, di Castle Street a Houndsditch; mi ha anche lasciato il suo accordo con Marsh per quanto riguarda la ricompensa. Lo allego.

Quando Marsh è arrivato qui il 24, ho avuto l'impressione che Stephenson fosse un uomo che conoscevo da circa vent'anni. Ora so che la mia impressione è giustificata. È un uomo ben viaggiato, colto e capace, un medico laureato a Parigi e a New York, un ufficiale dell'esercito italiano - ha combattuto sotto Garibaldi - e un pubblicista. Disse di aver scritto l'articolo sugli ebrei nella *Pall Mall Gazette*, di aver lavorato occasionalmente come freelance per quel giornale e di aver offerto i suoi servizi al signor Stead per rintracciare l'assassino. Mi mostrò una lettera di Mr. Stead, datata 30 novembre 1888, su questo argomento, e disse che il risultato fu un rifiuto da parte del giornale di seguire questa strada. Aveva condotto una vita da bohémien, beveva molto e portava sempre con sé farmaci per smaltire la sbornia e prevenire il *delirium tremens*.

È stato candidato alla segreteria dell'orfanotrofio alle ultime elezioni.

Queste prove furono trasmesse all'ispettore Swanson, ma non sembra che sia stata intrapresa alcuna azione per indagare su Dr Morgan Davies (che *certamente avrebbe dovuto essere* inserito tra i sospettati se lo Squartatore fosse ancora in libertà, per quanto improbabile possa sembrare la storia di Stephenson), e non sembrano essere stati condotti ulteriori colloqui con Stephenson o Marsh. Ciò è strano, soprattutto se si considera che, in base al contenuto della sua stessa dichiarazione e ai sospetti sollevati da Marsh, Stephenson aveva più probabilità di Davies di essere l'assassino. Non solo il suo comportamento di fronte a Marsh era identico a quello attribuito a Dr Davies, ma la sua stessa testimonianza sembra essere disseminata di indizi deliberati che puntano a lui stesso. Il fatto che lui e il suo sospettato abitino in strade con lo stesso nome; che una volta si sia riferito al suo sospettato come "Dr D...", che avrebbe potuto altrettanto facilmente riferirsi a lui; e che si riferisca a se stesso con il soprannome di "Morte improvvisa": tutto ciò supporta la tesi che sarebbe stato indagato *se Jack lo Squartatore fosse stato ancora in libertà.*

Il valore di queste bizzarre accuse e controaccuse va al di là di un'immersione psicologica nelle conseguenze della saga dello Squartatore e di uno sguardo dietro le quinte ai problemi ordinari degli uomini di Scotland Yard. Il fatto cruciale è che le decine di documenti contenuti nel fascicolo sui sospetti dimostrano che la polizia *sapeva* che gli omicidi di Whitechapel erano terminati con la morte di Kelly il 9 novembre. Questo è certo, perché dopo quella data la polizia non perseguì più alcuna accusa. Gli arresti non si fermarono di certo immediatamente. Per quanto riguarda il poliziotto medio e i suoi superiori alla stazione di polizia, Jack lo Squartatore era sempre a piede libero e poteva colpire di nuovo in qualsiasi momento. Ma Scotland Yard evidentemente sapeva qualcosa, altrimenti non ci sarebbe stato motivo di accumulare rapporti senza intraprendere alcuna azione per indagare sui sospetti. Farson suggerisce che la polizia smise di agire sul caso perché sapeva che Druitt era l'assassino. Questo non è vero, poiché i registri di Scotland Yard mostrano che non è stata condotta alcuna vera indagine sul caso dopo la morte di Kelly, sette settimane prima del ritrovamento del corpo di Druitt. Le prove contro Stephenson e Davies, ad esempio, furono fornite rispettivamente la vigilia di Natale e il giorno di Santo Stefano, e Druitt fu recuperato dal Tamigi solo il 31 dicembre. A meno che la polizia non sapesse già chi fosse l'assassino o gli assassini, probabilmente non avrebbe ascoltato la testimonianza di Marsh che accusava Stephenson il 24 dicembre senza fare nulla per indagare. Sembra che non sarebbe stata intrapresa alcuna azione, nemmeno per ottenere una valutazione della personalità di Stephenson, se il sospetto non si fosse fatto avanti volontariamente due giorni dopo.

Un'altra testimonianza di un misogino proviene dall'ufficio del Chief Constable di Rotherham (5 ottobre 1888). Il fascicolo "Sospetti" contiene le lettere ricevute da Rotherham, ma non ci sono copie delle risposte dell'ispettore Abberline. Tuttavia, è possibile ipotizzarne il contenuto. Le lettere da Rotherham si riferiscono a quanto segue:

> Signore,
>
> Ho l'onore di informarLa che ho appena ricevuto la visita di un individuo di nome James Oliver, residente al 3 di Westfield View, Rotherham, soldato semplice del 5 Lancers, congedato dalla vita civile, che è fermamente convinto di sapere chi ha commesso gli omicidi di Whitechapel. Era abbastanza sobrio e ha reso la sua testimonianza in modo chiaro e circospetto. È di tale natura che ritengo debba esservi trasmessa senza indugio.
>
> Egli afferma che un uomo di nome "Dick Austen" ha servito con lui nelle truppe reali dei 5 Lancieri, che prima di entrare nell'esercito era stato un marinaio: ora avrebbe circa 40 anni - 1,70, un individuo attivo ed estremamente forte, ma per nulla pesante o grasso. Occhi e capelli chiari. Durante il servizio aveva lunghi baffi biondi, poteva essersi fatto crescere folti baccanti e una barba. Il suo viso era piacevole, severo e sano. Gli *mancava un po' di naso*. Senza essere pazzo, non era sano di mente, "era troppo brusco per essere normale". Era molto moderato, ma a volte saltava giù dal letto di notte e camminava per la caserma. Non diceva mai da dove veniva e spesso diceva di non avere amici.
>
> A volte si vantava di ciò che aveva fatto in passato per dimostrare di essere violento, ma ancora più spesso di ciò che era in grado di fare, "come se fosse un buono a nulla".

Nel reggimento si diceva che non fosse mai stato con le donne e quando i suoi compagni ne parlavano in caserma stringeva i denti: era un misogino convinto. Diceva che se ne avesse avuto la possibilità *avrebbe ucciso tutte le prostitute e le avrebbe sventrate*, in modo che quando avrebbe lasciato l'esercito non avrebbe avuto altra destinazione che la forca.

Aveva attraversato grandi fatiche e momenti difficili in diverse parti del mondo, essendo stato marinaio su grandi velieri. Era un uomo agile e molto vivace, e un buon studente. Oliver pensa di poter ottenere un campione della sua calligrafia.

Era molto convincente. Le sue mani erano lunghe e sottili.

È stato condannato a 12 mesi per essersi introdotto nella stanza dei rapporti e aver strappato i fogli di valutazione.

Si ritiene che abbia ricevuto la retribuzione differita (circa 24 sterline) e abbia detto di volersi stabilire a Londra.

È un uomo molto frugale e vivrebbe con il pane secco. "Risparmiava i soldi e viveva con quello che riusciva a trovare in caserma.

Probabilmente dovrebbe essere sempre ben vestito, ma spesso viene fuori la descrizione di un marinaio piuttosto che di un soldato.

L'idea di Oliver è che probabilmente l'assassino lavorava al porto o a bordo di una nave: se fosse stato lui l'assassino, avrebbe potuto intraprendere brevi viaggi su qualche nave e commettere gli omicidi poco prima dell'imbarco. Le date degli omicidi sono coerenti con questa teoria.

"È sempre stato perseguitato dal desiderio di vendicarsi delle donne, rimuginando.

Avvertii Oliver di non dire nulla a riguardo, e lui mi disse che non aveva ancora parlato a nessuno dei suoi sospetti, tranne che a sua moglie.

Gli promisi anche che, a meno che i suoi sospetti non si fossero rivelati corretti o di grande aiuto, la sua dichiarazione sarebbe stata trattata come riservata.

Ho l'onore di essere, signore, il suo più umile servitore.

L. R. Barick [?], Capitano

A questo punto, dopo solo quattro omicidi dello Squartatore, tali indizi venivano sfruttati, come dimostra un rapporto di Abberline:

> In riferimento alla lettera allegata del Capo della Polizia di Rotherham, desidero riferire che ho richiesto un inserto nei nostri fogli di collegamento per chiedere se si sapesse qualcosa di Austen, fornendo la sua descrizione e altri dettagli... ma senza alcun risultato.
>
> Sarebbe opportuno chiedere al Chief Constable di Rotherham di rivedere James Oliver e di incoraggiarlo a chiarire la data del congedo di Austen dal 5 Lancers, il nome della caserma da cui fu congedato e qualsiasi altra informazione.

In un'altra lettera di Rotherham, datata 19 ottobre, si legge che:

Signore,

> Ho l'onore di accusare il ricevimento della Sua lettera di ieri, relativa alla mia lettera del 5 di questo mese, e di informarLa a mia volta che ho visto James Oliver questa mattina: non è in grado di fornire la data o il luogo della partenza di Austen, ma - come affermato nella mia precedente missiva - è irremovibile sul fatto che Austen desideri vivere a Londra. Una domanda al 5 Lancers di Aldershot dovrebbe rivelare il giorno e il luogo dello scioglimento, e se aveva diritto a una paga differita o di riserva - i suoi movimenti potrebbero quindi essere noti a noi. Oliver dice che furono scattate diverse foto di gruppo della loro truppa: non ne ha una copia, ma potrebbe - se riuscissimo a trovare una fotografia - indicare Austen. Avrei bisogno di una copia di una lettera attribuita all'assassino, perché Oliver, come già detto, pensa di poter identificare la calligrafia di Austen.
>
> Ho l'onore di essere, ecc.

L'ultima lettera di questa corrispondenza lasciò Rotherham il 24 ottobre:

Signore,

> In risposta alla sua lettera di ieri con un annuncio della Polizia Metropolitana, ho l'onore di informarla che ho mostrato il facsimile del manoscritto al nostro uomo, Oliver, il quale dice che la calligrafia è molto simile a quella della Austen, in particolare nella lettera (scritta con una penna d'acciaio). Non trova altrettanto simile la cartolina (scritta con una penna), anche se è ovviamente facile capire che sono

state scritte dalla stessa persona. La firma di Austen potrebbe, ovviamente, essere ricavata dai registri militari delle paghe dei 5 Lancieri, anche se questa fonte ci darebbe solo un piccolo campione.

Ho l'onore di essere, ecc.

E questa fu la fine della questione. Non vennero effettuate ulteriori ricerche su dove si trovasse Dick Austen. Nel capitolo VIII abbiamo dimostrato che la verità su Jack lo Squartatore era stata soppressa. Affinché l'operazione avesse successo, era essenziale l'assistenza del responsabile delle indagini: l'ispettore Abberline. Ovviamente, Abberline non era coinvolto in alcuna cospirazione quando si occupò del caso, poiché i suoi appunti negli archivi di Scotland Yard testimoniano i suoi instancabili sforzi per seguire le tracce dello Squartatore. I fascicoli dedicati ai primi due omicidi, su Nichols e Chapman, sono ricchi di rapporti. Il fascicolo di Stride è più piccolo dei precedenti, ma registra comunque una serie di elementi che dimostrano l'esistenza di un'indagine da parte di Abberline. Eddowes, ovviamente, fu assassinato nel territorio della polizia londinese, quindi il suo caso non fu indagato da Scotland Yard. Ma nel fascicolo di Kelly non c'è un vero e proprio rapporto o altro sull'indagine dell'omicidio. L'unico contributo di Abberline al fascicolo è un rapporto sull'indagine iniziale su Kelly, che non è di alcun interesse. Questo dossier mostra che Scotland Yard non fece praticamente nulla per rintracciare l'assassino dopo la terza settimana di ottobre. Uno studio dei documenti di Abberline dimostra che egli deve essere stato coinvolto nel complotto in questo periodo. Non c'è altra spiegazione per il fatto che, nel bel mezzo del regno del terrore dello Squartatore, ogni seria attività di polizia fu semplicemente interrotta. Solo il coinvolgimento di Abberline nella cospirazione all'epoca di Jack lo Squartatore spiegherebbe la sua ricomparsa meno di un anno dopo per occuparsi del caso di Cleveland Street a livello di polizia. Va ricordato che nel caso di Cleveland Street, Abberline permise volontariamente ai testimoni chiave di lasciare il loro bordello omosessuale e di fuggire dal paese, mentre i suoi uomini sorvegliavano l'edificio...

Warren si dimise il giorno prima della morte di Kelly. Quattro giorni dopo, Abberline abbandonò il caso. Anche se dopo la morte di Kelly ci furono tre omicidi simili a quelli dello Squartatore a Whitechapel, Abberline non tornò mai più. *Sapeva* che le azioni di Jack lo Squartatore appartenevano al passato.

Sir Charles Warren

CAPITOLO XV

I segreti degli archivi

Quando Roy Jenkins divenne Segretario agli Interni nel 1974, insistette per avere un controllo personale su tutti i file riservati del suo dipartimento. Tra gli altri cambiamenti, ciò significava che le richieste di autori e ricercatori di visionare file chiusi dovevano essere esaminate da lui e non, come in precedenza, da alti funzionari. La sua politica generale è stata quella di consentire l'accesso ai documenti ai ricercatori seri, piuttosto che negarlo come avveniva in passato. Questo atteggiamento, sebbene impopolare con alcuni funzionari, rappresenta un importante passo avanti. Di conseguenza, ho potuto esaminare i documenti del Ministero degli Interni sugli omicidi di Whitechapel, che dovevano rimanere segreti fino al 1993.

Grazie agli archivi di Scotland Yard e del Ministero dell'Interno, ho finalmente ottenuto la documentazione su cui i Jacksmiths hanno speculato per quasi 90 anni. Il primo punto interessante è che l'affermazione di Daniel Farson, nell'edizione rivista del suo *Jack lo Squartatore, secondo cui i* documenti del Ministero degli Interni confermerebbero Montague Druitt come primo sospettato, è falsa. Non c'è alcuna menzione di Druitt!

I capitoli iniziali di questo libro mostrano l'immenso valore delle fonti per intraprendere una ricerca su basi solide. Basandosi semplicemente sui rapporti degli agenti di polizia incaricati delle indagini, è stato possibile eliminare le distorsioni che la storia dello Squartatore ha subito per mano di giornalisti, cineasti e scrittori infedeli, come Leonard Matters. I file contengono anche informazioni importanti che finora non erano state analizzate. La voce diffusa che contiene esplicitamente la soluzione dell'enigma è infondata. Nessun fascicolo, ingiallito dagli anni e timbrato ufficialmente, rivela l'identità di Jack lo Squartatore. Le prove nascoste nelle centinaia di documenti segreti ora disponibili sono più sottili, ma dimostrano che i punti fondamentali della storia di Sickert sono perfettamente esatti.

Il vecchio Sickert è sceso nei dettagli nella descrizione degli omicidi e sarà utile ricordare l'essenza del suo racconto.

Mary Nichols fu rapita nell'auto di Netley, fucilata ritualmente durante una corsa per le strade dell'East End e il suo corpo fu depositato a Bucks Row, dove fu scoperto.

Anche Annie Chapman fu massacrata nel veicolo e lasciata in un passaggio tra il 29 di Hanbury Street e un cortile di Netley e Sir Robert Anderson, il cui coinvolgimento nel caso sarà discusso nel capitolo finale.

Elizabeth Stride era un caso particolare. Era ubriaca e camminava sul marciapiede quando la carrozza si fermò e Gull le offrì un passaggio. Nella sua semi-incoscienza di ubriaca era insensibile ai cortesi appelli di Gull alla sua vanità. Netley parcheggiò quindi la carrozza in una strada laterale e, lasciando Gull da solo all'interno, lui e Anderson seguirono la figura barcollante di Long Liz - secondo Sickert. All'incrocio con Berner Street, Netley avvicinò Stride e si incamminò con lei verso le zone più buie della strada, mentre Anderson faceva la guardia sull'altro lato della strada. Il tempo stava per scadere, poiché il rifiuto di Stride di salire in macchina e le azioni degli assassini avevano richiesto più tempo del previsto. In qualche modo la triade sapeva già che la donna che sarebbe stata la loro ultima vittima si trovava in una cella della stazione di polizia di Bishopsgate e che, come la maggior parte degli ubriachi arrestati dalla polizia cittadina, sarebbe stata probabilmente rilasciata in qualsiasi momento dopo la mezzanotte. Sickert ha raccontato che Netley era entrato con Stride nel cortile buio dietro l'International Workers' Educational Club al 40 di Berner Street, l'aveva gettata a terra e le aveva tagliato la gola con un coltello. I due uomini tornarono quindi al loro veicolo e sfrecciarono verso Bishopsgate Street (l'attuale Bishopsgate stessa) dove intendevano aspettare che la loro ultima vittima fosse rilasciata dalla stazione di polizia. Il nostro vecchio pittore non ha mai spiegato come gli assassini sapessero che era in custodia per ubriachezza molesta.

Quando la carrozza raggiunse Bishopsgate, Eddowes (che gli assassini pensavano fosse Kelly) era stata rilasciata e la incrociarono mentre tornava alla sua casupola di Spitalfields. Non fu difficile attirarla nell'auto, dove l'atto diabolico di ucciderla e mutilarla in modo massonico fu portato a termine con un retrogusto di vendetta. Nella speranza che non potesse essere identificata, le fu strappato parte del naso e le fu tagliato il viso. Questo era l'ultimo omicidio, nella mente degli assassini, e per quanto ne sapevano, questa vittima era la causa di tutta la faccenda. Una volta terminato il lavoro all'interno dell'auto, Netley si diresse verso Mitre Street. Lui e Anderson trascinarono Eddowes fuori dall'auto e lo lasciarono nell'angolo più vicino di Mitre Square, fortunatamente il più buio, dove gli intestini furono gettati sopra la spalla - un ammiccamento massonico.

Non ci volle molto perché si rendessero conto di aver eliminato la persona sbagliata, ma non poterono sparare subito a Kelly a causa dell'aumento del panico e della vigilanza da parte della polizia e dei residenti locali dopo il duplice omicidio. Quando finalmente fu trovata, Kelly fu avvicinata da Netley, che le presentò. Anche lei era ubriaca. Sickert non fece mai conoscere al figlio tutti i dettagli del massacro di Kelly. L'aveva conosciuta come amica e aiutante e, anche dopo tanto tempo, questi ricordi erano troppo dolorosi per lui, aveva spiegato.

Ci sono prove a sostegno dell'affermazione di Sickert secondo cui tre delle donne non furono uccise nel luogo in cui furono trovati i loro corpi. Il rapporto dell'ispettore Spratling sull'omicidio Nichols, conservato negli archivi di Scotland Yard, riporta che l'ispettore intervistò tre persone che si trovavano a Bucks Row la notte in cui la donna fu uccisa: "nessuno aveva sentito un solo grido nella notte, o qualcosa che facesse pensare che l'omicidio fosse stato commesso lì".

Ciò è stato confermato dall'ispettore Helston che, la mattina dell'omicidio, ha informato il *Times* che "guardando il luogo in cui è stato trovato il corpo, sembra difficile credere che la donna sia stata uccisa lì. Non c'erano macchie di sangue né qui né là". Dr Llewellyn, chiamato a Bucks Row per esaminare il corpo di Nichols, notò che c'era poco sangue nel canale di scolo: "non più di due bicchieri da vino o mezza pinta intorno al corpo". Rumbelow suggerì che questa apparente mancanza di sangue potesse essere dovuta al fatto che i vestiti di Nichols lo avessero assorbito, ma le accurate e dettagliate registrazioni del suo omicidio negli archivi segreti non forniscono alcuna prova a favore di questa teoria. È improbabile che i suoi vestiti abbiano assorbito molto sangue. Se così fosse stato, sarebbe stato immediatamente evidente e la polizia non avrebbe mai pensato - come invece fece - che l'omicidio fosse stato commesso altrove. È vero che l'ispettore Spratling ha testimoniato all'inchiesta di non aver visto segni di ruote sulla strada, ma questo non confuta il racconto di Sickert. A Bucks Row c'era giorno e notte l'andirivieni di carri merci intorno ai mattatoi. Se le proprietà della strada erano tali *da* non lasciare alcun segno, con ogni probabilità nemmeno quello dell'auto di Netley poteva essere visto.

Annie Chapman non è stata uccisa nel cortile del 29 di Hanbury Street, dove è stata trovata. Ciò è confermato da un rapporto dell'ispettore capo Swanson del Ministero degli Interni. Egli fa riferimento a un certo John Richardson che, alle 4.45 del mattino, era andato nel cortile e si era seduto sui gradini vicino al luogo in cui fu poi scoperto il corpo. Richardson era certo che se il corpo fosse stato lì lo avrebbe visto. Il referto medico indicava che Chapman era morto da almeno 25 minuti quando Richardson era sceso in cortile. Il resoconto di Swanson afferma che:

> Se la perizia di Dr Phillips è corretta per quanto riguarda l'ora del decesso, è difficile capire come Richardson non abbia visto il corpo quando è passato nel cortile alle 4.45, ma dato che i suoi vestiti sono stati esaminati, la sua casa perquisita e la sua testimonianza ascoltata anche se non ha fornito una sola prova, i nostri sospetti non potevano ricadere su di lui, anche se la polizia ha rivolto la sua attenzione in particolare alla sua persona...Egli [Phillips] è stato convocato e ha visto il corpo alle 6.20 del mattino e poi ha espresso l'opinione che la morte fosse avvenuta circa due ore prima (4.20 del mattino).

Le parole esatte di Phillips furono: "Direi che la defunta è stata uccisa almeno due ore fa, *e probabilmente anche prima*". Annie Chapman è stata uccisa al più tardi alle 4.20, ma alle 4.45 il suo corpo non era ancora nel cortile del 29 di Hanbury Street. Dove si trovava? Solo Sickert ci dà una risposta. Diversi autori hanno riportato erroneamente che non c'era sangue, se non immediatamente intorno al corpo della Chapman. Il giornalista dell'*East London Advertiser*, che probabilmente è stato uno dei primi ad arrivare sulla scena, ha dichiarato che il sangue è stato trovato non solo nel passaggio che porta al cortile, ma anche in Hanbury Street. Ciò è coerente con il fatto che il corpo sia stato trasportato dall'auto di Netley a questo cortile, e questo è un altro elemento cruciale che nessuno ha ancora spiegato. Mancavano l'utero e le sue appendici. Questo sanguinoso trofeo è stato preso da un folle assassino solitario o semplicemente lasciato inosservato nel luogo in cui è stata uccisa - l'auto di Netley?

Tenendo presente la descrizione di Sickert dell'omicidio di Stride, una deposizione finora inedita conservata negli archivi del Ministero degli Interni è della massima importanza. In un rapporto dell'ispettore capo Swanson si legge:

> Il 30 alle 12.45 Israel Schwartz di Helen Street 22, Back Church Lane, ha dichiarato che a quell'ora, mentre imboccava Berner Street da Commercial Road e si dirigeva verso il portico dove è stato commesso l'omicidio, ha visto un uomo fermarsi e parlare con una donna, che si

trovava nel passaggio. L'uomo ha cercato di tirare la donna in strada, ma lui l'ha aggirata e l'ha buttata a terra sul marciapiede; la donna ha urlato tre volte, ma non molto forte. Passando sul lato opposto della strada, vide un secondo uomo in piedi che si accendeva la pipa. L'uomo che aveva gettato la donna a terra sembra aver chiamato l'uomo dall'altra parte della strada - "Lipski" - e poi Schwartz si è allontanato, ma rendendosi conto di essere seguito dal secondo individuo, è corso verso il ponte della ferrovia, e l'uomo non lo ha seguito fino a quel punto. Schwartz non sa dire se i due uomini fossero insieme o si conoscessero. Portato all'obitorio, Schwartz ha identificato il corpo come quello della donna che aveva visto e ha descritto il primo uomo che l'ha fatto cadere: circa 30 anni, 1,65, carnagione chiara, capelli scuri, piccoli baffi castani, viso pieno, spalle larghe; vestiti: giacca e pantaloni scuri, grande cappello nero, niente in mano.

Il secondo individuo: 35 anni, alto 1,75, carnagione fresca, capelli castani, baffi marroni; abbigliamento: cappotto scuro, vecchio cappello nero di feltro duro, a tesa larga, aveva in mano una pipa meerschaum.

La testimonianza di Schwartz, che Swanson ha considerato attendibile, fornisce un inquietante parallelo con la versione di Sickert sull'omicidio. Naturalmente, quest'ultimo non ha detto che Netley aveva chiamato un "Lipski", un modo alla moda di insultare gli ebrei dopo che un israelita con quel nome era stato impiccato per omicidio nel 1887[17]. Sickert non disse nemmeno che Anderson aveva seguito qualcuno durante la sua sorveglianza del lato opposto della strada. In effetti, non fece alcun cenno al fatto che qualcuno passasse da Berner Street mentre si svolgeva l'attacco di Stride. Nonostante questi dettagli trascurati, tuttavia, non si può negare che la scena descritta da Sickert sia esattamente quella di cui ha testimoniato Schwartz. E anche tenendo conto di una nota a margine della deposizione di Schwartz, scritta dal Segretario degli Interni Matthews, secondo cui "la polizia apparentemente non sospetta del secondo uomo che Schwartz ha visto dall'altra parte della strada", si può dubitare che questo individuo fosse di guardia, esattamente come ha detto Sickert? Non abbiamo una vera e propria descrizione fisica di Netley, a parte l'affermazione di Sickert che era piccolo e la prova del suo certificato di nascita che dimostra che

---

17 Altri resoconti provenienti dagli archivi dell'Ufficio Interni rendono certo che quando l'aggressore della donna ha gridato "Lipski" si stava rivolgendo a Schwartz e non all'uomo che si trovava dall'altra parte della strada, come Schwartz aveva inizialmente creduto.

aveva 28 anni all'epoca degli omicidi. L'aggressore visto da Schwartz era "di circa 30 anni, alto 1,75", il che è coerente.

Nonostante l'ispettore capo Swanson abbia ipotizzato che l'uomo che Schwartz ha visto avvicinare Stride possa non essere il suo assassino, la logica impone che lo sia. L'uomo è stato visto camminare intorno a Stride e gettarla sul marciapiede, proprio nel luogo in cui è stata trovata uccisa solo 15 minuti dopo. Non è plausibile che quest'uomo l'abbia lasciata e che, per coincidenza, un altro individuo abbia compiuto lo stesso tipo di aggressione sulla stessa donna nello stesso luogo. La tempistica della violenza a cui Schwartz ha assistito conferma che la scena a cui ha assistito era quella dell'assassino in azione. Durante l'indagine su Stride alla Vestry Hall di Cable Street, Dr Blackwell ha dichiarato: "Ho guardato l'orologio quando sono arrivato lì (sulla scena del crimine) ed era appena l'1.10".

Alla domanda sull'ora della morte di Stride, ha risposto: "Da 20 minuti a mezz'ora prima del mio arrivo.

Andando indietro nel tempo dall'arrivo del medico all'1.10, vediamo che è improbabile che la morte sia avvenuta dopo le 12.50, cinque minuti dopo l'aggressione riferita da Schwartz. Secondo la perizia di Blackwell, è più probabile che l'ora del decesso sia entro 10 minuti dalle 00:50, il che stabilirebbe l'omicidio *quasi esattamente nel momento in* cui Schwartz ha visto Stride essere aggredito.

La testimonianza di Schwartz fornisce la prova inconfutabile che la descrizione di Sickert dell'omicidio di Stride è accurata. È impossibile che Sickert abbia fatto in modo che la sua storia corrispondesse alle osservazioni di Schwartz, perché finora il racconto di Schwartz non era mai stato reso pubblico. Sebbene fosse l'unica persona ad aver assistito a un omicidio dello Squartatore, *Schwartz non fu invitato a testimoniare all'inchiesta*. Ecco un'altra prova cruciale soppressa.

L'affermazione di Sickert secondo cui Gull avrebbe fatto svenire quattro delle vittime facendo loro mangiare dell'uva avvelenata è un altro aspetto singolare del caso che si sovrappone ad altri fatti finora sconosciuti riportati in archivi riservati.

L'uva ha un legame comprovato con Jack lo Squartatore e rimane legata al folklore del caso. Cullen ha citato il caso di un'anziana donna polacca, Annie Tapper, che gli raccontò di aver venduto grappoli d'uva a Jack lo Squartatore quando era una bambina di nove anni. Cullen spiegò che la presenza dell'uva nella leggenda dello Squartatore si basava su una notizia "falsa" secondo cui l'uva era stata trovata nelle mani inerti di una vittima. Robin Odell tende a concordare con Cullen sull'inesattezza del rapporto sull'uva. Ha detto: "La maggior parte degli studiosi segue la linea dell'inchiesta Stride, che ha stabilito che la vittima aveva *del caco* in mano quando è stata trovata morta, *non dell'uva*.

È vero che durante le indagini su Stride è stato affermato che la sua mano era stata chiusa sul kosher. Ma come è nata questa storia dell'uva? La risposta si trova in un articolo pubblicato dal *Times* lunedì 1 ottobre: "La sua mano destra era saldamente stretta nell'uva, e nella mano sinistra teneva alcuni dolci". Ora, è strano che il *Times si sia* sbagliato su questo dettaglio, perché per tutto il resto la sua attenta descrizione dei resti di Stride era perfettamente accurata. In un resoconto separato, l'*Evening News* confermò la scoperta di uva nella mano destra di Stride, e quel giornale trovò persino un testimone che affermò di aver venduto uva a un uomo che aveva visto con Stride. Tuttavia, durante l'inchiesta, Dr Phillips, il medico che aveva cercato di nascondere l'elemento della Massoneria nelle indagini di Chapman, fece di tutto per screditare le notizie sul ritrovamento di uva.

Sono convinto che la defunta non abbia ingerito bucce o semi d'uva nelle ore precedenti la sua morte.

Ma riconobbe che i segni sul fazzoletto di Stride erano macchie di frutta.

L'esistenza dell'uva è confermata da una dichiarazione ufficiale contenuta nel fascicolo del Ministero dell'Interno. L'ispettore capo Swanson ha scritto:

> due investigatori privati che lavoravano in collaborazione con la commissione di vigilanza e la stampa, mentre cercavano un tombino nel cortile, hanno *trovato un raspo d'uva che era tra le altre cose spazzate via* dopo la ricerca della polizia [...].

Solo la discutibile competenza del medico massone Phillips metteva in dubbio la verità, una verità sostenuta non solo dal *Times* e dall'*Evening News*, ma dalla stessa polizia. Come dimostra la nostra citazione dagli archivi del Ministero degli Interni, l'indice dell'uva fu letteralmente *gettato nella spazzatura*. Potremmo avvicinarci a scoprire il responsabile ricordando che Phillips fu un partecipante attivo all'insabbiamento e anche la persona che più probabilmente avrebbe potuto dissipare il simbolismo massonico intorno ad Annie Chapman.

Un fruttivendolo di Berner Street, Matthew Packer, è stato segnalato dall'*Evening News* come venditore di uva a un uomo che accompagnava Stride poco prima del suo omicidio. *Ma non è stato convocato per le udienze*. Perché?

La spiegazione di questo sviamento della giustizia potrebbe essere che la storia di Packer era probabilmente falsa, che lui o l'*Evening News se* l'erano inventata. Ma non è questo il caso. Gli archivi di Scotland Yard contengono documenti che dimostrano senza ombra di dubbio che Packer era considerato dalla polizia un testimone chiave e che la sua dichiarazione fu presa molto sul serio dalle autorità. Questi documenti sono conservati in un piccolo fascicolo dedicato a questo omicidio. Il primo è un rapporto del sergente Stephen White, controfirmato da Abberline e dal sovrintendente Arnold:

> Ho l'onore di riferire che, su istruzioni dell'ispettore Abberline, in compagnia dell'agente Dolden del CID, il 30 del mese scorso ho svolto indagini in ogni abitazione di Berner Street, Commercial Road, allo scopo di raccogliere informazioni sull'omicidio. Ho annotato tutte le informazioni che ho potuto ottenere in un taccuino che mi è stato dato a questo scopo. Alle 9 circa arrivai al 44 di Berner Street e vidi Matthew Packer, un umile venditore di frutta. Gli chiesi a che ora avesse chiuso il negozio la sera prima. Mi rispose: "Alle 12.30, a causa della pioggia. Non era interessante per me rimanere aperto". Gli ho chiesto se avesse visto un uomo o una donna camminare verso Dutfield's Yard, o qualcuno in strada mentre chiudeva il negozio. Mi rispose: "No, non ho visto nessuno lì o verso il cortile. Non ho visto nulla di strano né ho sentito alcun rumore, e non sapevo nulla dell'omicidio finché non mi è stato detto stamattina".
>
> Ho visto anche il signor Packer, Sarah Harrison e Harry Douglas, che vivevano nello stesso edificio, ma nessuno di loro ha saputo darmi informazioni sul caso.
>
> Il 4 di questo mese l'ispettore Moore mi ordinò di fare ulteriori indagini e, se necessario, di rivedere Packer e portarlo all'obitorio. Mi recai al 44 di Berner Street e vidi Mrs Packer che mi informò che due detective erano venuti ad accompagnare il marito all'obitorio. Mi recai quindi sul posto e trovai Packer con un altro individuo. Gli chiesi dove fosse andato. Mi disse: "Questo detective mi ha chiesto di andare a vedere se potevo identificare la donna". Gli chiesi: "L'hai fatto?". Rispose: "Sì, credo che abbia comprato dell'uva nel mio negozio sabato verso mezzanotte". Subito dopo si è aggiunto un terzo uomo. Ho chiesto a questi sconosciuti cosa ci facessero con Packer ed entrambi hanno affermato di essere detective. Ho chiesto di vedere le loro referenze.

Uno di loro ha tirato fuori un biglietto da visita da un tascabile, ma non mi ha permesso di toccarlo. Hanno poi detto di essere investigatori privati. Hanno quindi convinto Packer ad andare con loro. Verso le 16.00 ho rivisto Packer nel suo negozio. Mentre parlavo con lui, i nostri due uomini sono arrivati in carrozza e, dopo essere entrati nel negozio, hanno indotto Packer a salire sulla loro auto, dicendo che volevano portarlo da Sir Charles Warren a Scotland Yard.

Dalle mie indagini non c'è dubbio che questi due uomini, menzionati nell'articolo di giornale allegato, siano stati coinvolti nella perquisizione delle fogne di Dutfield's Yard il 2 di questo mese. Uno degli individui aveva in mano una lettera indirizzata a Le Grand & Co. Strand.

Oltre a dimostrare che la polizia riteneva Packer un testimone importante (perché altrimenti sarebbe andata a trovarlo tre volte e lo avrebbe portato all'obitorio?), questo rapporto indica anche che stava succedendo qualcosa di insolito. White fu ovviamente sorpreso di scoprire che Packer era già all'obitorio e che era lì con due "detective" quando si presentò al suo negozio il 4 ottobre. Presumibilmente non sapendo nulla delle attività dei cosiddetti detective, White si avviò verso l'obitorio. Lungo la strada incontrò Packer con due uomini che sostenevano di essere investigatori privati. *I due uomini hanno poi convinto Packer ad andare con loro.* Dalle parole che White usò per descrivere la loro uscita, è chiaro che nutriva dei dubbi su questi due tipi bizzarri e sui loro metodi eterodossi. I suoi sospetti erano legittimi. Quali investigatori privati porterebbero un testimone prima ancora che la polizia investigativa lo abbia interrogato? La seconda volta che White incontrò questi uomini, essi affermarono nuovamente di essere investigatori privati, ma si rifiutarono di dare a White i loro documenti. Poi fecero quella che sembrava la richiesta più oltraggiosa: condurre Packer da Sir Charles Warren. Chi erano questi individui? Quale autorità potevano avere per indagare su Packer indipendentemente dal CID e dagli agenti in uniforme? Come speravano di ottenere un'udienza con Warren? Che interesse poteva avere il Commissario Generale della Polizia Metropolitana nella testimonianza di un umile venditore di frutta?

Tutte queste domande potrebbero trovare risposta nella possibilità che questi cosiddetti detective fossero in realtà giornalisti che ingannavano il sergente White per ottenere una buona storia e pubblicare una notizia esclusiva. Manovre di questo tipo non erano inaudite. C'è solo una cosa che dimostra che questa ipotesi è sbagliata: il nostro secondo importante documento proveniente dagli archivi di

Scotland Yard. Si tratta di una deposizione ufficiale di Packer, scritta di proprio pugno da *Sir Charles Warren*. Questo è molto strano... Significa che Packer *è stato davvero portato* a Scotland Yard per vedere Warren insieme ai nostri due detective. Deve anche significare che non erano detective, ma investigatori speciali che lavoravano indipendentemente dal CID e dalla polizia regolare. Cosa ancora più importante, avrebbero agito direttamente agli ordini di Warren. Per qualche motivo, Warren volle scavalcare i suoi stessi agenti per trovare Packer e ottenere la sua esatta testimonianza prima che gli agenti di polizia sul caso avessero la possibilità di interrogarlo. Non ci sono altre dichiarazioni o rapporti di Warren nel fascicolo. Non ha avuto nessun altro ruolo diretto nell'indagine, se non quello di far rimuovere i graffiti sul muro massonico la mattina del 30 settembre. È importante notare che i suoi scagnozzi erano discreti e non coinvolti nel resto del caso. Avevano solo due funzioni. La prima era quella di prevenire l'assunzione di prove da parte di Packer sulla vendita di uva allo Squartatore; la seconda era quella di rimuovere ogni traccia di uva dalla grondaia di Dutfield's Yard.

Se Warren avesse impiegato queste persone per servire meglio la giustizia, avrebbe fatto in modo che la testimonianza di Packer potesse essere ascoltata. Ma, come Schwartz, l'unico altro testimone veramente importante, non fu chiamato a testimoniare e ciò che sapeva fu taciuto.

Perché Warren avrebbe voluto insabbiare i fatti dell'uva? Abbiamo dimostrato che qualsiasi prova che potesse identificare gli assassini fu accuratamente e deliberatamente nascosta durante le indagini. Ma a cosa poteva servire l'uva per identificare Jack lo Squartatore? Sebbene non sia mai stato ammesso, l'uva era un forte indizio della verità. Strano per molti versi, Sir William Gull non andava mai da nessuna parte senza un po' d'uva. In una lettera scritta 11 anni prima degli omicidi e mai pubblicata prima, Gull incriminò se stesso. Nella lettera, ora conservata dalla Biblioteca del Royal College of Medicine, si legge:

> Cara Dr Duckworth,
>
> Quando ho letto le sue osservazioni sulla mia testimonianza [alla Commissione della Camera dei Lord sull'intemperanza] ho pensato che si fosse sbagliato. Non ho una copia della testimonianza che ho reso, ma quello che intendevo dire è che quando sono stanco mi rianimo mangiando uva.
>
> Lo faccio da molti anni. Non viaggio e non vado mai da nessuna parte senza uva. Ne ho sempre un po' nelle mie borse da viaggio e quando sono in Scozia o in campagna costituisce il mio pranzo con un biscotto

e acqua. Non mangio zucchero di canna, ma lo zucchero dell'uva sembra fornire le sostanze rinvigorenti di cui ho bisogno, come dimostra la mia esperienza personale. Bevo poco vino, ma non sono affatto astemio. Credo nell'uso corretto del vino, come ho detto nella mia testimonianza, ma ripeto che quando sono stanco nella mia vita professionale, preferisco bere uva e acqua.

Molto sinceramente,
William W. Gull, 16 dicembre 1877

Parte della lettera di Gull

Dichiarazione di Packer

CAPITOLO XVI

Il terzo uomo

Siamo ormai lontani da quella singolare mattina nel salotto di Sickert Jr. in cui egli rivelò per la prima volta la sostanza della sconclusionata saga di suo padre. Un anno e mezzo di ricerche avevano portato a dimostrare che la storia più implausibile mai raccontata sugli omicidi di Whitechapel era in realtà la soluzione a lungo cercata. Walter Sickert sembrava essersi trasformato da un discutibile narratore di storie in un uomo di 87 anni che aveva detto la verità, tutta la verità e nient'altro che la verità. Non restava che esaminare la sua ultima affermazione, la cauta - ma ormai non più tanto sorprendente - indicazione di Sir Robert Anderson come terzo uomo.

Anderson era un massone anziano e fu nominato Vice Commissario della Polizia Metropolitana lo stesso giorno in cui Mary Nichols fu assassinata. Come spiegato nel capitolo X, il suo predecessore (non massone), James Monro, un detective competente e dinamico, era stato per mesi il bersaglio degli attacchi a oltranza di Warren. Warren era determinato a sbarazzarsi di Monro e, proprio il giorno in cui riuscì a rimuoverlo dall'incarico, Mary Nichols fu uccisa.

Non ci sono prove *concrete* che implichino Anderson negli omicidi. Il peggio che si possa dire di lui è che era un bugiardo e che il suo atteggiamento al momento degli omicidi era molto sospetto. È forse il meno probabile dei tre individui citati che sia stato direttamente collegato ai crimini dello Squartatore.

Il suo strano comportamento è iniziato quasi subito dopo aver assunto l'incarico al CID. Arrivò sulla scena del crimine poche ore dopo la morte di Nichols, svolse il suo lavoro egregiamente per una settimana e, il giorno dopo l'omicidio di Annie Chapman, andò in vacanza in Svizzera - non necessariamente la scelta più responsabile da fare... La polizia metropolitana era un calderone ribollente di vizio e crimine. In tutta l'Inghilterra la violenza stava raggiungendo livelli inauditi e inquietanti, e la situazione a Londra era critica. Oltre a questa costante agitazione, un assassino a sangue freddo, ormai considerato pazzo, era in libertà nell'East London e aveva già colpito due volte. Ma Sir Robert Anderson abbandonò le sue nuove responsabilità *per andare in vacanza!* Nella sua autobiografia *The Lighter Side of My Official Life (Il lato più leggero della mia vita ufficiale)*, Anderson ha indicato le sue cattive condizioni di salute come la ragione della sua sgradita partenza. Se era troppo malato per far fronte ai suoi compiti in un momento in cui erano più che necessari, è sorprendente che sia stato nominato vice commissario. Ed è strano che con una simile malattia abbia potuto affrontare un lungo viaggio in Svizzera...

Un'altra osservazione getta luce sul carattere di Anderson, ma - è vero - non lo incrimina. Riferendosi direttamente al caso di Jack lo Squartatore, ha mentito spudoratamente. Nelle sue memorie, ha affermato chiaramente di conoscere l'identità dell'assassino:

> Non bisogna essere Sherlock Holmes per sapere che il criminale era un maniaco sessuale di tipo virulento [...] e la conclusione a cui arrivammo fu che lui e i suoi parenti erano ebrei polacchi delle classi popolari. [...] E il futuro ha dimostrato che la nostra diagnosi era corretta sotto ogni aspetto. Posso infatti affermare con questo passo che gli "omicidi irrisolti" sono rari a Londra, e i crimini di Jack lo Squartatore non rientrano in questa categoria.

Ha poi aggiunto che la cartolina del "doppio omicidio" era "opera di un audace giornalista londinese". Ha continuato:

> Dato l'interesse per questo caso, sono quasi tentato di rivelare l'identità dell'assassino e del giornalista che ha scritto la lettera. Ma non ci sarebbe alcun vantaggio pubblico nel farlo e le tradizioni della mia ex istituzione ne risentirebbero. Aggiungo semplicemente che l'unica persona che ha avuto una visione chiara dell'assassino ha identificato senza esitazione il sospetto nel momento in cui è stato portato in sua presenza; ma si è rifiutato di testimoniare contro di lui. Se dico che il criminale era un ebreo polacco, sto solo citando un fatto provato.

Qui si suppone non solo che lo Squartatore fosse un immigrato, ma anche che fosse sotto la custodia della polizia e che fosse stato identificato da un testimone che lo aveva visto sulla scena di un crimine. Anche il lettore più ingenuo troverebbe questo difficile da digerire, per non parlare dell'assurda affermazione che l'unico testimone della polizia si rifiutò di testimoniare contro l'assassino... Fu senza dubbio con un'alzata di spalle filosofica che l'ispettore guardò Jack lo Squartatore uscire libero dalla stazione di polizia!

Tre anni prima di scrivere questo articolo, Anderson raccontò un'altra storia, riportata nel suo libro *Criminals and Crime*, secondo cui lo Squartatore era "rinchiuso al sicuro in un manicomio". Nessuno nelle forze di polizia dell'epoca era d'accordo con le opinioni di Anderson, come dimostra l'abbondanza di lavori sul caso da parte di ufficiali di polizia di tutti i gradi; non c'è una sola parola negli archivi di Scotland Yard e del Ministero degli Interni a sostegno delle sue affermazioni; nessuno dei cosiddetti "fatti" che sosteneva essere "assolutamente veri" esisteva al di là delle sue supposizioni azzardate. O Anderson stava inventando le sue storie per distogliere i ricercatori dalla pista massonica, o stava fantasticando per accarezzare il suo *ego*. Il vanto infantile: "So chi era Jack lo Squartatore, ma non lo dirò!" era sorprendentemente comune tra uomini presumibilmente maturi. In ogni caso, Sir Robert Anderson, massone, uno dei poliziotti più importanti legati al caso, stava cedendo alla finzione.

Sir Robert Anderson

Non importava quale fosse la verità su Anderson e sul suo legame con gli omicidi, perché un fatto divenne chiaro: Sickert aveva detto la verità, ma non tutta la verità. Tutto ciò che aveva detto sul principe Eddy, su Annie Elizabeth Crook, su Sir William Gull e sugli stessi omicidi era vero. Erano emerse troppe prove indipendenti e conferme non menzionate da Sickert per poter essere altrimenti. Ma sapeva troppe cose per lasciare che la sua storia finisse con Cleveland Street, come disse ripetutamente a suo figlio. Dalla portata e dalla precisione delle sue conoscenze è evidente che Walter Sickert sapeva più di quanto fosse disposto a dire. Per scoprire esattamente *quanto* sapeva, è utile esaminare alcuni degli aspetti meno tangibili della sua storia.

Uno dei misteri dell'arte si trova nei dipinti di Walter Sickert. Maestro indiscusso e considerato da molti il migliore di un piccolo gruppo di pittori inglesi di questo secolo, Sickert firmò un numero immenso di opere. Si dice che la sua produzione sia stata "superiore a quella di Constable e Corot messi insieme". Il numero esatto è sconosciuto, poiché aveva quattro luoghi preferiti - Dieppe, Camden Town, Venezia e Bath - e non è mai stato preciso sul flusso del suo lavoro. L'enigma dei suoi dipinti comprende vari dettagli inspiegabili e sorprendenti e incongruenze intenzionali, oltre ai titoli apparentemente irrilevanti di molti dei suoi dipinti. Questi non sono mai stati spiegati. Walter confidò al figlio di aver evocato in modo semi-inconsapevole gli eventi principali degli omicidi in alcuni dei suoi dipinti e di aver lasciato degli indizi nei titoli. Un esempio è il dipinto *Lazarus Breaks His Fast*[18], un ritratto impressionista di un uomo che mangia uva nera con un cucchiaio. Il pittore disse che il dipinto era una velata accusa che Gull aveva reso incoscienti le sue vittime dando loro da mangiare uva avvelenata. Si trattava di una vera e propria conoscenza dall'interno, perché non esiste un modo realistico per scoprire che le vittime sono state avvelenate prima di essere mutilate. Questa tesi è in parte sostenuta da Dr Llewellyn, che esaminò il corpo di Nichols. Un rapporto di Abberline negli archivi di Scotland Yard spiega:

> L'ispettore ha informato Dr Llewellyn che ha effettuato un esame di oltre un minuto e ha stabilito che le ferite all'addome erano di per sé sufficienti a provocare la morte istantanea e ha espresso l'opinione che fossero state inferte *prima del taglio della gola.*

Sickert è quindi uno dei pochi a sostenere che la gola non fu la causa della morte, affermazione confermata dai rapporti autoptici ufficiali. Tenendo conto dell'accuratezza dell'artista sotto tutti gli altri aspetti, e considerando che gli archivi segreti (di cui non poteva sapere nulla) includevano un parere medico secondo cui almeno una delle

---

18 "Lazzaro rompe il suo digiuno" (N.D.T.).

vittime era morta prima del taglio della gola, sembra probabile che Sickert sia accurato nella sua descrizione del metodo di esecuzione di Gull. C'è ancora una piccola possibilità di stabilire la verità, anche a questo punto. Se i corpi delle vittime venissero riesumati, gli esami del midollo osseo potrebbero rivelare tracce di veleno. Il riferimento specifico di Sickert all'uva è anche coerente con la passione ammessa da Gull per questo frutto; con l'uva trovata stretta nella mano morta di Stride, la cui esistenza fu accuratamente taciuta; e con la storia del commerciante di frutta Packer, che Sir Charles Warren voleva disperatamente coprire.

Lazzaro rompe il digiuno

Se le intuizioni di Sickert sul metodo degli assassini sono così accurate, il suo coinvolgimento nel caso deve essere stato molto più ampio di quanto abbia affermato. Walter Sickert, e non Sir Robert Anderson, era il terzo membro del trio dello Squartatore. Dal punto di vista psicologico, questa spiegazione è estremamente coerente con la necessità di Sickert di raccontare questa storia prima di morire e con gli indizi lasciati sul caso nei suoi dipinti. Il suo racconto del movente degli omicidi, del loro significato massonico e del ruolo di Gull o Netley è del tutto veritiero, come abbiamo dimostrato. Ma un uomo la cui storia si fosse davvero fermata a Cleveland Street non avrebbe potuto avere a portata di mano una tale abbondanza di dettagli sui crimini stessi. E non sarebbe stato così ossessionato dal caso. Se Sickert fosse stato direttamente coinvolto, se avesse preso parte a questo crimine perfetto, questo potrebbe spiegare la sua fissazione per il caso. In realtà, non esiste un crimine perfetto: se nessuno viene mai arrestato, solo il criminale conosce la sua perfezione. La pressione su un chiacchierone incallito come Sickert per rivelare il proprio crimine "perfetto" deve essere stata immensa. Ma sapeva che se avesse detto *tutta la* verità, la perfezione sarebbe stata rovinata dal suo stesso coinvolgimento. Intelligentemente, sostituì il suo ruolo nelle operazioni con un uomo che sapeva essere stato lontano dall'Inghilterra per gran parte del regno dello Squartatore, un individuo che non aveva un alibi locale. L'incriminazione di Anderson da parte di Sickert e gli strani eventi che circondano la nomina di Anderson a vice commissario indicano che Anderson era coinvolto nel complotto. Il fatto che, in quanto massone, fosse l'uomo che Warren voleva come secondo in comando mentre i crimini dello Squartatore duravano, suggerisce che egli assistesse attivamente il suo superiore nell'insabbiamento, che probabilmente era l'unico scopo di Warren nell'assumere il suo incarico.

Per una coincidenza come ce ne sono tante nella ricerca sullo Squartatore, due ore dopo aver concordato che Sickert era pesantemente coinvolto negli omicidi stessi, ho letto questo passaggio da *L'identità di Jack lo Squartatore*, di McCormick:

> Ma un'altra proposta è che Walter Sickert, il pittore, fosse Jack lo Squartatore. Il motivo per cui si sospettava di Sickert era che avrebbe fatto schizzi e dipinti dei crimini dello Squartatore.

Qualcuno aveva già puntato il dito accusatore contro Sickert. Ma chi? Nei 15 anni trascorsi dopo la stesura di questo libro, gli appunti di McCormick su Sickert andarono perduti. Ma il fatto è rimasto: Sickert era stato accusato per motivi totalmente estranei agli indizi lasciati involontariamente nella storia che aveva raccontato al figlio.

All'epoca degli omicidi, Sickert viveva in vari appartamenti e palazzi dell'East End. Era il periodo in cui dipingeva i suoi famosi quadri da music-hall, tutti ambientati nell'East End o nelle sue vicinanze. Usciva tutte le sere e prendeva le donne per strada come modelle per i suoi dipinti di interni miserabili e personaggi in condizioni di povertà. All'epoca era impossibile permettersi modelle professioniste che non avrebbero avuto i volti stanchi e spesso tesi che erano così essenziali per le dure verità che si sforzava di ritrarre. In *The Life and Opinions of Walter Richard Sickert*, Dr Robert Emmons ha scritto:

> Andava ogni sera ai cabaret e tornava a casa a piedi da Hoxton, Shoreditch, Canning Town o Islington, passando per Primrose Hill, e così via fino ad Hampstead. Indossava un cappotto lungo fino alla caviglia a quadri vivaci e portava con sé una piccola borsa per i suoi disegni. Una sera, in Copenhagen Street, un gruppo di ragazze gli corse davanti gridando: "Jack lo Squartatore, Jack lo Squartatore!".

È facile capire come si sia arrivati a questo incidente: nell'immaginario popolare Sickert assomigliava in modo impressionante a Jack lo Squartatore. A posteriori, possiamo notare che l'immagine universale dello Squartatore si basa sulle descrizioni fornite da testimoni che hanno visto Sickert sulla scena di almeno due o tre omicidi. Una delle descrizioni più attendibili di un uomo visto con una vittima poco prima della sua morte, quella dell'agente Smith in Berner Street, afferma che il sospetto aveva circa 28 anni. Questo è stato notato dall'occhio esperto di un poliziotto, che era abbastanza preciso nella sua stima. Nel 1888, Sickert aveva esattamente 28 anni!

Alla fine degli anni Ottanta del XIX secolo, nonostante la sua crescente fama di pittore e la sua vasta cerchia di amicizie altolocate, Sickert viveva con un budget ridotto. Sebbene i suoi abiti fossero sempre ben tagliati, non aveva ancora le risorse per sostituirli con la frequenza che avrebbe voluto. Era alto circa un metro e ottanta e, a questo punto della sua vita, secondo il suo amico, lo scrittore irlandese George Moore, aveva piccoli baffi biondi, "ciocche d'oro". Confrontate l'aspetto di Sickert in questo periodo con la descrizione di un uomo visto con Catherine Eddowes in Duke Street (la strada che porta a Mitre Square) poco prima del suo omicidio. È generalmente considerata una delle descrizioni più accurate dello Squartatore. Il *Times ha* specificato:

> Ha un aspetto trasandato, ha circa 30 anni, è alto un metro e settanta, ha la pelle chiara e piccoli baffi biondi, indossa una sciarpa rossa e un copricapo a punta.

In tutti i suoi dettagli essenziali, questa descrizione corrisponde a Sickert. Può essere una coincidenza che un altro testimone attendibile, George Hutchinson, che vide un uomo accompagnare Mary Kelly nella sua stanza, lo abbia descritto con una sciarpa rossa? Tenendo presente che il rosso è un colore insolito per un accessorio del genere, e ancor più nell'epoca conservatrice della Regina Vittoria, un'ultima osservazione su questo punto è fondamentale. Sickert aveva una sciarpa rossa che, secondo le parole dell'amica Marjorie Lilly, sembrava avere "qualche strano potere". Lilly ha ricordato nel suo libro su Sickert che la sua sciarpa rossa

> è stato un elemento importante nella genesi e nella creazione dei suoi dipinti, un filo conduttore dei suoi pensieri, necessario come il tovagliolo con cui Mozart giocherellava quando componeva.

Il signor Lilly non ha mai conosciuto il mistero della sciarpa rossa di Sickert. Nella sua mente, era intimamente associata a due idee apparentemente contraddittorie: vagamente alla Chiesa e più chiaramente all'omicidio. Secondo Lilly, per Sickert l'*omicidio* significava "Jack lo Squartatore". Mentre dipingeva la serie *Camden Town Murder*, l'omicidio non lo abbandonava nemmeno per un attimo. Lilly si ricorda di lui mentre dipingeva queste tele:

> Rivivendo la scena, si calò nel ruolo di un delinquente, legandosi grossolanamente la sciarpa intorno al collo, tirandosi il copricapo sugli occhi e accendendo la lanterna. Immobile, seduto al suo posto, perso nelle ombre che attraversavano la stanza, rifletté per ore sul problema. Quando la sciarpa aveva raggiunto il suo scopo immediato, veniva appesa a una maniglia o a un piolo, rimanendo accessibile per stimolare ulteriormente la sua immaginazione, per fargli ribollire il cervello. Ha svolto un ruolo importante nella realizzazione dei dipinti, spronandolo nei momenti critici, intrecciandosi così strettamente con l'effettivo sviluppo del suo progetto da tenerlo costantemente in vista.

Era importante per lui perché era la sciarpa che aveva indossato nelle notti in cui era Jack lo Squartatore. A meno che Sickert non fosse l'uomo con la sciarpa rossa visto da due testimoni indipendenti nelle notti dei due omicidi di Jack, quale spiegazione poteva esserci per il collegamento ossessivo che egli faceva tra questo oggetto di scena *e l'omicidio*? La conferma attesa è arrivata da lui stesso, quando ha spiegato al figlio che *L'assassinio di Camden Town era* ispirato all'omicidio di Mary Kelly.

Gli elementi della personalità di Sickert non possono essere equiparati all'idea di un uomo che conosce la verità sugli omicidi dello Squartatore ma non è personalmente coinvolto. Una cosa è incoerente, anche per l'individuo il cui interesse per il caso è dell'ordine della passione, a meno che non sia basato sulla complicità. Infatti, dopo un ictus alla fine della sua vita, Walter Sickert arrivò a credere di essere Jack lo Squartatore. Prima di avere un'idea delle mie supposizioni sul suo vecchio amico, Marjorie Lilly si confidò con me:

> Dopo l'attacco, Sickert ebbe dei "periodi Jack lo Squartatore" durante i quali si vestì come l'assassino e andò in giro per settimane. Abbassava le luci del suo studio e diventava letteralmente Jack lo Squartatore in quell'ambiente e in quell'atmosfera. Usciva sempre nel cuore della notte e, come Dickens, vagava semplicemente per le strade di Londra fino all'alba. Trovava che l'ispirazione, così necessaria per un pittore, gli venisse meglio vagando completamente solo per le strade buie di Kentish Town o dell'East End.

Si dice, e non senza ragione, che un criminale torna sempre sulla scena del suo crimine. Le escursioni notturne di Sickert erano forse una sorta di ritorno psicologico all'atmosfera che aveva così fortemente contribuito a creare? E, dopo l'ictus, quando non aveva più sufficiente presenza di spirito o controllo inconscio per nascondere la verità, il carattere di 50 anni prima non sarebbe diventato predominante in un cervello ben noto per la sua tortuosa complessità? Lilly fa riferimento più volte nel suo libro alla costrizione di Sickert, ogni volta che camminava a Londra, a percorrere vicoli bui e a esplorare ogni sorta di passaggio sconosciuto. Questa abitudine gli diede proprio il tipo di conoscenza precisa della geografia londinese che viene spesso attribuita a Jack lo Squartatore.

Studiati alla luce della sua affermazione che contengono allusioni nascoste ai crimini dello Squartatore, i dipinti di Sickert sono una bella testimonianza della sua sanità mentale. Di solito dava ai suoi dipinti nomi che sembravano non avere alcuna relazione con il loro contenuto, come ad esempio alcuni dipinti piuttosto diversi intitolati *Jack e Jill*. Joseph Sickert disse che suo padre prese questo titolo da una strofa di poesia comica composta da un habitué di Cleveland Street, che abbiamo già citato:

> Jack e Jill uscirono per uccidere
> Per ragioni che non hanno potuto superare
> Jack cadde e perse la corona
> E ha lasciato una bambina.

Il fatto che la sua memoria fosse costantemente aperta alla saga dello Squartatore e alle sue origini in Cleveland Street è dimostrato chiaramente da un dipinto in particolare. È la prova migliore di tutte che Sickert ha seminato indizi sul caso nella sua arte. Si tratta di un dipinto inquietante sul quale non fece alcun commento al figlio. Raffigura una tetra stanza vittoriana con soffitti alti. Sulla parete, al centro di una nicchia del camino, c'è un ornamento di qualche tipo, i cui contorni non sono chiari, ma che non può essere altro che un teschio e ossa incrociate.

Questo antico presagio di pericolo imminente guarda dall'alto una donna mal vestita, in camicetta e gonna lunga. La donna distoglie il viso da questo sguardo minaccioso, si posa una mano sulla guancia in segno di disperazione e un'espressione di angoscia le attraversa i lineamenti. Supponendo che questa donna sia Mary Kelly con la Morte che la fissa in faccia, potrei giustamente essere accusata di essermi lasciata trasportare dall'immaginazione, ma c'è dell'altro: il titolo enigmatico di questo quadro. Come molti titoli di Sickert, anche questo non è mai stato spiegato. Gli ha dato due nomi: *X's Affiliation Order*[19] e *Amphitryon*. Se immaginiamo che una domanda di riconoscimento determini la filiazione paterna di un figlio illegittimo, possiamo evitare di concludere che Sickert si riferisse agli eventi di Cleveland Street? E chi è X? Con la storia di Sickert, che racconta di un grande del mondo che si finge un essere inferiore, seduce una ragazza comune e la mette incinta, possiamo riflettere sull'altro titolo di questo quadro: *Anfitrione*. La leggenda di Anfitrione racconta che Giove, re degli dei, l'uomo *più potente* dell'Olimpo, si *travestì da un essere inferiore per sedurre una donna comune, che rimase incinta di lui*.

Anfitrione, o Ordine di affiliazione di X

---

19 Traducibile come "Riconoscimento della filiazione".

Il vecchio Walter parlava di un altro quadro, al quale aveva dato due nomi. Si trattava del ritratto di una donna dal mento spigoloso che indossava un grande cappello. Si chiamava *Ricatto*[20] o *Signora Barrett*. Nessuno è stato in grado di spiegare perché avesse scelto ciascuno di questi titoli. Sickert confidò al figlio che si trattava di una rappresentazione di Mary Kelly, e in effetti Kelly aveva un mento squadrato: il ritratto è molto simile ai disegni di Kelly apparsi sui giornali dopo il suo omicidio. La chiamò *Mrs Barrett* come variante perché, quando si trasferì a Dorset Street, Kelly si infatuò di un uomo di nome Barnett e fu scambiata per sua moglie. In questo caso Sickert si sbaglia, perché la concubina di Kelly si chiamava Joseph *Barnett*, non Barrett. L'intenzione del pittore era comunque quella che aveva menzionato. Lo chiamò *Ricatto* perché Kelly era al centro di un piano di ricatto riguardante il figlio naturale del principe.

Dipinse un'immagine di un coro di ragazze del music-hall, ognuna con un vestito rosso sangue e una specie di sciarpa. Rappresentavano, spiegò, le vittime dello Squartatore. I bordi vorticosi e colorati dei loro abiti simboleggiavano le mutilazioni e le sciarpe le ferite alla gola.

La serie *Camden Town Murder* è talvolta intitolata *What Shall We Do For The Rent?* Anche in questo caso, ha detto Sickert, questi dipinti sono stati ispirati da Kelly. Mostravano una donna nuda distesa su un letto. In alcuni casi, la donna è seduta sul bordo del letto, torcendosi le mani; in altri, un uomo è in piedi sopra il corpo della donna. Sickert ha detto di aver scelto il secondo titolo *What Shall We Do For The Rent?* perché Kelly era in ritardo con il pagamento dell'affitto. Il suo corpo è stato infatti scoperto da un uomo inviato a riscuotere alcuni arretrati di affitto. L'altro titolo, *The Camden Town Murder*, è più facilmente comprensibile. Si tratta di un vero omicidio avvenuto nel 1907, in cui una donna fu sgozzata mentre giaceva nel suo letto. Se si pensa che l'assassino non è mai stato catturato, può essere interessante ricordare l'affermazione di Sickert secondo cui un pittore non può dipingere qualcosa che non ha vissuto. Il legame tra *L'omicidio di Camden Town* e Mary Kelly non finisce qui. Secondo Robert Emmons, Sickert disse a tutti che la modella per questo set si chiamava... Mary.

---

20 Questo significa "ricatto" (N.D.T.).

L'omicidio di Camden Town

È interessante notare che Robert Wood, l'uomo che fu processato e assolto per l'omicidio di Camden Town, era un amico di Sickert e servì persino da modello per questa serie. Furono gli amici di Wood, senza dubbio sollecitati da Sickert, a pagare un avvocato per difenderlo. La fortuna volle che quell'avvocato fosse Arthur Newton, lo stesso che aveva cospirato con il governo per coprire i legami di Eddy con Cleveland Street nel 1889.

Un altro dipinto intitolato *Ricatto*, questo a pastello, raffigura una giovane donna seduta tranquillamente su una poltrona dallo schienale alto. Gli occhi sono vitrei, la punta del naso sembra mancare e la mancanza di dettagli all'interno del viso rende la bocca quasi inesistente. In larga misura, questo è ciò che Jack lo Squartatore ha fatto a Mary Kelly.

Ricatto, o signora Barrett

Ma forse un indizio più evidente della psiche di Sickert si trova in *The Painter In His Studio*, un autoritratto. Una scultura di donna senza testa occupa il primo piano, con gli arti privi delle estremità. Tuttavia, a differenza di una vera statua, quest'opera non si è sgretolata a causa delle ingiurie del tempo. Le sue membra sembrano essere state spezzate o danneggiate dal busto in giù, come se fosse stata vittima di una macelleria.

Il pittore nel suo studio (autoritratto)

La sua preoccupazione per la morte è evidente in diverse opere. *Il Diario* è un buon esempio: sembra un semplice ritratto di una donna sdraiata che legge un diario che tiene in alto sopra la testa. Questa donna è morta", confida Sickert al figlio, e fa notare un dettaglio che ai più sfugge: il fondo del diario è parzialmente nascosto dai capelli della donna. Ciò significa che non sta affatto leggendo. Il giornale è appoggiato alla parete dietro di lei. E, indubbiamente, è morta.

In *Ennui*, un quadro nel quadro raffigura la regina Vittoria. Quello che sembra un uccello che svolazza vicino alla sua testa è in realtà un "*gabbiano*", spiega Sickert al figlio.

Noia

Anche nei suoi ultimi dipinti, Sickert non riuscì a dimenticare Eddy e gli eventi che aveva messo in moto. Nel 1935 dipinse *Re Giorgio V e la Regina Maria*, un ritratto della coppia reale in un'automobile. La metà anteriore della regina è nascosta dalla cornice del finestrino dell'auto. Questo, secondo Sickert, in ricordo del fatto che la metà di Mary apparteneva a Eddy (avrebbero dovuto sposarsi alla sua morte).

Il pittore mostra il suo costante interesse per le prostitute in una serie di dipinti, realizzati in tutte le fasi della sua carriera. *Cocotte de Soho* e *La Cocotte belga* sono i due migliori.

La donna olandese

Infine, la sua *olandese* dipinta nel 1905 e un'altra versione della *signora Barrett* ci riportano a Miller's Court e all'incubo del 9 novembre 1888. Questa *Mrs Barrett* è ancora una volta ispirata a Kelly, ha affermato Sickert. È più inquietante delle versioni citate finora. Questa volta il soggetto è raffigurato di profilo. Gli occhi scompaiono in una profonda opacità, come un teschio, e il viso è mortalmente pallido. *L'Olandese* è un abominio. Raffigura una donna nuda con le cosce grasse, appoggiata a un letto in una stanza sinistra. Il suo volto è completamente invisibile e la difficoltà nel cercare di discernere i suoi lineamenti è simile a quella provata studiando la fotografia di Scotland Yard del volto mutilato di Kelly. Il naso dell'*olandese* sembra essere stato tagliato, come quello di Kelly, gli occhi sono sfocati e l'effetto complessivo è quello di una testa animale piuttosto che umana. La stessa sensazione di nausea emana dalla foto di Kelly.

Lo psicologo Anthony Storr, ex medico di Harley Street, ha convenuto che lo schema di Sickert di lasciare indizi nei suoi dipinti potrebbe indicare un coinvolgimento negli omicidi dello Squartatore. "È certo", ha detto, "che le persone che mantengono segreti colpevoli soffrono di una compulsione a lasciare indizi, come Sickert ha affermato di aver fatto con le sue opere".

I due principali autori che lavorarono su Sickert, Robert Emmons e Marjorie Lilly, che erano entrambi tra i suoi intimi, osservarono un lato misterioso e oscuro del suo carattere che, per la maggior parte, rimaneva nascosto sotto la sua arguzia e il suo fascino scintillante, ma che si manifestava - secondo le parole di Emmons - in crisi di freddezza. Riferendosi a una di queste manifestazioni del lato oscuro della sua natura, Lilly ha ricordato "come il Dr Jekyll avesse assunto il ruolo di Mr Hyde". Emmons osservò che: "Il serpente può dormire a lungo in un cesto di fichi". E continuò:

> A volte, quando era di umore depressivo o misantropo, rimaneva invisibile per settimane, per poi riapparire all'improvviso, più allegro e spavaldo che mai.

Esaminando le prove documentali contro Sickert, due delle migliori descrizioni dello Squartatore (quelle degli agenti Smith e Hutchinson) dicono che portava un pacco. Smith lo descrisse come "un pacchetto avvolto in un giornale, lungo circa 18 pollici e largo da sei a otto pollici. Le sue dimensioni escludono che si trattasse di un coltello, come alcuni autori hanno suggerito. Le osservazioni di Smith sono coerenti con l'affermazione di Sickert secondo cui gli assassini hanno ricondotto Kelly a un ritratto. Sembra improbabile che si tratti di una fotografia di Kelly, quindi deve trattarsi di un dipinto o di uno schizzo - quest'ultima è l'opzione più probabile. Sickert è più accuratamente inquadrato nel nostro quadro quando ci rendiamo conto che era in grado di produrre una rappresentazione di Kelly, probabilmente uno schizzo fatto a memoria. Sappiamo già che in quel periodo Sickert aveva appartamenti in tutto l'East End e che ogni notte utilizzava prostitute come modelle. Il fatto che avesse non uno ma diversi rifugi nel cuore del territorio di Jack lo Squartatore, e che fosse una figura ben nota alle prostitute dell'East End, ha dato a Sickert la migliore posizione possibile da cui rintracciare Kelly e i suoi complici per conto dei cospiratori.

Il pacco fu visto una seconda volta da Hutchinson, la notte del 9 novembre. Egli lo descrisse come "lungo circa otto pollici con una cinghia tutto intorno, coperto da un panno americano scuro". Poiché questa descrizione creava naturalmente l'illusione che potesse trattarsi di un coltello, si è ipotizzato che il pacco visto da Hutchinson fosse *stretto*. Ma Hutchinson non ha fornito alcuna informazione sulla larghezza del pacco, quindi potrebbe anche essere stato profondo 15 cm. Questa ipotesi è molto più probabile, poiché un pacchetto piccolo non avrebbe avuto bisogno di una cinghia per il trasporto. Anche in questo caso c'è un collegamento con la descrizione di Hutchinson, poiché un pacco simile è stato usato per coprire i suoi dipinti. È vero che, mentre la descrizione dell'agente Smith coincide con quella di Sickert, quella di Hutchinson no. Si conclude all'unanimità che i due testimoni avevano visto uomini diversi. Ma la descrizione colorita di Hutchinson, ritenuta autentica dalla polizia, presentava un furfante più grande della norma. Il rossore scorreva nelle vene di Sickert come il sangue e la vernice ad olio. Gli piaceva il teatro, era un abile attore *e gli piaceva indossare travestimenti eccentrici*.

Il resoconto di Sickert sull'omicidio di Stride da parte di Netley (con Anderson di guardia sul lato opposto della strada) è coerente con i fatti inediti rivelati dai documenti del Ministero degli Interni, tranne che per un particolare. La descrizione dell'uomo che stava osservando la scena non corrisponde ad Anderson. Israel Schwartz, che vide Stride ucciso, descrisse la sentinella in questo modo:

> 35 anni [Sickert ne aveva 28], 1 metro e 80 [Sickert era poco meno di 1 metro e 80], carnagione fresca [Sickert era di carnagione chiara], capelli castani [come Sickert], baffi marroni [Sickert aveva baffi chiari]; abbigliamento: cappotto scuro, vecchio cappello nero di feltro duro, a tesa larga, aveva in mano una pipa di meerschaum [secondo Marjorie Lilly, Sickert fumava solo sigari nel periodo in cui era con lui: è impossibile scoprire le sue abitudini di fumo quando era più giovane].

Queste descrizioni non corrispondono del tutto. L'età, ad esempio, differisce di sette anni. Nella fretta e nel nervosismo, Schwartz non sembra aver conservato un'immagine accurata dell'uomo che ha visto, ma su una cosa è riuscito a essere categorico, anche in assenza di luce: l'altezza dell'individuo. Egli affermò con precisione che l'uomo che aveva visto era alto circa un metro e ottanta, un'altezza meno comune in epoca vittoriana rispetto a oggi. L'altezza di Sickert era leggermente inferiore al metro e ottanta.

La sostituzione di Anderson con Sickert come terzo uomo risolve diverse incongruenze nel racconto del pittore. Il fatto che Lord Salisbury sia entrato nel suo studio a Dieppe e gli abbia dato 500 sterline per un dipinto da cui altrimenti avrebbe probabilmente ricavato solo 3 sterline ha senso. L'incidente potrebbe essere avvenuto. Salisbury era spesso in vacanza a Dieppe negli anni Ottanta del XIX secolo e Osbert Sitwell fa riferimento a questo aneddoto nella sua introduzione a *Una casa libera!* Ma quando Sickert raccontò a Sitwell la sua storia, non si immedesimò nella trama. Disse che l'oggetto della generosità di Salisbury era l'artista Vollon. Fu solo quando venne a raccontare al figlio i veri retroscena del caso Jack lo Squartatore che spiegò anche la realtà dell'episodio con Salisbury. Fino ad allora aveva utilizzato una versione modificata, così come aveva preso in prestito la storia dallo studente di veterinaria. Soddisfaceva il suo bisogno di parlare del caso, ma non faceva luce sui fatti veri, che riteneva, fino a pochi anni prima della sua morte, troppo pericolosi. È inconcepibile che Salisbury abbia comprato il silenzio di Sickert. È molto più plausibile che il denaro fosse un *pagamento* per il suo ruolo nella storia e per il suo aiuto nella realizzazione degli omicidi. Ad essere onesti, è probabile che Sickert sia stato costretto ad aiutare i massoni e che sia stato terribile per lui partecipare all'esecuzione di Kelly, che aveva personalmente prelevato dall'East End per assistere Annie Elizabeth. Ma, secondo le parole del figlio, "il vecchio avrebbe fatto qualsiasi cosa per sopravvivere". Certamente avrebbe fatto di tutto per risparmiarsi il tipo di destino che si prospettava per Annie Elizabeth. Dopotutto, era il principale artefice dell'episodio di Cleveland Street e sapeva troppe cose per essere lasciato in pace. Nelle sue azioni c'era forse anche una sorta di tentativo di riparazione: il desiderio di salvare Kelly. Un'operazione come quella che Gull stava conducendo non avrebbe mai dovuto portare a un errore così elementare come una confusione di identità, come Sickert sosteneva fosse accaduto la notte in cui Eddowes morì. Se i cospiratori credevano che Eddowes fosse Kelly, non era perché si erano sbagliati, ma perché erano stati deliberatamente fuorviati. Sickert doveva essere responsabile, e un tentativo tardivo di salvare Kelly sembra essere l'unica spiegazione possibile[21].

---

[21] Allo stesso tempo, c'è il problema dell'affitto di Kelly. L'affitto medio settimanale per un uomo e la sua famiglia era di circa 2 scellini e 10 pence, ma l'appartamento di Kelly costava 4 scellini e 6 pence a settimana, una somma che certamente non avrebbe mai potuto permettersi. Quindi chi pagava per tenerla al sicuro?

*I graffiti sul muro di Goulston Street
e un esempio di scrittura di Sickert*

Tre episodi in particolare portano il marchio specifico di Sickert e mostrano la stessa mentalità di aggiungere indizi di un omicidio nelle opere d'arte. Questi elementi sono i gioielli e le monete accuratamente collocati ai piedi di Chapman, i graffiti a gesso sul muro e la caduta dell'uva nella mano di Stride. Queste azioni devono essere state compiute da uno dei tre membri del trio; il primo, a quanto pare, fu ucciso da Dr Phillips e gli ultimi due furono entrambi soppressi da Warren perché puntavano il dito contro i massoni in generale e, nel caso dell'uva, contro Gull in particolare.

Per scrivere i graffiti sul muro, uno degli assassini avrebbe dovuto *andare verso est* da Mitre Square, perché Goulston Street è nel cuore di Whitechapel. Questo non si concilia con il racconto di Sickert, secondo cui Gull sarebbe sicuramente tornato direttamente nel West End. Ma all'epoca Sickert aveva diversi appartamenti nell'East End. Dopo l'omicidio di Mitre Square, è possibile che si sia staccato dai suoi complici e si sia precipitato in uno dei suoi nascondigli. Aveva qualcosa nelle Wentworth Dwellings di Goulston Street, dove sono stati scoperti i graffiti? È impossibile dirlo. Ma nel suo messaggio murale, "Juwes sono uomini che non saranno accusati per niente", lo Squartatore fece esattamente ciò che Sickert fece in seguito nei suoi dipinti. E la copia applicata della scritta lasciata sul muro assomiglia decisamente alla calligrafia di Sickert.

Sickert fu quasi certamente colui che depose gli anelli e le monete ai piedi di Chapman e che comprò dell'uva da Packer per metterla nella mano di Stride e puntare discretamente il dito contro Gull. Non sorprende che i suoi indizi siano stati ogni volta male interpretati o soppressi. Così iniziò a dipingere simili indizi nascosti nei suoi quadri.

Ovviamente, per Joseph Sickert era impossibile accettare che suo padre non fosse il cavaliere dall'armatura scintillante che da solo trasmetteva la fiaccola della verità alle generazioni future. Sarebbe stato difficile aspettarsi che credesse immediatamente che la storia che aveva rimuginato in segreto per la maggior parte della sua vita trascurasse un elemento importante: Sickert non era uno spettatore inerme, ma un complice dei crimini più efferati del suo tempo.

Fu in tutta innocenza, per non dire *ingenuità*, che solo un giorno dopo aver considerato il coinvolgimento del vecchio negli omicidi stessi Joseph Sickert mi mostrò alcuni effetti personali del padre. C'era una borsa da medico di colore marrone scuro che aveva servito bene al vecchio Sickert e nella quale era solito portare il suo lavoro. Doveva essere la "borsa da viaggio bitorzoluta a cui era molto affezionato" che Marjorie Lilly ricordava. È la stessa borsa che ha contribuito a creare la leggenda dello Squartatore. Molte persone che portavano borse di questo tipo a quei tempi rischiavano il linciaggio perché la folla era convinta, secondo diverse descrizioni dei sospetti, che tale accessorio fosse il marchio dello Squartatore. Non so dove Sickert abbia portato la sua borsa. Si trattava in realtà di una borsa da medico, divisa in diversi scomparti per riporre medicinali e strumenti chirurgici. Il secondo oggetto che notai nel mucchio di roba era una piccola scatola di metallo lunga circa 15 cm e larga 4 cm. Aveva una piccola macchia di sangue. Chiesi di prenderla e Joseph me la porse. La scatola conteneva tre coltelli da chirurgo, con lame affilate.

"Non so dove il vecchio li abbia presi e nemmeno cosa ne abbia fatto", dice ingenuamente. "Credo che glieli abbiano dati quando era molto giovane.

Questi oggetti potrebbero non avere alcun significato. Li cito solo come dettagli aggiuntivi nel nostro ritratto più che colorato di un omicidio quasi perfetto, che lascio a questo punto, dopo aver ripetuto un ultimo commento lasciato dal figlio di Walter: "Era un uomo strano. A volte si metteva a piangere senza motivo, terribilmente commosso da qualcosa di vecchio".

Un affettuoso ritratto di Walter Sickert, dipinto dal figlio nel 1975

EPILOGO DI JOSEPH SICKERT

Quando mia madre morì, era sorda, quasi cieca e paralizzata. Aveva ereditato questa sordità da suo padre, il Duca di Clarence, il cui sangue credo l'abbia trasmessa alla nostra famiglia. Alcuni discendenti di teste coronate sono orgogliosi della loro ascendenza; io la trovo ripugnante. Se fossi stato un idraulico discendente da una lunga stirpe di idraulici, sarei stato un uomo molto più felice; non sarebbe accaduto nulla di tutto ciò che Stephen Knight ha minuziosamente descritto. Se la sordità di mia madre fu una conseguenza diretta dell'intrusione di Clarence nella nostra famiglia, la sua cecità e la sua impotenza possono essere indirettamente attribuite alla stessa causa: furono i postumi dei suoi incontri con John Netley. Oltre ai postumi fisici delle ferite riportate nelle due occasioni in cui Netley tentò di ucciderla, soffrì anche di un terribile stress e nervosismo per il resto della sua vita. Da adolescente questa tensione si attenuò un po', ma dopo il suo ventesimo compleanno divenne più silenziosa, più introversa, più intimidita dagli estranei e più preoccupata che la sua vita fosse in pericolo. Ho visto mia madre distruggersi lentamente, non solo fisicamente, ma anche mentalmente. Credetemi, non c'è gioia o orgoglio nell'essere una discendente illegittima del Duca di Clarence.

Finalmente mi è stato tolto il peso della conoscenza che ho portato per tanto tempo. In un certo senso, mia madre e mia nonna sono state vendicate. Coloro che hanno causato le loro sofferenze sono stati smascherati. Non possono più nascondere il loro volto colpevole. Anche se mi ci è voluto molto tempo per accettarlo pienamente, è vero che una verità come questa dovrebbe essere resa nota a tutti.

Walter Sickert e la sua terza moglie Thérèse Lessore nel 1939, tre anni prima della sua morte

Inoltre, le famiglie di persone sospettate da vari autori di essere gli assassini di Whitechapel sono state ora scagionate da ogni sospetto: uomini come Montague Druitt, J. K. Stephen, Frank Miles e, naturalmente, il Duca di Clarence. Le famiglie di tutte queste persone hanno un debito di gratitudine nei confronti di Stephen Knight per aver portato alla luce la verità dei fatti.

Quando l'autore mi ha comunicato le sue conclusioni sul coinvolgimento di mio padre nel caso, sono rimasta turbata. Sarebbe inutile negare che ero anche arrabbiata. Pensavo che mi stesse trattando con disprezzo e che stesse tradendo la mia fiducia. Ma poi dovetti ammettere che mio padre poteva sapere più di quanto mi avesse detto. È un fatto di cui ero stata consapevole solo a metà per tutto questo tempo. Forse uno dei motivi per cui ho permesso che la mia storia venisse indagata è che speravo che venissero alla luce nuovi fatti che avrebbero in qualche modo placato le mie peggiori paure su mio padre. In realtà, l'indagine ha avuto l'effetto opposto e le mie paure sono state confermate.

Vorrei dire che il mio pensiero è stato rivolto a mia madre e a mia nonna per tutto questo tempo. Il vecchio ha sempre badato a se stesso e ho sempre pensato che fosse, in un certo senso, un intruso della stessa razza di Clarence. Da bambino non vedevo tutto questo in lui, perché ci volevamo bene e mi fidavo di lui. Se Stephen Knight ha ragione nella sua conclusione e sono costretto ad ammettere, a malincuore, che il suo ragionamento è corretto, non cerco di fare del male a mio padre. Come si legge nell'ultimo capitolo di questo libro: "È probabile che Sickert sia stato costretto ad aiutare i massoni e che sia stato terribile per lui partecipare all'esecuzione di Kelly. A parte la paura per la sua stessa vita, che concordo *possa averlo* spinto a partecipare all'eliminazione delle cinque donne dell'East End, credo sia probabile che sia stato sottoposto a minacce ancora più pressanti di questa. Non so come i mostri che hanno architettato questa disgustosa vicenda abbiano formulato le loro folli minacce; ma se l'aiuto di mio padre era così cruciale per loro, sono propenso a credere che il messaggio principale fosse: *Aiutaci, Sickert, o non ci accontenteremo della tua morte... Uccideremo anche il bambino.*

Niente di tutto questo può giustificare un crimine, ma è un inizio per spiegare come un uomo essenzialmente buono possa essere portato a fare quello che sembra aver fatto mio padre.

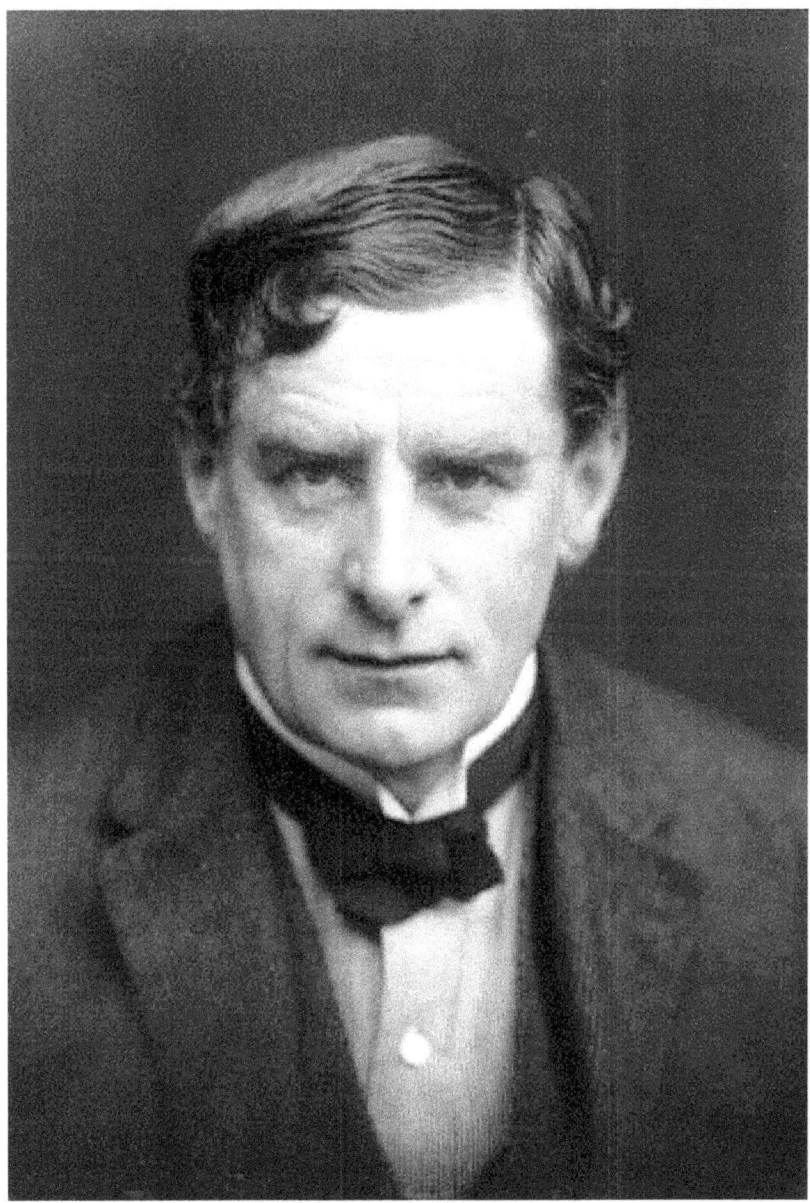

Walter Sickert nel 1911

POSCRITTO

I fatti relativi alla morte del principe Eddy nel 1892 hanno portato all'invio di un gran numero di lettere dopo la pubblicazione della prima edizione di questo libro. Al momento della sua morte, circolavano molte voci che Eddy fosse stato vittima di un omicidio, compiuto per permettere a qualcuno più adatto di salire al trono. Si dice addirittura che le sue unghie siano diventate nere nelle ultime ore, forse a causa di un avvelenamento.

Un ex dipendente di Osborne House, il rifugio della Regina Vittoria sull'Isola di Wight, mi ha contattato e ha appreso che per diversi anni tra il personale di Osborne si è diffusa la voce che Eddy non sia morto nel 1892 ma che, pazzo da legare, sia stato relegato a Osborne e sia morto lì nel 1930. Una semplice targa di marmo nel seminterrato dovrebbe essere il suo unico monumento commemorativo. Ma qui entriamo nell'affascinante, ma inaffidabile mondo delle dicerie. Nulla di tutto ciò può essere considerato una prova, ma la leggenda - come ho suggerito nel capitolo IV - acquista interesse se inserita in un contesto e merita di essere menzionata. Spesso si basa su una realtà oscura.

È per questo motivo che vale la pena di citare la storia che mi è stata trasmessa dal signor Anita Adams di Wanstead, nell'Essex. Non la presento come una prova, ma come un interessante aneddoto molto più antico del racconto di Sickert e del tutto indipendente, che potrebbe - insisto molto su questo punto - avere un qualche fondamento veritiero.

Adams spiega che il suo bisnonno Charles Wingrove gestiva un'attività nell'East End negli anni 1880-1890. La sua azienda noleggiava equipaggi, carri, cabriolet e carrozze di ogni tipo. Il Principe di Galles era uno dei loro fedeli clienti, come si vantava in una pubblicità dell'epoca.

Per molti anni è stata tradizione della famiglia Wingrove credere che uno degli omicidi dello Squartatore fosse stato commesso in un veicolo noleggiato dalla società. Si dice che la carrozza sia stata poi bruciata per questo motivo.

Sono emersi anche altri elementi che richiedono ulteriori ricerche per andare oltre le leggende non verificabili citate sopra. Li sto esaminando e spero di giungere a nuove conclusioni da rendere pubbliche in una prossima edizione.

BIBLIOGRAFIA

Libri

ACLAND (Theodore Dyke), *William Withey Gull. A Biographical Sketch*, Allard and Son, 1896.

ANDERSON (Sir Robert), *Criminals and Crime*, J. Nisbet, 1907; *The Lighter Side of My Official Life*, Hodder and Stoughton, 1910.

ARCHER (Fred), *Detective fantasma. Il crimine e il mondo psichico*, W. H. Allen, 1970.

BARKER (Richard H.) (a cura di), *The Fatal Caress and Other Accounts of English Murders from 1551 to 1881*, Duell, Sloan and Pearce, 1947.

BARNARD (Allan) (a cura di), *The Harlot Killer. La storia di Jack lo Squartatore nei fatti e nella finzione*, Dodd Mead, 1953.

BARONE (Wendy), *Sickert*, Phaidon, 1973.

BATTISCOMBE (Georgina), *Queen Alexandra*, Constable, 1969.

BESANT (Sir Walter), *East London*, Chatto and Windus, 1901.

BLAKE (Robert), *Il partito conservatore da Peel a Churchill*, Eyre and Spottiswoode, 1970.

BREWER (John Francis), *The Curse Upon Mitre Square A.D. 1530-1888*, Simpkin Marshall, 1888.

BRIDGES (Yseult), *Come morì Charles Bravo*, Jarrolds, 1956.

BROWNE (Douglas Gordon), *The Rise of Scotland Yard. Una storia della polizia metropolitana*, Harrap, 1956.

BROWSE (Lillian), *Sickert*, Hart-Davis, 1960.

BUCKLE (George Earle) (a cura di), *Le lettere della Regina Vittoria. Terza serie*, vol. I, Murray, 1930.

CARTER (Dr Alan Barham), *All About Strokes*, Nelson, 1968.

CROWLEY (Aleister), *La tragedia del mondo*, Parigi, 1910.

CULLEN (Tom), *Autumn of Terror*, Bodley Head, 1965.

EMMONS (Dr Robert), *The Life and Opinions of Walter Richard Sickert*, Faber and Faber, 1941.

FARSON (Daniel), *Jack lo Squartatore*, Michael Joseph, 1972.

GAUNT (William), *La tragedia preraffaellita*, Cape, 1965.

GRIFFITHS (Maggiore Arthur), *Mysteries of Police and Crime*, Cassell, 1898.

HALSTED (Dennis), *Medico negli anni Novanta*, Johnson, 1959.

HANNAH (Walton), *Darkness Visible. A Revelation and Interpretation of Freemasonry*, Augustine Press - ora Britons Publishing Co. -, 1952.

HARRISON (Michael), *Clarence*, W. H. Allen, 1972.

HIRSCHFELD (Magnus), *Sexual Anomalies and Perversions*, Encyclopaedic Press, 1938.

HYDE (H. Montgomery), *Their Good Names*, Hamish Hamilton, 1970.

JONES (Elwyn) e LLOYD (John), *The Ripper File*, Weidenfeld and Nicolson, 1975.

LILLY (Marjorie), *Sickert. Il pittore e la sua cerchia*, Elek, 1971.

LONGFORD (Elizabeth), *Victoria R. I.*, Weidenfeld and Nicolson, 1964.

MACKENZIE (Norman) (a cura di), *Secret Societies*, Aldus, 1967.

MACNAGHTEN (Sir Melville), *Days of My Years*, Edward Arnold, 1915.

MCCORMICK (Donald), *The Identity of Jack the Ripper*, Jarrolds, 1959; Pan, 1962; Arrow e J. Long, 1970.

MAGNUS (Sir Philip), *King Edward the Seventh*, John Murray, 1964.

MATTERS (Leonard), *The Mystery of Jack the Ripper*, Hutchinson, 1929; W. H. Allen, 1949.

MORGAN (William), *Freemasonry Exposed*, Glasgow, 1836.

NEWTON (Joseph Fort), *The Builders. A Story and Study of Masonry*, Hogg, 1917; Allen and Unwin, 1918.

ODELL (Robin), *Jack the Ripper In Fact and Fiction*, Harrap, 1965; Mayflower, 1966.

RUMBELOW (Donald), *The Complete Jack the Ripper*, W. H. Allen, 1975.

SITWELL (Sir Osbert), *Noble Essences or Courteous Revelations*, Macmillan, 1950; *A Free House! or The Artist as Craftsman, being the Writings of Walter Richard Sickert*, Macmillan, 1947.

SPARROW (Gerald), *Vintage Edwardian Murder*, Arthur Barker, 1971.

STEWART (William), *Jack lo Squartatore. Una nuova teoria*, Quality Press, 1939.

STOW (John), *Indagine su Londra*, 1598.

VAN THAL (Herbert) (a cura di), *The Prime Ministers. Volume 2*, Allen and Unwin, 1975.

WHITTINGTON-EGAN (Richard), *A Casebook on Jack the Ripper*, Wildy, 1976.

WILKS (Samuel) e BETTANY (George Thomas), *Biographical History of Guy's Hospital*, Ward Lock, 1892.

WILSON (Collin), *A Casebook of Murder*, Leslie Frewin, 1969.

Elenchi e directory

Dizionario dei cognomi britannici

Dizionario di biografia nazionale

Registri massonici 1717-1894

L'elenco dei medici

Il registro medico

Elenco degli uffici postali di Londra

Giornali

Il Criminologo

Daily Express

Notizie quotidiane

Daily Telegraph

Inserzionista di Londra Est

Notizie della sera

Rivista massonica e specchio massonico

Mensile della Massoneria

Rivista trimestrale dei massoni

Notizie di polizia illustrate

The Lancet

Marylebone Mercury e West London Gazette

Marylebone Times

Il diciannovesimo secolo

Stampa di Londra Nord

L'Osservatore

Pall Mall Gazette

Il popolo

Notizie di Reynolds

La Stella

Il Sole

Sunday Times-Herald, Chicago

Il Times

La verità

Opuscoli

L'imminente K...

Cosa ne fa?

Documenti

Fascicolo DPP/1/95 del Public Record Office relativo allo scandalo di Cleveland Street del 1889.

File MEPOL 3/140, MEPOL 3/141 e MEPOL 3/142 degli archivi di Scotland Yard relativi agli omicidi di Whitechapel.

Fascicoli A49301, 144/220 A49301A, B, C, D, E, F, G, H, J e K della documentazione del Ministero degli Interni sugli omicidi di Whitechapel.

Protocolli dei dotti anziani di Sion, Eyre and Spottiswoode, 1920.

Jack lo Squartatore, la soluzione finale

Stephen Knight

GIÀ PUBBLICATO

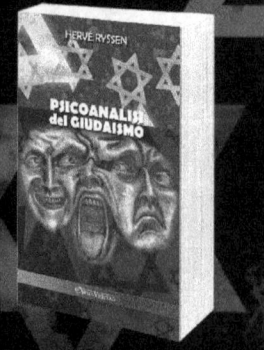

www.ingramcontent.com/pod-product-compliance
Lightning Source LLC
Chambersburg PA
CBHW061954180426
43198CB00036B/860